bup
BERLIN UNIVERSITY PRESS

»Matthias Morgenstern remercie la Région Alsace Champagne-Ardenne Lorraine et l'Eurométropole de Strasbourg pour leur soutien dans le cadre du programme Gutenberg de Chaires d'excellence«

Martin Luther

Martin Luther und die Kabbala

Vom Schem Hamephorasch und vom Geschlecht Christi

Neu bearbeitet und kommentiert von
Matthias Morgenstern

Berlin University Press

Inhaltsverzeichnis

Anhang

Vorwort: Martin Luther und die Kabbala

Anlässlich des Reformationsjubiläums 2017 sind die »Judenschriften« Martin Luthers, vor allem seine judenfeindlichen Spätschriften, wieder neu in das Blickfeld gerückt. Dabei fällt auf, dass diese Texte in der öffentlichen Diskussion gewissermaßen ein gespenstisches Dasein haben: Einerseits sind sie bedrohlich präsent und werden immer wieder angeführt, gelegentlich mit dem eher unbeholfenen Versuch, durch eine Art »healing of memories« etwas zu »heilen«, was nicht zu heilen ist. Andererseits werden sie offenkundig nicht, jedenfalls nicht zur Gänze, gelesen, sondern bestenfalls mit Hilfe von Sekundärliteratur »anzitiert« – dies nicht nur in radikal religionskritischen Pamphleten und Anthologien, denen es darum geht, Luther zu »entlarven« und mit ihm die ganze Reformation zu diskreditieren, sondern auch in der theologischen Fachliteratur zur Reformationsgeschichte und in Veröffentlichungen, die in besonderer Weise dem jüdisch-christlichen Dialog verpflichtet sind. Zum Teil hängt das damit zusammen, dass wissenschaftliche Editionen dieser Texte nur in Spezialbibliotheken zu finden und Übertragungen in die moderne Sprache – abgesehen von seiner radikalen, im Januar 1543 erschienenen antijüdischen Kampfschrift *Von den Juden und ihren Lügen*[1] – kaum vorhanden sind. Die längst vergriffene Bearbeitung Walter Holstens in der Münchner Lutherausgabe des Jahres 1936, die sämtliche »Judenschriften« Luthers in einem Band versammelt, ist hingegen aus einer Vielzahl von Gründen heute nicht mehr verwendbar.[2]

An dieser Stelle soll daher eine neuhochdeutsche Lesefassung desjenigen Luthertextes zur Verfügung gestellt werden, der chro-

1 Vgl. die kommentierte Neuübertragung: Martin Luther: Von den Juden und ihren Lügen, Berlin University Press 2016.

2 Holsten war Schüler des Göttinger NS-Theologen Emmanuel Hirsch (1888–1972). Einige seiner kommentierenden Bemerkungen sind als Versuch der Anbiederung an den Zeitgeist des nationalsozialistischen Regimes zu betrachten.

nologisch und sachlich unmittelbar an Luthers Pamphlet *Von den Juden und ihren Lügen* anschließt, seine im März 1543 veröffentlichte Streitschrift *Vom Schem Hamephorasch und vom Geschlecht Christi.*[3] Es handelt sich hierbei um den in sachlicher Hinsicht wohl schwierigsten Judentext Luthers. Dieser Umstand ist nicht bloß darauf zurückzuführen, dass der Titel einen hebräischen Ausdruck benennt, den der Autor der breiteren Öffentlichkeit erst erklären musste. Vielmehr greift Luther in diesem Buch auf schwer zugängliche Traditionen der jüdischen Esoterik zurück, die er – auch dies nicht nur für damalige, sondern auch für heutige Leser ungewohnt – auf die ihm eigene ironische und sarkastische Art und Weise mit ihren eigenen Waffen schlagen will. Der Text befremdet weiterhin, weil der Reformator in seiner Polemik zu jedes Maß übersteigenden Obszönitäten greift – sprachliche Mittel, die die Lektüre zu einer in vielerlei Hinsicht unappetitlichen Angelegenheit machen. Hinzukommen Gewaltfantasien, die man – vor dem Hintergrund der besonderen Leidensgeschichte der Juden in Deutschland – nur mit Schaudern zur Kenntnis nehmen kann.

Dennoch ist dieser Text, abgesehen davon, dass Luthertexte eigentlich immer interessant sind, in vielerlei Hinsicht lehrreich, und dies nicht nur für das Verständnis der Reformationsgeschichte und das der jüdisch-christlichen Beziehungen. Da der Bearbeiter kein Reformationsforscher, sondern Historiker des Judentums ist, konzentrieren sich die Anmerkungen in den Fußnoten und im angehängten Glossar sowie das kommentierende Nachwort auf die *judaistische* Perspektive.[4] Im Blickpunkt stehen nicht nur quellenkritische (welche Texte hat der Verfasser gekannt?) und rezeptionsgeschichtliche (unter welchem Ein-

3 Vgl. dazu die englische Übersetzung bei Falk, The Jew in Christian Theology, 163–224 mit einer im Anhang gebotenen deutschen Fassung, die als »Original German Version« bezeichnet wird, aber vom Bearbeiter (vor allem in orthographischer Hinsicht) leicht modernisiert, gegliedert und mit Zwischenüberschriften versehen ist.

4 Auf die Einträge im Glossar wird mit einem Pfeil (→) verwiesen.

fluss stand er?) Interessen; es sollen auch Hinweise darauf gegeben werden, welche Texte und Motive aus der rabbinischen Traditionsliteratur gelehrte jüdische Leser dieser Schrift im 16. Jahrhundert hätte anführen können.

Luther selbst stellt ein jüdisches Traditionsstück an den Anfang seiner Schrift, die ihm vorliegende lateinische Version der →*Toledot Jeschu*, einer Spott- und Gegenerzählung zu den neutestamentlichen Evangelien, deren Wurzeln in der (entweder babylonischen oder aber auch palästinischen) jüdischen Spätantike liegen und die im Laufe des Mittelalters zu einer mehr oder weniger kohärenten antichristlichen Erzählung zusammengefügt wurde. Diesen Text zu übersetzen und anschließend (äußerst aggressiv) zu kommentieren, war der eigentlich Anlass dieser Schrift. Auch der zweite Teil des Luthertextes nimmt offenkundig auf jüdische Traditionen Bezug. Das Problem des Spannungsgeflechts der jüdisch-christlichen Beziehungen ist in dieser Judenschrift vom Frühjahr 1543 daher in noch ganz anderer Weise gegeben als in dem diesbezüglich eher einlinig argumentierenden Pamphlet *Von den Juden und ihren Lügen*.

Mit den →*Toledot Jeschu* rückt dabei eine Überlieferung in den Mittelpunkt des Interesses, wie sie für das jüdisch-christliche Verhältnis brisanter und komplexer nicht sein könnte. Es geht in dieser Erzählung um den Kernpunkt der beiderseitigen Auseinandersetzung: einerseits um den an das Neue Testament anknüpfenden Vorwurf des Christus- und damit des Gottesmordes, andererseits um die Figur des Judas Ischariot, des »Verräters« Jesu im Neuen Testament, wie sie im Mittelalter in verhängnisvoller Weise bestimmend für die christliche Wahrnehmung »des Juden« wurde. Hinzu kommt das, für den von Luther übersetzten Text, zentrale Motiv, die magische Verwendung des Tetragrammaton (→Schem Hamephorasch). Dieses Thema gab dem Reformator im ersten Teil seiner Kampfschrift Anlass zu einer polemischen Darstellung des magischen Umgangs der Juden mit dem hebräischen Gottesnamen.

Luther wusste, dass Spekulationen über die esoterische Bedeutung des hochheiligen hebräischen Gottesnamens wenige Jahrzehnte zuvor bereits einmal im Mittelpunkt des Interesses gestanden hatten. Der Pforzheimer Humanist Johannes Reuchlin (1455–1522) war während einer Italienreise von dem Grafen Giovanni Pico della Mirandola (1463–1494) in die jüdische Geheimlehre eingeweiht worden. In seinen beiden christlich-kabbalistischen Abhandlungen *De verbo mirifico* (1494, Vom wundertätigen Wort) und *De arte cabalistica* (1517, Von der kabbalistischen Kunst) versuchte Reuchlin nun, mit kabbalistischen Mitteln die Wahrheit des christlichen Glaubens darzulegen.[5] Sein Engagement für die jüdischen Texte und die hebräische Sprache stieß innerhalb der Kirche freilich auf Widerspruch. Zu Beginn des 16. Jahrhunderts kam es zu einer heftigen Auseinandersetzung mit den Kölner Dominikanern, den von den Humanisten so genannten »Dunkelmännern«, die den Juden permanente Gotteslästerung vorwarfen und die Verbrennung jüdischer Bücher und Handschriften forderten. Insbesondere der jüdische Konvertit Johannes Pfefferkorn warf Reuchlin in diesem Zusammenhang vor, mit seinem Engagement für die rabbinischen Texte den Frieden der Christenheit zu gefährden und insofern mit dem Teufel im Bunde zu sein. Am Ende des Jahres 1513, auf dem Höhepunkt des Streits, hatte Luther sich in einem vom kursächsischen Hofkaplan Georg Spalatin angeforderten Gutachten auf die Seite Reuchlins gestellt, der die jüdischen Texte verteidigt hatte.[6]

Anders als Reuchlin (und insofern in Übereinstimmung mit Pfefferkorn) ging Luther freilich – damals wie später – davon aus, dass die Juden in der Tat der fortgesetzten Gotteslästerung schuldig waren. In Gottes Souveränität durfte nach seiner Über-

5 Die Ereignisse dreißig Jahre zuvor müssen Luther auch deshalb deutlich vor Augen gestanden haben, weil Reuchlin ein Großonkel seines nunmehrigen engsten Wittenberger Mitarbeiters Philipp Melanchthon (1497–1560) war.

6 Vgl. Lewin, Luthers Stellung zu den Juden, 1.

zeugung aber nicht eingegriffen werden, weshalb zu diesem Zeitpunkt inquisitorische Maßnahmen nicht zu ergreifen waren.[7] Dreißig Jahre danach hatte der Reformator – wie seine Forderung der Verbrennung jüdischer Bücher und der Vertreibung der Juden in *Von den Juden und ihren Lügen* zeigt – seine Meinung in dieser Hinsicht geändert. Aber auch inhaltlich, dies gibt seine Schrift *Vom Schem Hamephorasch* unzweideutig zu erkennen, lehnte er die Spekulationen der →Kabbala – seien sie nun »christlich« oder jüdisch intendiert – in jeder Form ab.[8]

Anders als in der Lutherforschung bisher weitgehend angenommen, ist der zweite Teil dieser späten »Judenschrift« des Reformators (»und vom Geschlecht Christi«) kein eher zufälliger Anhang des ersten Teiles, sondern schließt sich organisch an. Im Gegensatz zu anderen Handschriften dieses jüdischen »Anti-Evangeliums« nennt die Luther vorliegende Tradition der *Toledot Jeschu* zwar Jesus nur pauschal ein »Hurenkind« (lateinisch: spurium) und enthält keine Erzählung vom Ehebruch der →Maria (oder ihrer Vergewaltigung durch Josef ben Pandera). Dennoch lässt der Übersetzer seiner äußerst polemischen Behandlung des *Toledot Jeschu*-Stoffs eine ausführliche Darstellung seines *christlich-theologischen* Verständnisses der Genealogie des Davidssohnes Jesu von Nazareth folgen. Dies scheint darauf hinzudeuten, dass Luther Überlieferungen der *Toledot Jeschu*-Geburtsgeschichte aus anderer Quelle bekannt geworden waren, die er in seiner Schrift widerlegen wollte. Die 1420 von dem Wiener Theologen Thomas Ebendorfer unter dem Titel *Falsitates Judeorum* (»Die Lügen der Juden«) herausgegebene *Toledot Jeschu*-Version etwa enthält eine solche polemische Spotterzählung. Auch sonst könnte Luther

---

7 Vgl. Kirn, Luther und die Juden, 218.

8 Unter den Reformatoren und Humanisten stand Luther damit nicht allein da, wie eine briefliche Mitteilung des Erasmus von Rotterdam (ca. 1466/1469–1536) an den Straßburger Theologen Wolfgang Capito (1478–1541) zeigt. Erasmus lehnte im Übrigen nicht nur die Kabbala, sondern auch den →Talmud und das übrige nachbiblische jüdische Schrifttum ab; vgl. Augustijn, Erasmus der Humanist, 101.

von einem jüdischen Brauch gehört haben, am Vorabend des christlichen Weihnachtsfestes aus den *Toledot Jeschu* zu lesen oder diese Geschichte mündlich weiterzutragen.[9] Vielleicht gab aber einfach den Ausschlag, dass der hebräische Ausdruck *Toledot Jeschu*, wie Luther wusste, mit »Geschlechterfolge Jesu« übersetzt werden kann und der Reformator eine Behandlung des Problems der Widersprüchlichkeit der beiden Genealogien Jesu im Neuen Testament (Matthäus 1, 1–17 und Lukas 3, 23–38) an dieser Stelle aus jenem Grund für geboten hielt. Auffallend ist jedenfalls, dass gerade die obszönsten Ausbrüche Luthers im Hinblick auf den Selbstmord des »Verräters« Judas im zweiten Teil seiner Schrift motivlich an *Toledot Jeschu*-Texte anknüpfen.[10]

Diese und andere Informationen, dies muss wohl nicht eigens betont werden, sollen den an vielen Stellen obszönen, anstößigen und auch in seinem Gesamtduktus skandalösen Luthertext weder relativieren noch beschwichtigend einordnen. Immerhin wird deutlich, dass Luther an einigen Stellen durchaus nicht ohne eine gewisse Sachkunde Begriffe und Sachverhalte aus dem Bereich der →Kabbala und der jüdischen →Volksüberlieferung referiert. Im Hinblick auf die *Toledot Jeschu* berührte er Vorstellungen, die jüdische Leser bereits zu seiner Zeit – umso mehr galt dies für die folgenden Jahrhunderte – durchaus in eine gewisse Verlegenheit versetzen konnten.[11] Nach 1945, unter

9 Vgl. Piovanelli, The Toledot Yeshu, 89 und Klausner, Jesus von Nazareth, 58: »Dieses Buch, das seinerzeit unter verschiedenen Namen (›Toldoth Jeschu‹, 'Ma'seh Taluj', …) in hebräischer und jiddischer Sprache unter den einfachen jüdischen Volksschichten sehr verbreitet war und das auch die gebildeteren Juden am Weihnachtsabend (Nittel-Nacht) zu lesen pflegten, ist heute sehr selten geworden. […] Unsere Mütter kannten seinen Inhalt vom Hörensagen und übermittelten ihn ihren Kindern, natürlich mit allen möglichen Änderungen, Auslassungen und Zusätzen.«

10 Vgl. dazu das Glossar (→Judaspisse).

11 Der Berliner jüdische Aufklärer Moses Mendelssohn (1729–1786) nannte die Toledot Jeschu-Tradition in einem Brief an den Zürcher Pfarrer Johann Caspar Lavater (1741–1801) »ein elendes Machwerk«, Schäfer, Toledot Yeshu as a Tool of Polemic, 17–18.

dem Eindruck der grundlegenden Neubesinnung in der christlichen Theologie im Zeichen des jüdisch-christlichen Dialogs, galt es dann oftmals als »unfein«, diese Traditionen auch nur zu erwähnen. Heute ist es der Erforschung der mystischen Traditionen des Judentums zu verdanken, dass sich über früher dem Licht der Öffentlichkeit entzogene jüdische Nebentraditionen leichter referieren und schreiben läßt. Es war 2009 eine internationale Konferenz in Princeton zur Geschichte der *Toledot Jeschu*-Überlieferung, die die Erforschung dieser ebenso merkwürdigen wie anstößigen Volkstradition des Judentums auf eine neue Ebene gehoben hat.[12] Aus dieser Perspektive erscheint Luthers Text, so sonderbar dies klingen mag, als Teil der an Merkwürdigkeiten durchaus reichen und rätselhaften Rezeptionsgeschichte eines *jüdischen* Textes.[13]

Wenn aufgrund dieser neuen Konstellation mit Bezug auf bestimmte Motive, die Luther von seinen jüdischen Gegnern übernahm, auch ein anderes Licht auf diese letzte und polemischste seiner »Judenschriften« fallen mag, so wird dieser Blick von der Kabbala her auf Luther doch an dem Urteil über diesen Text wenig ändern: Der Reformator gibt hier wie in seiner früheren Schrift *Von den Juden und ihren Lügen* krude judenfeindliche und darüber hinaus auch abergläubischen Vorstellungen zu erkennen,

12 Die Ergebnisse wurden 2011 in dem von Peter Schäfer, Michael Meerson und Yaacov Deutsch herausgegebenen Sammelband *Toledot Yeshu (»The Life Story of Jesus«) Revisited* veröffentlicht. Weitere Ergebnisse erschienen 2014 in zwei von Michael Meerson und Peter Schäfer edierten Bänden unter dem Titel *Toledot Yeshu. The Life Story of Jesus*. Die im Zusammenhang mit diesem Projekt erstellte Datenbank zur *Toledot Jeschu*-Überlieferung ist im Internet zugänglich: www.toledot-yeshu.net.

13 Deutsch, The Second Life of the Life of Jesus, 289. Der von Luther benutzte Text ist der (nach der Terminologie des Projekts) Gruppe »Ashkenazi A« zuzuordnen, deren Hauptvertreterin die Straßburger Handschrift (BnU 3974) ist; vgl. dazu das Glossar (→Toledot Jeschu). In Luthers Text fehlt allerdings die in der Straßburger Handschrift vorangestellte Geburtsgeschichte Jesu; auch die Szene vom →Himmelskampf zwischen Jeschu und Judas ist gekürzt; möglicherweise wurden die obszönsten Motive von der Zensur (oder Selbstzensur?) getilgt.

die seine Schrift für heutige Leser schlechterdings ungenießbar machen.

Die Bearbeitung des Textes der Weimarer Lutherausgabe (Band 53, 579–608) präsentiert einen orthographisch und stilistisch revidierten Text. Dabei wurde auch die Wortstellung, wenn immer möglich und sinnvoll, modernen Gepflogenheiten angepasst. Ferner wurde die Schreibung der Eigennamen vereinheitlicht, vor allem der hebräische Jesusname, bei dem Luther zwischen »Jhesus Ha Notzri« (»Jesus der Nazarener«) und »Jhesus Nozri« (etwa: »Jesus Nazarenus«) variiert (in seiner lateinischen Vorlage steht »Iesu noçri«); in unserem Text heißt es, wenn auf die Jesusfigur der *Toledot Jeschu*-Tradition Bezug genommen wird, immer »Jeschu Hanozri«, ansonsten »Jesus«. Wo Luther auf den vierbuchstabigen hebräischen Gottesnamen (Tetragramm) Bezug nimmt, schreibt er wie in seiner Bibelübersetzung HERR oder auch HERr bzw. HErr – wir verwenden die einheitliche Schreibung HErr. Auch unterschiedliche Transkriptionen der hebräischen Begriffe wurden nach Möglichkeit vereinheitlicht, um Verwirrungen beim Lesen zu vermeiden – es wird also immer »Scham Haperes« (»dort ist Dreck«) geschrieben, auch wenn Luther seinen Spott-Midrasch selbst unterschiedlich wiedergibt.

Um den Abstand zum Ausgangstext zu veranschaulichen, sind lexikalische Modernisierungen an einigen Stellen in den Fußnoten dokumentiert. Folgende Abkürzungen wurden verwendet:

MüA	Martin Luthers Ausgewählte Werke, Band 3, München 1936
WA	Weimarer Ausgabe der Texte Martin Luthers
WABR	Weimarer Ausgabe, Briefe Martin Luthers
WADB	Weimarer Ausgabe, Deutsche Bibel
WATR	Weimarer Ausgabe, Tischreden
JL	Luthers Schrift *Von den Juden und ihren Lügen* (Berlin University Press 2016)

Hinsichtlich der zitierten Sekundärliteratur, die in den Fußnoten nur mit einem Kurztitel zitiert wird, sei auf das Literaturverzeichnis am Ende des Bandes verwiesen. Alle Einfügungen des Bearbeiters, die den Text leichter verständlich machen sollen, sind in eckigen Klammern [] gekennzeichnet; ausgenommen sind die (fett gedruckten) Überschriften und Zwischenüberschriften, die sämtlich vom Bearbeiter eingefügt wurden, aber nicht eigens kenntlich gemacht sind. Seitenangaben in geschweiften Klammern {} für die WA und doppelten Schrägstrichen // für die MüA wollen den hier vorgelegten Bearbeitungstext vergleichbar machen. Zitate aus dem Babylonischen Talmud folgen (gelegentlich mit leichten Modifikationen oder Verbesserungen) der Übersetzung von Lazarus Goldschmidt (Berlin 1929–1936).

Ein Glossar am Ende des Bandes sowie ein Bibelstellen- und Personenregister bieten weitere Informationen und sollen die Weiterarbeit erleichtern. Luthers Angaben zu den von ihm zitierten Bibelstellen wurden überprüft, gelegentlich korrigiert, ergänzt, aus dem Lateinischen übersetzt (aus »2. Reg.« wurde »2. Samuel«) und in runden Klammern in den Haupttext eingefügt. Andere Verweise oder Anspielungen Luthers auf Bibeltexte finden sich in den Fußnoten. Die beiden in Luthers *Toledot Jeschu*-Text fehlenden Stücke, die für das Verständnis seiner Schrift aber dennoch von Belang sind – die Geschichte vom Fall Marias und von der Geburt Jesu und die ausführlichere Erzählung vom Himmelskampf zwischen Judas und Jeschu – sind im Anhang in deutscher Übersetzung angefügt. Als Textgrundlage wurde die Straßburger Handschrift (BnU 3974) gewählt, die dem hier behandelten Text ansonsten am nächsten steht. Im Anhang findet sich auch ein Auszug aus der Apokalypse des Serubbabel (*Sefer Serubbabel*), einer Schrift aus dem frühen siebten Jahrhundert mit einer Erzählung von der Geburt des »Antimessias« (ein jüdisches Pendant zum christlichen »Antichristen«), die ein Licht auf die jüdisch-christlichen Auseinandersetzungen im Mittelalter wirft, ohne die Luthers heftige Reaktion nicht zu verstehen ist.

Mein herzlicher Dank gilt Thomas Hörnig, der mir wichtige Literaturhinweise gab, sowie Walter Sparn (Erlangen) und Albrecht Beutel (Münster) für Anregungen und weiterführende Fragen. Ferner danke ich Frau Lisa Härlin im Sekretariat des Institutum Judaicum, meinem Mitarbeiter Benjamin Schnabel für mannigfache technische Hilfe und Verlag Berlin University Press, namentlich Herrn Dr. Timo Gimbel, für die professionelle und freundliche Betreuung der Veröffentlichung.

Mein Dank gilt ferner der französischen Region *Alsace Champagne-Ardenne Lorraine* und der *Eurométropole de Strasbourg* für ihre Unterstützung im Rahmen des Exzellenz-Programmes des Gutenberg Lehrstuhles an der Universität Straßburg sowie dem Kirchenamt der Evangelischen Kirche in Deutschland für einen namhaften Druckkostenzuschuss.

Matthias Morgenstern Tübingen, im Februar 2017

Vom Schem Hamephorasch und vom Geschlecht Christi

1. Vorrede

{579}//229// Im letzten Büchlein[1] habe ich versprochen, ich wollte danach darüber schreiben[2], was die rasenden, elenden Juden von ihrem →Schem Hamephorasch[3] lügen und lästern, wie →Purchetus davon in seinem Buch, *Victoria* genannt, schreibt.[4] Das will ich hiermit nunmehr getan haben, um unseren Glauben zu ehren und die Teufelslügen[5] der Juden zu widerlegen, damit auch diejenigen, die Juden werden wollen[6], sehen

---

1 WA: nehesten Buchlin. – Gemeint ist Luthers *Von den Juden und ihren Lügen* vom Januar 1543; dort hatte er angekündigt, demnächst eine weitere Schrift gegen die Juden schreiben zu wollen (WA 53,513,14 f. = JL, 176).

2 WA: ich wolt hinnach lassen lauffen.

3 Gemeint ist der vierbuchstabige hebräische →Gottesname (יהוה/JHWH); zu Spekulationen über diesen Namen in der →Kabbala vgl. Johann Maier, Die Kabbala. Einführung, klassische Texte, Erläuterungen, München 1995, 57.

4 Auf die Schrift *Victoria adversus impios Hebraeos* (»Sieg über die gottlosen Juden«) des Genueser Karthäusers Salvagus →Purchetus de Salvaticis hatte Luther in *Von den Juden und ihren Lügen* bereits angespielt (WA 53,513,15 = JL, 176). Die 1520/21 in Paris gedruckte Schrift entspricht im Wesentlichen der Fassung, die der spanische (katalonische) Dominikaner →Raymundus Martinus (1220–1285) in seiner Schrift *Pugio fidei adversus Mauros et Judaes* (»Glaubensdolch gegen Mauren und Juden«) publiziert hatte. Martinus, der an der Zwangsdisputation von Barcelona (1263) beteiligt war, hatte 1264 den Auftrag erhalten, jüdische Schriften zu überprüfen und den Dominikanern Vorschläge für die Zensur vorzulegen. Sein »Glaubensdolch« aus dem Jahre 1278 enthielt die Resultate seiner Nachforschungen, bei denen Martinus auch auf eine Fassung der →*Toledot Jeschu* stieß.

5 Vgl. Johannes 8,44. Die Rede von den »Lügen des Teufels« gehörte zu den tragenden Motiven von Luthers Schrift *Von den Juden und ihren Lügen*; vgl. JL, 299–300.

6 Wie in *Von den Juden und ihren Lügen* nimmt Luther auf angebliche jüdische Versuche Bezug, Christen zum Halten jüdischer Bräuche und zur »Rückkehr« zum Judentum zu bewegen. Die Missionstätigkeit von Juden hatte Luther schon in seiner Schrift *Wider die Sabbather* (1538) bekämpft (WA 50,309); Thomas Kaufmann (Luthers Juden, 102) beur-

können, was für schöne [Glaubens-]Artikel[7] sie bei den verdammten Juden glauben und halten müssen. Denn wie ich in jenem Büchlein ausdrücklich erklärt habe[8], ist es nicht meine Absicht, gegen die Juden zu schreiben, als hoffte ich, sie zu bekehren.[9] Dieses Buch habe ich daher nicht *Gegen die Juden* nennen wollen, sondern *Von den Juden und ihren Lügen*, damit wir Deutschen auch geschichtlich begründet[10] wissen könnten, was ein Jude sei, [um] unsere Christen vor ihnen wie vor den Teufeln selbst zu warnen, [um] unsern Glauben zu stärken und zu ehren, nicht [um] die Juden zu bekehren. [Denn] das ist ebenso unmöglich wie den Teufel zu bekehren.

Denn wie wir vom Teufel, von der Hölle, vom Tod und von der Sünde lehren und schreiben müssen, was sie sind und tun – nicht, um aus dem Teufel einen Engel, aus der Hölle einen Himmel, aus dem Tod ein Leben, aus der Sünde Heiligkeit zu machen, was unmöglich ist, sondern um uns davor zu hüten –, so schreibe ich auch von den Juden. Denn ein Jude oder ein jüdisches Herz ist so stock-, stein-, eisen- und teufelshart[11], dass es auf keinerlei Weise zu bewegen ist. Wenn Mose mit allen Propheten käme und sie alle Wunderwerke vor ihren Augen täten, damit sie ihren harten Sinn lassen sollten, wie Christus und die Apostel vor ihnen getan haben, so wäre es doch umsonst. //230//

Wenn sie auch so grausam bestraft würden, dass die Gassen voller Blut rönnen, dass man ihre Toten nicht in Hunderttausen-

teilt diese Proselytenfurcht aber als historisch haltlose Konstruktion und »Popanz«.

7 Zum literarischen Genus der *Toledot Jeschu*-Texte, die keine »Glaubensartikel« enthalten, sondern eine Erzählung der jüdischen →Volksliteratur sind, vgl. das Glossar.

8 WA: wie ich jnn jhenem Buchlin bedingt.

9 Zu den judenmissionarischen Erwartungen Luthers vgl. das Glossar (→Judenmission).

10 WA: historien weise.

11 Luther macht sich Bilder der prophetischen Gerichtspredigt der Hebräischen Bibel (vgl. z. B. in Ezechiel 2,4; 11,19 und 36,26) zunutze, um sie antijüdisch auszulegen.

den, sondern in Millionen[12] berechnen und zählen müsste, wie es in Jerusalem unter [dem römischen Kaiser] Vespasian[13] und unter Hadrian in Bethar geschehen ist[14], wollten sie dennoch recht behalten, wenn sie auch nach diesen fünfzehn Jahrhunderten [im →Exil] noch [weitere] fünfzehn Jahrhunderte im Elend sein sollten. Dennoch würden sie Gott für einen Lügner, sie selbst aber für wahrhaftig halten.[15] {580}

Alles in allem, es sind junge Teufel[16], die zur Hölle verdammt sind. Falls aber noch etwas Menschliches in [einem von] ihnen

---

12 WA: zehnhunderttausend. – Im palästinischen →Talmud (Traktat Ta'aniyot 4,8/28) und im rabbinischen →Midrasch Genesis Rabba 65,21 (zu Genesis 27,22) heißt es mit Bezug auf eine Tradition Rabbi Jochanans, »die Stimme des [römischen] Kaisers Hadrian« habe in Betar »achtzigtausend Myriaden« getötet. Zur Interpretation dieses Geschehens in der rabbinischen Theologie vor dem Hintergrund des Gegensatzes zwischen »Jakob« und »Esau« vgl. Avemarie, Esaus Hände, Jakobs Stimme, 181. Nach Cassius Dio (LXIX,14) fielen 580 000 Juden im Kampf gegen Hadrian und wurden fünfzig Festungen und 985 Siedlungen zerstört; vgl. Schäfer, The Bar Kokhba War Reconsidered, 5 f.

13 Der zweite Jerusalemer Tempel wurde zur Zeit des Kaisers Vespasian durch die Truppen seines Sohnes Titus zerstört. Luther bezog seine Informationen vielleicht aus dem Bericht des Flavius →Josephus (Der jüdische Krieg 7,17), dessen lateinische Übersetzung 1524 in Basel gedruckt worden war (Michel/Bauernfeind, Der Jüdische Krieg, XXXIV).

14 Der von Luther »Bittor« genannte Ort bezeichnet den →Bar Kochba-Aufstand und die Stadt Bethar (südlich von Cäsarea), die während des Bar Kochba-Aufstandes (132–135 n. Chr.) besonders heftig umkämpft war; zum Geschehen in Bethar in rabbinischer Tradition vgl. auch den babylonischen Talmud, Traktat Gittin 57a.

15 Die Vorstellung einer grausamen Bestrafung der Juden ist offenbar im Zusammenhang mit dem von Luther für unmittelbar bevorstehend gehaltenen endzeitlichen Eingreifen Gottes und dem →Weltende zu verstehen; vgl. dazu Kaufmann, Geschichte der Reformation, 633 f.

16 Luther wirft den Juden vor, Kinder des Teufels zu sein (→Teufelskindschaft), und spielt damit auf die bei ihm auch sonst anzutreffende Vorstellung eines Beischlafs von Menschen mit dem Teufel oder mit Dämonen an. Zugleich verweist er erneut auf ein tragendes Motiv seiner vorherigen Schrift *Von den Juden und ihren Lügen*; vgl. oben Anm. 5. Beide Motive, das der *Lügen des Teufels* und das der *Teufelskindschaft*, findet Luther im Neuen Testament (Johannes 8,44).

ist, so mag dieses Schreiben dem nützlich und gut sein. Für den ganzen Haufen mag hoffen, wer da will! Ich habe da keine Hoffnung. [Ich] weiß von [einer solchen Hoffnung] auch keine Schriftstelle. Wir können doch unsere Christen, den großen Haufen, nicht bekehren [und] müssen uns am kleinen Häuflein genügen lassen. Wie viel weniger ist es möglich, diese →Teufelskinder alle zu bekehren. Denn dass manche aus dem Römerbrief (Römer 11,15) den Wahn schöpfen, alle Juden würden am Ende der Welt bekehrt werden, ist nichts. Der Hl. Paulus ist ganz anderer Meinung.[17]

17 Luther bleibt den Lesern hier *seine* Auslegung des Römerbriefes schuldig. In seiner großen Römerbriefvorlesung (WA 56,437,27–438,1) des Jahres 1515/1516 hieß es immerhin (zu Römer 11,26; »ganz Israel wird gerettet werden«): Ita et Iudei, Qui Christum eiecerunt inter Gentes, ubi nun regnat, tandem ad eum venient (»so werden auch die Juden, die Christus unter die Heiden vertrieben hatte, wo er nun regiert, einst zu ihm [zurück]kommen«). Auch Erasmus von Rotterdam hatte sich diesen paulinischen Satz zu eigen gemacht (Augustijn, Erasmus der Humanist, 109); zum Motiv der endzeitlichen Bekehrung der Juden und zur Auslegung von Römer 11 bei Luther vgl. auch Lewin, Luthers Stellung, 80 sowie Osten-Sacken, Luther und die Juden, 76–85.

2. Vom Schem Hamephorasch

2.1. Übersetzung aus der Schrift *Victoria adversus impios Hebraeos*[18]

Wir wollen weiterhin sehen, wie die →Juden den Wundertaten Christi immer so feindlich gesonnen waren, dass sie sie dem Beelzebub zuschreiben, dem Fürsten der Teufel. Denn er hat so viele und große Wunderwerke getan, »wie sonst niemals jemand getan hat«, wie er selbst sagt (Johannes 15,24). Man hat auch nie gehört, dass jemand anders in seinem Namen die Blinden sehend, die Tauben hörend, die Lahmen gehend, die Stummen redend gemacht hätte. Wie Jesaja zuvor geweissagt hat (Jesaja 35,4–6): »Gott der Vergelter wird kommen und euch helfen. Dann werden die Augen der Blinden aufgetan und die Ohren der Tauben geöffnet werden. Dann werden die Lahmen springen[19] wie ein Hirsch, und die Zunge der Stummen wird Lob sagen.« //231// {581}

Neben diesen vielen Wunderzeichen tat er noch viele andere mehr. Er weckte Tote auf, reinigte die Aussätzigen und machte viele andere Kranke gesund und tat solche Zeichen, die niemand außer Gott allein tun konnte. Dennoch hat sich die Bosheit der Juden, die immer mit bösen Tücken umhergingen, unterstanden, diese [Wunder] mit Lügen zu verlästern und zu schänden. [Sie] haben ein Buch gegen Christus erdichtet, in dem sie diese Lügen schreiben.[20]

---

18 Hier folgt die Verdeutschung des Abschnitts der genannten Schrift von Salvagus →Purchetus, der in der WA im Original mit abgedruckt ist. Purchetus beginnt mit der (von Luther nicht übersetzten) Angabe des Themas des elften Kapitels seiner Schrift: Es geht um die von den Juden geleugneten Wunder Christi und um die Wunder, die die Apostel in Namen Christi vollbrachten.

19 WA: lecken.

20 Bei →Purchetus folgt das Referat aus der →*Toledot Jeschu*-Tradition; zur christlichen Rezeption dieses Textes vgl. Deutsch, The Second Life of Jesus, 283–295 (mit Bezug auf Luther: 289). Der von Luther übersetz-

2.2. Die Übersetzung des *Toledot Jeschu*-Textes

Es geschah zur Zeit der Königin Halani[21], die über das ganze Land Israel herrschte. Da kam →Jeschu Hanozri nach Jerusalem und fand im Tempel des Herrn den Stein[22], auf den einstmals die Lade des Herrn gesetzt worden war.[23] Auf diesem Stein stand geschrieben: →Schem Hamephorasch. Wer die →Buchstaben dieses Namens lernte und verstand, der konnte [auf magische Weise] tun, was er wollte.

---

te Text stimmt zu großen Teilen mit der *Toledot Jeschu*-Version im *Glaubensdolch* des →Raymondus Martinus überein; vgl. die englische Übersetzung dieses Textes in Meerson/Schäfer, The Life Story of Jesus, Band I, 10–12. Weitgehende Übereinstimmung besteht auch mit der Straßburger Handschrift der *Toledot Jeschu*, a. a. O., 167–184. Vgl. ferner den (leider nicht fehlerfreien) Abdruck bei Callsen, Das jüdische Leben Jesu, 99–107.

21 Vgl. Meerson/Schäfer, The Life Story of Jesus, Band II, 84; Krauss, Leben Jesu, 40 (והיה ממשלת כל ישראל ביד אישה ושמה הלני) und 53 (deutsche Übersetzung). – Die »Halani« der →*Toledot Jeschu* ist eine literarische Kunstfigur, in der die römische Kaisermutter →Helena Augusta (ca. 250–330 n. Chr.) und die antike Königin →Helene von Adiabene miteinander verschmolzen sind. Hasan-Rokem (Polymorphic Helena, 268–273) hat vorgeschlagen, noch Züge einer weiteren Frau in dieser »Halani« zu finden: Helena, die Ehefrau des aus dem Neuen Testament bekannten Zauberers Simon Magus (vgl. Apostelgeschichte 8,18–24). Von dieser Helene ist in den apokryphen Petrusakten (31–32) die Rede, die zudem von einer →Himmelsreise des Simon Magus und einem Himmelskampf mit Petrus zu berichten wissen. Motivgeschichtlich handelt es sich hier um die nächste Parallele und eine mögliche Quelle für die Szene des →Himmelskampfes Jeschus und Judas (vgl. dazu weiter unten im von Luther übersetzten Text).

22 Gemeint ist der im Hebräischen אבן השתיה (even ha-schetija) genannte →Grundstein des Jerusalemer Tempels, von dem aus nach dem Babylonischen Talmud (Traktat Joma 54b) die Welt erschaffen wurde – ein Umstand, der die besondere kosmologische Bedeutung dieses Ortes bezeichnet; vgl. Callsen, Das jüdische Leben Jesu, 49.

23 Zur Lokalisierung des Steines unterhalb der nach der Zerstörung des ersten Jerusalemer Tempels verlorengegangenen Bundeslade vgl. Babylonischer Talmud, Traktat Sanhedrin 26b.

Jeschu stiehlt das Geheimnis des göttlichen Namens

Unsere Weisen[24] hatten aber die Sorge, dass die →Israeliten diesen Namen lernen und durch seine Kraft die Welt zerstören[25] würden. Darum schufen sie zwei Hunde aus Erz[26] und setzten sie auf zwei Säulen[27] vor die Tür des Heiligtums.[28] Wenn nun jemand hineinging und die →Buchstaben des erwähnten Namens lernte und wieder herausging, so bellten die ehernen Hunde ihn so gräulich an, dass er vor großem Schrecken den Namen und die Buchstaben vergaß, die er gelernt hatte.[29] {582}

24 Gemeint sind in dieser Erzählung die rabbinischen Weisen von →Talmud und →Midrasch.

25 WA: umbkeren. – Zu diesem Motiv vgl. Meerson/Schäfer, The Life Story of Jesus, Band II, 85; Krauss, Das Leben Jesu, 40: יחריבו בהן העולם. Zu den Gefahren, die bei einer missbräuchlichen Verwendung des Gottesnamens vom Grundstein des Tempels ausgehen, vgl. das Glossar (→Zerstörung der Welt).

26 In anderen *Toledot Jeschu*-Texten ist die Rede von Löwen, die die Passanten anbrüllen (vgl. Callsen, Das jüdische Leben Jesu, 49; Shenan, Jesus through Jewish Eyes, 66); aufgrund eines bekannten Topos, der Juden mit Hunden in Verbindung brachte (dazu: Kaufmann, Luthers ›Judenschriften‹, 158 f.), dürfte Luther die von ihm übersetzte Version besonders eindrücklich gewesen sein.

27 Nach 1. Könige 7,21 trug die rechte Säule den Namen *Jachin*, während die linke *Boas* genannt wurde.

28 Diese Hunde erinnern an den Höllenhund in der griechischen Mythologie, der den Eingang zur Unterwelt bewacht, um Toten den Ausgang und Lebenden den Eingang zu versperren. In Dantes *Göttlicher Komödie* ist die Rede von einem wilden dreiköpfigen Untier, das jeden anbellt, der hinunter muss. Zu entsprechenden Wachhunden vor Tempeln im Alten Ägypten, in Syrien, Mesopotamien und Griechenland vgl. Meerson/Schäfer, Life Story of Jesus, Band I, 65.

29 Der Babylonische Talmud (Traktat Temura 16a) kennt das Motiv des »Vergessens« der Tora aufgrund der Trauer, die die Israeliten nach dem Tod des Mose in der Bibel befiel: »Tausendsiebenhundert Schlußfolgerungen a minore ad majus (vom Leichteren auf das Schwerere) und durch Wortanalogie und Minutiositäten der Schriftgelehrten wurden in den Tagen der Trauer (nach dem Tod) Moses vergessen. Rabbi Abbahu sagte: Dennoch rekonstruierte sie Otniel durch sein scharfsinniges Lernen (Pilpul).« Wenn Jeschu das Geheimnis des Got-

Da kam →Jeschu Hanozri, ging in den Tempel und lernte die Buchstaben und schrieb sie auf ein Pergament. Danach riss er das Fleisch an seinem Bein auf und legte den Zettel hinein.[30] Weil er den Namen nannte, tat ihm nichts weh, und die Haut wuchs wieder zusammen, wie sie vorhin gewesen war.[31] Als er aus dem Tempel ging, bellten die ehernen Hunde ihn an, dass er sofort den Namen [wieder] vergaß. Als er aber heimkam, riss er mit einem Messer das Bein auf und nahm den Zettel heraus, auf dem die Buchstaben des Schem Hamephorasch standen, und lernte sie erneut.

tesnamens zunächst »vergisst« und das Vergessene in der Folge wieder zurückholt, könnte dies in den *Toledot Jeschu* daher als Parodie auf den Vorgang des jüdischen Lernens verstanden werden, bei dem es darum geht, die verlorengegangene mündliche Tora durch rabbinischen Scharfsinn zu rekonstruieren. So verstanden, handelte es sich hier um ein satirisches Motiv oder gar um ein Motiv jüdischer Selbstkritik, das Luther vollständig übersehen hätte.

30 Zu diesem Motiv vgl. die Tradition im Babylonischen Talmud (Traktat Schabbat 104b; vgl. auch bereits Tosefta Schabbat 11,15), nach der »Ben Stada« (ein talmudisches Äquivalent für den auf Jesus bezogenen Schimpfnamen »Ben Pandera«) durch Ritzungen auf seinem Leib Zauberkünste aus Ägypten mitbrachte; vgl. Schäfer, Jesus im Talmud, 31–35. In einigen Handschriften lautet der Jesusname »Ben Satra« – offenbar eine Anspielung auf das hebräische Verb *le-saret*, »einritzen, einschneiden«. »Stada« könnte nach dem Talmud aber auch Jesu Mutter gewesen sein, weil sie (nach einem hebräischen Wortspiel) eine »Sotah« gewesen wäre, eine des Ehebruchs verdächtigte bzw. verdächtige (oder auch überführte) Frau.

31 Yassif (Folk Narrative, 128) kommentiert, dass der von Jesus illegitim beschaffte geheime Code des Judentums für die wenigen Minuten zwischen dem Diebstahl und der Öffnung seines »Beines« Teil seines Leibes war. Auf *diesem Wege* wurde er zu einem →Zauberer und mächtigen charismatischen »leader«. Man kann überlegen, ob die Bezeichnung »Bein« oder »Gebein« im hebräischen Text nach biblischem Sprachgebrauch auch als Euphemismus für die Geschlechtsorgane stehen soll: in Jesaja 36,12 wird der Urin mit einem Euphemismus als »Wasser der Beine« (מי רגלים) bezeichnet.

Jeschu beruft seine Jünger

Danach rief er 310[32] junge Männer aus →Israel zu sich und sprach zu ihnen: »Seht her, die Weisen sagen, ich sei ein Hurenkind[33], weil sie über Israel herrschen wollen. Ihr //232// wisst aber, dass alle Propheten vom Messias weissagen. Derselbe bin ich, das ist wahr. Und Jesaja hat von mir geweissagt ›Siehe, eine Alma[34] ist schwanger und wird einen Sohn gebären und wird ihn Emanuel nennen.‹ So hat auch mein Großvater David von

32 Schreibt man diese Zahl mit hebräischen →Buchstaben, ergibt sich die Kombination יש (Jesch), die in einer anderen *Toledot Jeschu*-Tradition als Abkürzung des Namens Jeschu (ישו) verstanden wird; vgl. Shenan, Jesus through Jewish Eyes, 67; Meerson/Schäfer, Life Story of Jesus, Band I, 70. Vielleicht wird aber auch auf den Babylonischen Talmud (Traktat Sanhedrin 100a) angespielt, wo von 310 Welten die Rede ist, die für jeden gerechten Menschen auf dieser Welt reserviert sind. Als Belegstelle dient der Bibelvers Proverbien 8,21 (לְהַנְחִיל אֹהֲבַי יֵשׁ וְאֹצְרֹתֵיהֶם אֲמַלֵּא – »dass ich versorge die mich Liebenden mit Besitz und ihre Schatzkammern fülle«). Hier wird dem Wort »Besitz« (hebräisch יש – »jesch«) der gematrische Wert (310) entnommen (→Gematria). Ein ähnlicher Bezug auf Proverbien 8,21 findet sich in den Sprüchen der Väter (Pirqe Avot) 5,19 und in den Kommentaren zur Stelle. Natürlich halten die Tradentenkreise der *Toledot Jeschu* weder Jesus noch seine Jünger für »Gerechte«, die Anspruch auf 310 Schatzkammerwelten hätten; sollte der Bezug auf die Talmudtexte intendiert sein, wäre dies daher wohl ironisch gemeint. Vielleicht soll der Kontext aber auch andeuten, Jeschu habe in anmaßender Weise einen solchen Anspruch erhoben.

33 Vgl. Meerson/Schäfer, The Life Story of Jesus, Band I, 171; Band II, 85 und Krauss, Das Leben Jesu, 41: ממזר ובן נדה (→Bastard und →Ben-Niddah). Zu diesem Vorwurf vgl. Schlichting, Ein jüdisches Leben Jesu, 33.

34 →Purchetus und Luther nennen das hebräische Wort עלמה (»junge Frau«), das der christlichen Tradition als Schriftbeleg für die Jungfrauengeburt Jesu dient (Jesaja 7,14). Für Luther handelte es sich hier um einen Schriftbeleg für die Jungfrauengeburt Jesu, der in seiner Diskussion mit Juden eine wichtige Rolle spielte (vgl. Kaufmann, Luthers Juden, 37); nach dem rabbinischen Kommentator David Kimchi (1160–1235) bezeichnet der hebräische Begriff »alma« freilich nicht die Virginität, sondern ist als »junge Frau« zu übersetzen.

mir geweissagt und gesagt (Psalm 2,7): ›Der Herr hat zu mir gesagt: Du bist mein Sohn, heute habe ich dich gezeugt.‹[35] So hat mich meine Mutter ohne Zutun eines Mannes geboren, allein aus Gottes Kraft.[36] Daher[37] bin nicht ich [ein Hurenkind], sondern sie selbst sind Hurenkinder, wie Hosea sagt: ›Ich will mich über ihre Kinder nicht erbarmen, denn es sind Hurenkinder‹« (Hosea 2,6).[38]

Jeschu vollbringt Wunder

Da antworteten ihm die jungen Männer aus Israel: »Bist du der Messias, so gib uns ein Zeichen!« – »Was für ein Zeichen wollt ihr von mir haben?« Sie sprachen: {583} »Mache einen Lahmen

35 Zur Bedeutung von Psalm 2 für die Interpretation der neutestamentlichen Passionserzählung vgl. Theobald, 236 f. Das Motiv des »Großvaters David« verweist hier bereits auf den zweiten Teil der Schrift (»… vom Geschlecht Christi«), in dem Luther die davidische Abstammung Jesu nachweist.

36 Vgl. Matthäus 16,16–17 und Lukas 23,2.

37 Die Jeschu in den Mund gelegte Begründung (»daher«) setzt offenbar eine strenge Antithetik voraus: eine der beiden Seiten ist in jedem Fall der Hurenkindschaft zu bezichtigen. Diese Logik erinnert an den dualistischen Gegensatz in der Auslegung des »Protoevangeliums« von Genesis 3,15 durch die Alte Kirche: »Ich will Feindschaft setzen zwischen dir und dem Weibe und zwischen deinem Samen und ihrem Samen.« Dieser Vers war von Luther in *Von den Juden und ihren Lügen* als frühe Andeutung des endzeitlichen Kampfes zwischen dem ohne männliches Zutun empfangenen Nachkommen Marias (Jesus Christus) und dem Teufel mitsamt seinen Teufelskindern verstanden worden (vgl. JL, 116, 118, 296). Nach Luther beruht der jüdische Glaube grundsätzlich auf einer teuflischen Verführung, die in der Verführung Evas durch die Schlange ihren Anfang nahm; vgl. dazu das Glossar (→Schlange, Schlangenbrut). Aufgrund der sexuellen Konnotation der Paradiesgeschichte sind für Luther die Motive der Teufels- und der Hurenkindschaft offenbar prinzipiell austauschbar.

38 Diesen Vers hatte Luther den Juden bereits in *Von den Juden und ihren Lügen* entgegengehalten (JL, 50).

stehend, wie wir sind!« Er sprach: »Bringt einen [Lahmen] zu mir her!« Sofort brachten sie ihm einen Lahmen, der noch nie auf seinen Füßen gestanden hatte. Er sprach über ihn den →Schem Hamephorasch.[39] Zu dieser Stunde fuhr er auf und stand auf seinen Füßen.[40] Da neigten sich alle vor ihm und sprachen: »Der ist ohne Zweifel der Messias.« Auch brachten sie zu ihm einen Aussätzigen. Über den sprach er den Namen und legte die Hand auf ihn, und er wurde daraufhin gesund.[41] Daher fielen ihm viele nichtswürdige Leute aus unserm Volk zu.[42]

---

39 Im Neuen Testament vollbringt Jesus die Wunder nicht mit Hilfe oder im Namen einer über ihm stehenden übernatürlichen Kraft, sondern aus sich selbst heraus – ein Jesusbild, das dieser *Toledot Jeschu*-Text offenbar bestreitet.

40 In der Heilungsgeschichte eines Gelähmten im Neuen Testament (Markus 2,1–12), die diese Erzählung offenbar parodiert, heißt es von der Reaktion der Umstehenden, dass sie sich »entsetzten«. Bemerkenswert ist, dass der *Toledot Jeschu*-Text Jesus »positive« Wunder zuschreibt: Seine Taten beruhen auf »weißer«, nicht auf »schwarzer« Magie. Dabei wird offenbar vorausgesetzt, dass der Gebrauch des →Gottesnamens (wenn die Kenntnis nicht illegitim beschafft wurde) *prinzipiell* zulässig ist.

41 Vgl. die Berichte in Markus 1,40–45, Lukas 5,12–16 und Matthäus 8,2–4, die in der christlichen Tradition als Erfüllung messianischer Weissagungen gedeutet werden; vgl. auch Matthäus 11,5 und Lukas 7,22 in Verbindung mit Jesaja 35,5–7.

42 Vgl. Meerson/Schäfer, The Life Story of Jesus, Band II, 86 (התוספו עמו מבני פריצי עמו); Krauss, Das Leben Jesu, 42, Anm. 4 (פריצי ורשעי ישראל); vgl. Daniel 11,14 (פריצי עמך) und 1. Samuel 22,2: dort ist es der spätere König David, der »nichtswürdige Leute« um sich sammelt. Vielleicht ist auch daran zu denken, dass Jesus nach dem Evangelienbericht zwischen »zwei Räubern« gekreuzigt wurde (Lukas 23,39–40). Der christliche Schriftsteller Laktanz (ca. 240–320) verweist auf eine antichristliche Überlieferung, nach der Jesus eine Bande von 900 Räubern um sich sammelte (Meerson/Schäfer, Life Story of Jesus, 71).

Der erste Prozess Jeschus

Als die [jüdischen] Weisen sahen, dass →Israel begann, an ihn zu glauben, nahmen sie ihn gefangen und brachten ihn zur Königin Halani, der zu dieser Zeit das Land Israel gehörte. Sie sprachen zu ihr: »Gnädige Frau, dieser Mensch treibt →Zauberei[43] und verführt die Welt.«[44] Jeschu Hanozri antwortete: »Gnädige Frau, es haben die Propheten vor Zeiten von mir geweissagt. Einer von ihnen spricht folgendermaßen: ›Es wird ein Zweig aus dem Stamm Jesse wachsen‹ (Jesaja 11,1), der bin ich.[45] Von ihnen[46] aber spricht David (Psalm 1,1): ›Wohl dem, der nicht wandelt im Rat der Gottlosen.‹«[47]

Sie sprach [zu den jüdischen Weisen]: »Steht in eurem Gesetz, was dieser sagt?« Sie antworteten: »Ja, es steht in unserm Gesetz. Aber nicht das ist von ihm gesagt. Über ihn heißt es vielmehr: ›Der Prophet [der euch gelehrt hat abzufallen von dem Herrn, eurem Gott] soll //233// getötet werden, denn er hat Unrecht gegen Gott gelehrt‹ (Deuteronomium 13,1–5).[48] Aber

43 Zum Vorwurf der →Zauberei nach dem Talmud vgl. den Babylonischen Talmud (Traktat Sota 47ab und Traktat Sanhedrin 107b) sowie Schlichting, Ein jüdisches Leben Jesu, 34.

44 Zum Motiv der Verführung zum Götzendienst und zur →Abgötterei vgl. das Glossar (→Verführung).

45 Das Motiv der Davidssohnschaft Jesu verbindet hier erneut mit dem zweiten Teil dieser Schrift, in der Luther den Stammbaum Jesu nachzeichnet.

46 D. h. von den Anklägern Jesu, den jüdischen Weisen.

47 In einigen →*Toledot Jeschu*-Traditionen wird darauf hingewiesen, dass die Segensformel dieses Verses (אשרי האיש – wörtlich: »glücklich der Mann«) sich zahlenmystisch (→Gematria) auf den Jeschu-Namen beziehen lässt; »der Mann« und »Jeschu« ergeben beide den Zahlenwert 316; Shenan, Jesus through Jewish Eyes, 68; Hasan-Rokem, Polymorphic Helena, 261.

48 In einem anderen *Toledot Jeschu*-Text steht hier ein Verweis auf Deuteronomium 27,15: »Verflucht sei der Mann (ארור האיש), der einen Götzen oder ein gegossenes Bild macht.« Dabei wird die Wendung »der Mann« der Fluchformel gematrisch erneut auf den Jeschu-Namen bezogen; vgl. Shenan, Jesus through Jewish Eyes, 68.

vom Messias heißt es (Jeremia 23,6): ›Zu seiner Zeit soll Juda geholfen werden.‹«[49] Darauf ant{584}wortete dieser Gottlose und sprach zur Königin: »Der bin ich, denn ich kann Tote auferwecken.«[50]

Jeschu erweckt einen Toten wieder zum Leben

Die Königin schickte mit ihnen [den jüdischen Weisen] ihre allertreuesten Diener hin, [um den Anspruch Jeschus zu prüfen]. Und der Gottlose machte durch den →Schem Hamephorasch einen Toten [wieder] lebendig.[51] Von der Stunde an entsetzte sich die Königin und sprach: »Wahrlich, das ist ein großes Wun-

49 Dieses Bibelzitat (תושע/tivascha – soll geholfen werden) lässt sich vielleicht als Anspielung auf die hebräische Wurzel des Jesusnamens (Jeschua nach Matthäus 1,21) verstehen.

50 Totenauferweckungen gelten nach Matthäus 11,3–5 als Zeichen der messianischen Zeit; vgl. auch Daniel 12,2. – Jesus, hier als »gottlos« (Purchetus: impius; hebräisch: רשע) bezeichnet, bezieht die Gottesrede in Deuteronomium 32,39 (»seht nun, dass ich's allein bin und ist kein Gott neben mir! Ich kann töten und lebendig machen!«) in blasphemischer Weise direkt auf sich selbst (so versteht es der Text), um der Königin und den jüdischen Gelehrten zu beweisen, dass zu seiner Zeit »Juda geholfen werden« kann; zur Interpretation vgl. Hasan-Rokem, Polymorphic Helena, 261.

51 Vgl. die Totenauferweckungen Jesu in Lukas 7,11–17 und Johannes 11,38–44. Nachdem Jeschu die Königin mit diesem Wunder beeindruckt und offenkundig überzeugt hat, ist zu fragen, warum Jeschu, dem Text zufolge, nach seiner Freilassung erneut verhaftet und schließlich hingerichtet wurde. Merkwürdig ist auch, dass Jeschu – anders als etwa im Johannesevangelium, wo die Totenauferweckung des Lazarus, das größte Wunder Jesu, als Höhepunkt am Ende steht – das größte Wunder bereits hier tut und das bizarre Mirakel der Verlebendigung der Tonvögel (s. unten) erst später folgen lässt. In der Forschung wird daher angenommen, dass die ursprüngliche Version der *Toledot Jeschu* nur *einen* Prozess Jesu kannte. Die erste ergebnislose Verhandlung vor der Königin wurde demnach in einem späteren Entwicklungsstadium der Tradition nachträglich eingefügt – diese Tradition lag offenbar →Raymundus Martinus 1278 bereits vor.

derzeichen.« Den [jüdischen] Weisen geschah dadurch ein großer Hohn, dass sie mit Schanden von ihr weggehen mussten. Das tat ihnen und denen von →Israel sehr weh. Und →Jeschu Hanozri zog hin ins obere Galiläa.[52]

Erneute Gefangennahme Jeschus

Und die [jüdischen] Weisen gingen wieder zur Königin und sprachen zu ihr: »Gnädige Frau, dieser Mensch geht mit →Zauberei um und bringt die Schöpfung durcheinander.«[53] Sie aber schickte ihre Kriegsknechte hin, dass sie ihn fangen sollten.[54] Aber die Leute in Galiläa wollten es nicht dulden, sondern gegen sie kämpfen. Er [Jeschu] sagte [ihnen] aber: »Ihr sollt nicht für mich kämpfen. Denn die Gewalt meines Vaters im Himmel und die Zeichen, die er mir gegeben hat, werden mich wohl verteidigen.«[55]

---

52 Vgl. Matthäus 4,12. – Galiläa, die Heimatregion Jeschus, ist hier offenbar Rückzugsgebiet und Bollwerk seiner Anhänger. Der kurz darauf auftauchende Gegenspieler Jeschus →Judas wird dabei vielleicht nicht nur »ethnisch« als »Jude«, sondern auch mit geographischem Bezug als gebürtiger Judäer vorgestellt, falls Judas Iskariot, wie im Neuen Testament vielleicht vorausgesetzt, mit »Mann aus Kerijot« (איש קריות), bezogen auf die in Josua 15,25 erwähnte judäische Ortschaft Kerijot, zu übersetzen ist.

53 WA: verkeret die Creaturn (Purchetus: deviat creaturas). – Zu den Formulierungen der hebräischen Handschriften vgl. Meerson/Schäfer, The Life Story of Jesus, Band II, 87 (שהיה מתעה את אנשי גליל העליון/»dass er die Leute des oberen Galiläa verführte«) und Krauss, Das Leben Jesu, 42 (יש עמו מכשפות ומטעה בו את הבריות/»er hat →Zauberinnen bei sich und verführt damit die Welt«); eine ähnliche Formulierung findet sich in der *Toledot Jeschu*-Version Thomas Ebendorfers, 4,9 (Callsen, Das jüdische Leben Jesu, 53); vgl. auch das Glossar (→Zerstörung der Welt).

54 In der Straßburger *Toledot Jeschu*-Handschrift ist hier eingefügt: »Und sie fanden, dass er das Volk verführte« (Meerson, Schäfer, Life Story of Jesus, Band I, 172). Offenbar setzt dieser Text (wie das Johannesevangelium) mehrere Aufenthalte Jesu in Jerusalem voraus.

55 Vgl. Matthäus 26,51–53; Lukas 22,49–51.

Jeschu bringt Vögel aus Ton zum Fliegen

Und die Leute in Galiläa machten Vögel aus Ton vor ihm. Da sprach er darüber den →Schem Hamephorasch, da flogen die Vögel bald davon.[56] Und sie fielen auf ihr Angesicht und beteten ihn an.[57]

Jeschu geht auf dem Meer

Auch befahl er ihnen zur selben Stunde, einen großen Mühlstein herzubringen und ins Meer zu werfen. Als dies geschehen war, sprach der Gottlose den →Schem Hamephorasch. Dadurch bewirkte er, dass der Stein still auf dem Meer lag. Und er {585} setzte sich darauf und sprach zu den Kriegsknechten: »Geht hin zu eurer Frau [d. h. zur Königin Halani] und verkündigt ihr, was ihr gesehen habt.« Danach stand er vor ihren Augen auf und wandelte auf dem Meer.[58]

---

56 Diese Geschichte geht auf eine Erzählung über den fünfjährigen Knaben Jesus in der apokryph-christlichen Kindheitserzählung des Thomas (2) zurück, die sich auch im Koran findet (Sure 5,110); vgl. Kaiser/Tropper, Kindheitserzählung des Thomas, 942–945; Cullmann, Kindheitsevangelien, 353 und das Glossar (→Koran). Während die etwas naive ursprüngliche Erzählung im Kontext der Kindheit Jesu halbwegs passend erscheint, macht dieses grobsinnliche Wunder in den *Toledot Jeschu*, wo es dem erwachsenen Nazarener zugeschrieben wird, einen grotesken und eigentlich lächerlichen Eindruck. Von der Erzähllogik her ist auch unklar, was dieses merkwürdige Wunder, nachdem Jesus doch bereits Kranke geheilt und einen Toten auferweckt hat, hier noch beweisen soll. Vgl. Hasan-Rokem, Polymorphic Helena, 261. Zur Beziehung der *Toledot Jeschu* zu den christlichen Apokryphen vgl. Piovanelli, The *Toledot Yeshu* and Christian Apocryphal Literature.

57 Vgl. Matthäus 8,2; Lukas 24,52.

58 Vgl. Matthäus 14,22–33; Markus 6,45–52 und Johannes 6,16–21. Vielleicht soll das Motiv des Mühlsteines aber auch auf das Jesuswort Matthäus 18,6 und Lukas 17,2 anspielen: »Wer aber einen dieser Kleinen, die an mich glauben, zum Abfall verführt, für den wäre es besser, dass

Diskussion zwischen der Königin Halani und den jüdischen Weisen

Die Kriegsknechte gingen hin und sagten der Königin Halani alles, was sie gesehen hatten. Die entsetzte sich über die Maßen sehr[59] und ließ die [jüdischen] Weisen rufen und sprach zu ihnen. »Ihr sagt, dieser Mensch →Jeschu Hanozri sei ein →Zauberer. Aber ihr sollt wissen, dass die Zeichen, die er tut, beweisen, dass er der wahrhaftige Gottessohn ist.« Sie aber sprachen: »Gnädige Frau, lasst ihn herkommen, so wollen wir seine Schalk//234//heit[60] aufdecken.«[61]

Judas lernt das Geheimnis des göttlichen Namens

Indessen gingen die Ältesten →Israels hin und ließen einen mit Namen →Judas Scharioth in den Tempel, in das Allerheiligste, hineingehen. Der lernte die →Buchstaben [des] →Schem Hamephorasch so, wie sie →Jeschu Hanozri gelernt hatte.[62] Er riss das Fleisch an seinem Bein auf und tat alles, was jener getan hatte.

---

ein Mühlstein an seinen Hals gehängt und er ersäuft würde im Meer, wo es am tiefsten ist.«

59 Vgl. Markus 5,42.

60 Ein »Schalk« ist in Luthers Sprache kein lustiger Schelm, sondern – nach dem Vorbild des Gleichnisses vom »Schalksknecht« (Matthäus 18,21–35) – ein Mensch mit boshafter Gesinnung.

61 Purchetus: »detegemus fraudem eius« (seinen Betrug); vgl. Krauss, Das Leben Jesu, 42: חרפתו (»seine Schande« oder »Scham«).

62 Nach Eli Yassif ist dieser Erzählzug offenbar ironisch-satirisch zu verstehen; vielleicht enthält er auch ein Element jüdischer Selbstkritik, da Judas den »gottlosen« Jeschu imitiert und sich auf einem illegitimen Wege den Zugang zum Geheimnis des göttlichen Namens verschafft. Zudem ist offenbar vorausgesetzt, dass er verbotenerweise das (eigentlich dem Hohenpriester am Großen Versöhnungstag vorbehaltene) Allerheiligste des Jerusalemer Tempels betritt (Yassif, Folk Narrative, 132).

Der zweite Prozess Jeschus

So kam Jeschu Nanozri mit seiner Gesellschaft. Und die Königin hieß die [jüdischen] Weisen ebenfalls kommen. Und er trat vor die Königin hin und sprach: »David hat von mir geweissagt (Psalm 22,17): ›Es haben mich Hunde umgeben, und die Versammlung der Bösen[63] hat mich umringt.‹[64] Auf der anderen Seite ist das auch von mir gesagt: ›Fürchte dich nicht vor ihnen, denn ich bin mit dir, dass ich dich errette, spricht der HERR‹« (Jeremia 1,8).[65] Aber die [jüdischen] Weisen widersprachen ihm.

Der →Himmelskampf Jeschus mit Judas

Und er [Jeschu] sprach zur Königin: »Ich will zum Himmel hinauffahren.[66] Denn so hat David von mir gesagt: ›Erhebe dich, Gott, über die Himmel‹« (Psalm 108,6).[67] Und {586} durch den Namen →Schem Hamephorasch hob er die Hände auf wie Flü-

63 Purchetus: sinagoga malignantium.

64 Es handelt sich hier um den Psalm, den Jesus nach Matthäus 27,46 und Markus 15,34 am Kreuz betete: »Mein Gott, mein Gott, warum hast du mich verlassen?« Vgl. Hasan-Rokem, Polymorphic Helena, 258.

65 In der Straßburger *Toledot Jeschu*-Handschrift wird Jeremia 1,17 zitiert: »Erschrick nicht vor ihnen (אל תחת), dass ich dich nicht vor ihnen erschrecken mache!« Vgl. Meerson, Schäfer, Toledot Yeshu. The Life Story of Jesus, Band I, 173.

66 Nach einer anderen Texttradition der →*Toledot Jeschu* wollte Jeschu beweisen, dass der biblische Satz »er (d. h. Gott) nimmt mich (in den Himmel) auf« (Psalm 49,16) auf ihn zutrifft. Zum Motiv der magischen Flugreisen vgl. das Glossar (→Himmelsreise).

67 In der New Yorker Handschrift der *Toledot Jeschu* zitiert Jeschu hier Jesaja 14,14 (»Zum Himmel empor will ich steigen, hoch über den Sternen Gottes aufrichten meinen Sitz«) – vom Verfasser wohl ironisch gemeint, da der biblische Text auf den babylonischen König bezogen ist (Meerson, Schäfer, Toledot Yeshu. The Life Story of Jesus, Band I, 194–195).

gel und flog zwischen Himmel und Erde. Als die Weisen das sahen, sprachen sie zu →Judas Scharioth, er sollte den Schem Hamephorasch [ebenfalls] sagen und ihm hinterher fahren.[68] [Da] fuhr er hinauf und rang mit ihm, sodass sie beide herunterfielen.[69] Und der Gottlose brach [sich] einen Arm.[70] Das beweinen die Christen jährlich vor ihrem Osterfest.[71]

---

68 Merkwürdigerweise scheint Judas nicht selbst zu wissen, mit welcher Absicht er von den Weisen soeben erst in den Tempel geschickt worden war. Obwohl er inzwischen über das Geheimnis des Gottesnamens verfügt, müssen die rabbinischen Weisen, die der Erzähler hier offenbar ins Spiel bringen will, ihm ihre Anweisungen geben.

69 Zu den unterschiedlichen Traditionen, die sich an diese Geschichte anschließen, vgl. das Glossar (→Himmelskampf) und den Anhang (Übersetzung der *Geschichte vom Himmelskampf zwischen Judas und Jeschu* nach der Straßburger Handschrift BnU 3974).

70 Puchetus: et fregit sisi ille iniquus brachium. – Die Verwundung Jeschus soll hier offenbar als eine Art Gottesurteil (Ordal) verstanden werden: die Tatsache seiner körperlichen Unterlegenheit beweist seine Schuld (Meerson/Schäfer, The Life Story of Jesus, Band I, 85). Zu den unterschiedlichen Versionen vom Himmelskampf – möglicherweise liegt Luther eine zensierte und »gereinigte« Version vor – vgl. das Glossar (→Judas; →Himmelskampf).

71 Nicht alle *Toledot Jeschu*-Versionen geben klar zu erkennen, welches christliche Fest gemeint ist; vgl. Meerson/Schäfer, The Life Story of Jesus, Band II, 89 und Krauss, Das Leben Jesu, 43: בוכים בליל שלהם – »sie weinen in ihrer Nacht«. Sofern hier die Nacht des Karfreitags gemeint ist (das könnte im Kontext der Passionserzählung naheliegen), kommt dieses Motiv hier eigentlich zu früh, da die Folterung und Hinrichtung Jeschus in diesem Erzählstadium noch bevorsteht. Krauss (Das Leben Jesu, 55) deutet das »Weinen« der Christen mit einem Wortspiel auf »Weihnachten«. Zu dieser Möglichkeit vgl. auch Meerson/Schäfer, Life Story of Jesus, 22 und 174, Anm. 29. Johannes Praetorius veröffentlichte 1663 eine Gedichtsammlung mit antijüdischen Motiven, die eine Antwort auf entsprechende jüdische Traditionen (ein jüdisches Gegenfest zu Weihnachten) enthalten könnten: »Wenn wir unsere heiligen Weyhnachten celebriren, so haben sie ihre heuligen oder heulenden Schweinachten« und »Auf Weyhnachten soll man Schweine schlachten« (Johannes Praetorius, Saturnalia: das ist eine Compagnie Weihnachts-Fratzen oder Centner-Lügen und possierliche Propositiones, 146 und 299 f., zitiert nach Shachar, 50–51).

Die Folterung Jeschus

Zur selben Stunde griffen ihn die Israeliten und verhüllten ihn mit Tüchern und schlugen ihn mit Ruten von Granatenbäumen.[72] [Sie] sprachen zur Königin Halani: »Ist er Gottes Sohn, so lass ihn sagen, wer ihn geschlagen hat.«[73] Aber er konnte es nicht sagen.[74] Die Königin sprach zu den Weisen: »Siehe, er ist in euren Händen. Tut mit ihm, was euch gefällt.«[75]

Die Hinrichtung Jeschus

Da griffen sie ihn und führten ihn zum Galgen.[76] Aber wenn sie ihn an einen Baum oder Balken hängten, brach dieser gleich entzwei, denn er hatte durch den →Schem Hamephorasch alle Bäume und Hölzer beschworen[77], dass sie ihn nicht annehmen

---

72 Vgl. Meerson/Schäfer, The Life Story of Jesus, Band II, 89 und Krauss, Das Leben Jesu, 43: בעצים של רמונים.

73 Vgl. Matthäus 26,67–68; Markus 14,65; Lukas 22, 63–64 und Johannes 19,1.

74 Die Tatsache, dass Jeschu die Frage nicht beantworten kann, beweist nach der Logik der Geschichte, dass er das Geheimnis des Schem Hamephorasch verloren hat.

75 Vgl. Lukas 23,25.

76 In der Straßburger *Toledot Jeschu*-Handschrift zitiert Jeschu hier Psalm 44,23: »Denn wir werden ja um deinetwillen täglich erwürgt und sind geachtet wie die Schlachtschafe« (Schäfer, The Life Story of Jesus, 177).

77 Vielleicht steht die Unterscheidung zwischen Bäumen und Erdpflanzen im jüdischen Religionsgesetz (Halacha) im Hintergrund, wie sie in unterschiedlichen Segenssprüchen (→Benediktionen) vor dem Genuß von Früchten des Erdbodens (פרי האדמה) und von Baumfrüchten (פרי העץ) zum Ausdruck kommt: Jeschu hatte demnach die Bäume nicht »gesegnet«, sondern »beschworen« oder verflucht. Erdpflanzen wie Krautstängel waren von seinem Zauberspruch aber nicht betroffen, sodass er an einem solchen »Stängel« aufgehängt werden konnte.

konnten.[78] Da gingen sie hin und holten einen Kohlstängel, der nicht am Baum, sondern am →Kraut wächst.[79] Daran hängten sie ihn.[80] Das ist kein Wunder.[81] Denn im Heiligtum[82] wächst //235// alle Jahre ein Stengel, an dem wohl hundert Pfund Samen hängen. *Haec ille.*[83] {587}

78 Vgl. Meerson/Schäfer, The Life Story of Jesus, Band II, 91 und Krauss, Das Leben Jesu, 45: לתלותו על עץ היה נשבר שהיה שם המפורש עמו. – Zum Vergleich mit der Suche nach einem passenden Galgen für die Frevler im *Targum Scheni* zum Estherbuch vgl. das Glossar (→Haman).

79 Vgl. Meerson/Schäfer, The Life Story of Jesus, Band II, 91 und Krauss, Das Leben Jesu, 45: הביאו לו עקר של כרוב.

80 Vgl. Meerson/Schäfer, The Life Story of Jesus, Band II, 91: יתלוהו. Die hebräische Formulierung erinnert an Deuteronomium 21,23 (»ein Aufgehängter ist verflucht bei Gott«) sowie an den hebräischen Schimpfnahmen Jesu →»Tola«. Vgl. dazu den Babylonischen Talmud (Sanhedrin 43a und 67a). Nach Israel Yuval (Zwei Völker, 139 f.) wurde dieser Schimpfname christlicherseits erstmals im Jahre 1399 während einer Disputation zwischen Rabbi Jomtov Lipman Mühlhausen und einem getauften Juden namens Peter erwähnt.

81 Offenbar soll hier auf ironische Weise ein Gegensatz zu den oben erzählten Wundern dargestellt werden.

82 Das Jerusalemer Heiligtum, immerhin der Ort, von dem einst die ganze Schöpfung ausging, wird hier als besonders fruchtbar dargestellt: Hier wachsen übergroße Kohlstängel, die hundert Pfund Samen tragen und damit auch einen aufgehängten Verbrecher tragen können.

83 Mit dieser lateinischen Formel, die auch Paul von →Burgos verwendet, schließt Luther sein Zitat ab. – In der Straßburger *Toledot Jeschu*-Handschrift folgt ein Bericht über das Begräbnis Jeschus, die Zerstreuung seiner Jünger und die Erfolge ihrer Missionstätigkeit, die zu einem Streit innerhalb der Juden führten. Anschließend kam es zur Gründung der nestorianischen Sekte, die schließlich die endgültige Trennung der Anhänger Jeschus von den Juden zur Folge hatte (vgl. die englische Übersetzung bei Meerson/Schäfer, The Life Story of Jesus, Band I, 91, 178–184).

2.3. Kommentar zur *Toledot Jeschu*-Erzählung

Wo sind sie nun, die nichtswürdigen Christen, die Juden geworden sind oder [es] werden wollen?[84] Hierher zum Kuss![85] Der Teufel hat in die N.[86] geschmissen und den Bauch abermals geleert. Das ist ein rechtes Heiligtum, das die Juden, und was Jude sein will, küssen, fressen, saufen und anbeten sollen. Und ebenso soll der Teufel auch fressen und saufen, was diese seine Jünger →speien, oben und unten auswerfen.[87] Hier sind die rechten Gäste und Wirte zusammengekommen. [Sie] haben es recht gekocht und angerichtet. O wie recht ist ihnen beiden geschehen! Der Teufel wurde als schöner Engel geschaffen, um mit seinem heiligen Engelmund mit den anderen heiligen Engeln das ewige *Te Deum laudamus* [Dich Gott loben wir] zu singen. Das

84 Luther bezieht sich erneut auf die angebliche Missionstätigkeit von Juden, die er schon in seiner Schrift *Wider die Sabbather* bekämpft hatte (WA 50,309); vgl. das Glossar (→Proselytismus).

85 Isaiah Shachar, The Judensau. A Medieval Anti-Jewish Motiv and its History, London 1974, 86, übersetzt: »To the kiss [that is, worship].« Vielleicht wird aber auch auf den Kuss angespielt, den Judas Jesus gab, um ihn zu verraten (Matthäus 26,49; Markus 14,45; Lukas 22,47); vgl. das Glossar (→Judaskuss, →Judaspisse).

86 Der Buchstabe steht offenbar für einen (unbekannten) Namen, den Luther nicht nennen will. Man möchte eine Anspielung auf die *Toledot Jeschu*-Szene vermuten, in der Judas auf den Nazarener uriniert (→Himmelskampf; →Judaspisse); jedoch fehlt diese Szene im Luther vorliegenden (und von ihm übersetzten) lateinischen Text. Überlegungen, dass Luther diese Tradition aus einer anderen Quelle gekannt haben könnte und sich hier mit obszönen Andeutungen begnügt, müssen Spekulation bleiben. Ein Motiv für Luther könnte immerhin gewesen sein, dass er sich mit Blick auf Jesus nicht selbst einer Blasphemie schuldig machen wollte.

87 Zu ähnlichen Schmähungen Luthers gegen die römische Kirche vgl. seine Schrift *Von den Konziliis* (1539); WA 50,619,34–620,1: »Aber der Bapst Esel uns mit seinen unfletigen, dreckichten und stinkenden bürden unterdrückt hat, das die heilige Kirche hat müssen sein heimlich gemach [= Abort] sein, Und was unten und oben von jm gangen ist, haben müssen fur Gott anbeten [...]«; vgl. auch Shachar, 44 mit Abbildung 47b.

konnte er [aber] nicht leiden.[88] Und [so] ist [er] ein Teufel geworden, der nun mit seinem Engelrüssel frisst und mit Lust frisst, was das untere und das obere Maul der Juden speit und spritzt. Ja, das ist sein Leckerbissen[89] geworden, an dem er sich weidet wie eine →Sau hinter dem Zaun, am Margaretentag.[90] Recht, recht, so wollte er es haben.[91]

So ist [es] den Juden auch recht, o recht geschehen. Sie waren berufen und dazu erwählt, Gottes Mund zu sein, wie es bei Jeremia (Jeremia 15,19) und in Psalm 81,11 heißt: »Tue deinen Mund weit auf, so will ich ihn füllen.«[92] Sie aber hielten das Maul, die Augen, die Ohren, die Nase, das ganze Herz und alle Kräfte fest zu. Da kam der Teufel; dem sperrten sie die Augen, den Rachen, die Ohren, das Herz und alle Sinnen auf. Da besudelte[93] und spritzte er sie auch so voll, dass es von überall aus ihnen heraustropfte[94] und ganz und gar Teufelsdreck herausfloss.

---

88 Zu den Traditionen vom »Fall der Engel« oder »Engelsturz« vgl. Genesis 6,1–4 sowie die neutestamentlichen Traditionen 2. Petrus 2,4, Offenbarung 12,9 und Judas 6. Entsprechende Vorstellungen vom Satan und den Dämonen als gefallenen Engeln finden sich auch in der rabbinischen Literatur: vgl. Babylonischer Talmud, Traktat Joma 67b und →Midrasch Deuteronomium Rabba 11.

89 WA: Galrede.

90 Die Anspielung auf den 20. Juli, den Namenstag der Hl. Margareth, ist nicht klar. Möglicherweise ist an den Anfang der Ernte oder an das sprichwörtliche Regenwetter dieses Tages gedacht. Vielleicht kann man auch an Matthäus 7,6 denken: »Eure Perlen (griechisch: μαργαρίτας/margaritas) sollt ihr nicht vor die Säue werfen!«

91 Zum Stilmittel der ironischen Beipflichtung bei Luther vgl. Ehmann, Luther, Türken und Islam, 84 f.

92 Die Beschimpfungen Luthers mit dem darauffolgenden Fäkalvokabular schließen bemerkenswerterweise direkt an die biblische Metaphorik (»tue deinen Mund auf«) an. Zu erinnern ist vielleicht auch an das tägliche Achtzehngebet im jüdischen Gebetbuch, das mit der Bitte aus Psalm 51,17 beginnt: »Öffne meine Lippen, dass mein Mund deinen Ruhm verkündige.«

93 WA: schmeis.

94 WA: ausschwadert.

Ja, der schmeckte ihnen von Herzen gut[95], da schmatzen sie wie die Säue. So wollen sie es haben. Rufe nunmehr: »Kreuzige ihn, kreuzige ihn« (Markus 15,12)! Schreie weiter: »Sein Blut komme über uns und unsere Kinder« (Matthäus 27,25)! Ich meine, [so] es sei gekommen und [so] habe [ich] dich gefunden.[96]

Die jüdischen »Glaubensartikel«

[Wir] wollen dennoch die schönen Artikel des jüdischen Glaubens[97], die in diesem Text gegeben sind, nacheinander ansehen, damit demjenigen, der (Jude werden) will, die Lust dazu ausgetrieben[98] werde. Wenn du //236// nun ein rechter Jude werden willst, so höre hier zu, und lerne den Katechismus des heiligen jüdischen Glaubens, nicht in Gottes Namen.

---

95 WA: der schmeckt jhn jns hertz.

96 Luther spricht die Juden hier direkt an und will ihnen nachweisen, dass sie die Strafe für den Gottesmord erreicht habe. Zum personalisierten Stil der Polemik Luthers vgl. Ehmann, Luther, Juden und Türken, 109 f.

97 Luther missversteht die Aussagen über Jesus, die – nimmt man das nachbiblische Schrifttum des rabbinischen Judentums in seiner Gesamtheit – nur verstreut und eher an den apologetischen Rändern auftauchen, als systematische jüdische »Lehre«, als »Katechismus«. Damit schiebt er ihnen eine ihnen ganz fremde Logik und Konsequenz unter: kein Jude musste die in den (klar als legendarisch erkennbaren und zudem ja auch häufig in sich widersprüchlichen) *Toledot Jeschu*-Texten enthaltenen Mitteilungen jemals »lernen« oder »glauben«; vgl. das Glossar (→Volksliteratur). Es bedarf bei alledem keiner besonderen Erwähnung, dass diese Erzählungen für Christen, zumal im 16. Jahrhundert, sehr verletzend waren. Man darf Luther ruhig glauben, wenn er schreibt, dass ihm das, was er als Schändung des göttlichen Namens empfand, »durch Mark und Bein« (»durch Leib und Leben«; vgl. unten S. 62) ging.

98 WA: gebüßt.

a) Jeschu lebte zur Zeit der Kaisermutter Helena

Erstens musst du glauben, dass die [Kaisermutter] →Helena zu der Zeit, als unser Herr Jesus Christus gelebt, gelehrt und Wunder getan hat, Königin im Lande Israel oder Kanaan gewesen sei.[99] [Du darfst dich nicht irremachen lassen], obwohl dem nicht nur die Evangelisten und {588} Apostel widersprechen, sondern auch [die Geschichte] des ganzen römischen Reiches, wie es damals bestand, dazu das Zeugnis und →Exil[100] der Juden selbst, das zur Zeit des [Kaisers] Vespasian anfing, etwa 250 Jahre, bevor die [Kaisermutter] Helena geboren wurde. Du [darfst] dich nicht irremachen lassen, [sondern] musst folgendes bedenken: die Rabbinen (die Verfasser dieses Buches) können nicht irren. Himmel und Erde müssten viel eher irren mitsamt Gott und allen Engeln und Kreaturen. Das musst du glauben, wenn du ein rechter →Jude werden willst.

---

99 Kalendarische Unstimmigkeiten zwischen der christlichen und der jüdischen Datierung des Lebens Jesu kamen auch während der Zwangsdisputation über den →Talmud zur Sprache, die in Folge eines Schreibens des französischen →Konvertiten Nikolaus Donin an Papst Gregor IX 1240 in Paris abgehalten wurde. Rabbi Jechiel ben Josef, der Vertreter der jüdischen Verfahrensseite, machte geltend, aufgrund der zeitlichen Lücke sei davon auszugehen, dass der in den jüdischen Texten genannte »Jesus« nicht mit dem christlichen Erlöser identisch sei. Jesus von Nazareth selbst werde im Talmud an keiner Stelle genannt. Allerdings datierte Jechiel den im Talmud (Babylonischer Talmud, Traktat Sanhedrin 107b und Traktat Sota 47a) genannten aufrührerischen »Jesus« in die Zeit des hasmonäischen Königs Alexander Jannäus, der von 103 bis 76 v. Chr. regiert hatte (vgl. Schäfer, Jesus im Talmud, 70–82); der »christliche Jesus«, so Jechiel ben Josef, habe zur Zeit der Königin →Helene (gemeint ist hier offenbar →Helene von Adiabene) im frühen ersten Jahrhundert nach der Zeitenwende gelebt. In Folge dieser Disputation kam es 1242 in Paris zu einer großen →Talmudverbrennung, bei der 24 Wagenladungen jüdischer Bücher aus dem ganzen Königreich Frankreich zerstört wurden.

100 WA: Elende.

So musst du auch alles glauben, was hier von der Königin Helena geschrieben steht: Wie sie 250 Jahre, bevor sie geboren wurde[101], mit →Jeschu Hanozri gehandelt hat und hat handeln lassen. Denn wenn jemand ein Jude werden will, gehört dies zum Katechismus, den er kennen muss. Wenn jemand einwenden wollte, die Juden seien zur Zeit der [Kaisermutter] Helena etwa 200 Jahre nicht [mehr] im Land [Israel] gewesen, sondern in aller Welt zerstreut gewesen und hätten weder Jerusalem noch den Tempel oder einen eigenen Staat[102] gehabt, so musst du höhnisch gegen die verfluchten →Gojim lächeln und also sagen: Unsere Rabbinen schreiben es! Darum muss es so sein, wenn auch Gott selbst mit aller Schrift und Kreatur etwas anderes sagt. Er muss wohl, was die Rabbinen wollen.

b) Vor dem Jerusalemer Tempel standen zwei eherne Hunde

Zweitens musst du glauben, dass die zwei ehernen Hunde zur damaligen Zeit auch ohne den →Schem Hamephorasch bellen konnten – und jetzt kann es keiner mehr. Auch [haben sie] mit ihren ehernen Augen so scharf gesehen, wer aus- und eingegangen ist und wer die in Stein gegrabenen →Buchstaben abgeschrieben hatte. Das müssen sehr scharfe Augen gewesen sein, besonders, weil sie [aus] Erz sind und durch so dicke Mauern, Türen und Vorhänge haben sehen können.[103] Hier könnte dich

101 Helena wurde ca. 250 n. Chr. geboren.

102 WA: Regiment.

103 Im babylonischen Talmud (Traktat Tamid 29b) wird dem Vorhang (פרכת/parokhet), der das Allerheiligste vom Bereich des Heiligen trennte, eine Dicke von einer Handbreit zugeschrieben: »Rabban Schimon ben Gamliel sagte im Namen des Priestervorstehers Rabbi Schimon: Der Vorhang war eine Handbreit dick und auf zweiundsiebzig Kettenschnüre gewebt. Jede Schnur war aus vierundzwanzig Fäden [gedreht], er hatte eine Länge von vierzig Ellen und eine Breite von zwanzig Ellen und wurde von zweiundachtzig jungen Mäd-

vielleicht anfechten, dass alle lebendigen Hunde, von [Anfang] der Welt an, die doch natürlich bellen können, es nicht glauben würden, wenn sie solches hören und verstehen könnten, viel weniger die eher//237//nen Hunde selbst usw. Aber lass es dich nicht anfechten: Was die Rabbinen sagen, das ist recht; frag nicht weiter, wenn du ein frommer Jude sein willst.

Weiter musst du [auch] glauben, dass die Weisen in →Israel zur [damaligen] Zeit nicht klüger gewesen sind, als den →Schem Hamephorasch mit zwei ehernen bellenden Hunden zu verwahren. Die verfluchten →Gojim hätten wohl andere Mittel dazu gefunden wie eiserne Türen, Gitter und dergleichen. Wenn dir hier [auch] einfiele, dass die Weisen Israels in dieser Sache viel weniger →Vernunft gehabt hätten als die ehernen Hunde selbst, [so] musst du dir solche Gedanken aus dem Sinn schlagen und denken: [Mein] Lieber, was die Rabbinen sagen, das ist recht und kann nicht erlogen sein.

c) Auf dem Jerusalemer Tempelberg war ein Kohlgarten

Drittens musst du glauben, dass im Heiligtum in Jerusalem jährlich so große Kohlstängel wuchsen, dass sie stärker waren als irgendein Balken am Galgen und etwa 100 Pfund Samen daran wuchsen. Zusätzlich musst du glauben, dass in Jerusalem 200 Jahre nach der Zerstörung [weiterhin] ein Heiligtum stand, {589} nicht allein das, sondern dass es zugleich ein Kohlgarten und ein Heiligtum gewesen ist. Wenn dem nun die ganze Geschichte, Mose und alle Propheten, selbst Gott mit allen Engeln

chen hergestellt.« →Josephus (Bellum Judaicum 5,213) berichtet davon, dass diesem Vorhang eine auf die Schöpfung der Welt bezogene und somit kosmische Bedeutung zugeschrieben wurde. Nach der Zerstörung des Tempels durch die Römer wurde der Vorhang als Beutestück nach Rom verschleppt (Bellum Judaicum 7,162). Das Neue Testament berichtet davon, dass der Vorhang zum Zeitpunkt des Sterbens Jesu in zwei Teile geteilt wurde (vgl. Matthäus 27,51; Markus 15,37–38 und Lukas 23,45).

widersprechen und anderes sagen, so ist es erlogen. Der Glaube der Juden muss vielmehr recht sein. Das merke wohl, wenn du ein Jude werden willst.

d) Die Autorität der Rabbinen

Schließlich muss du annehmen[104], was ein Rabbi sagt, wie seltsam es auch sei. Du musst es glauben, es sei recht, auch wenn Gott selbst anderes befiehlt und sagt. Denn so hat ihnen Mose geboten: »Wenn sie eine Sache nicht verstehen, sollen sie hinaufgehen zu den Priestern und Richtern, die an dem Ort sind, den Gott erwählt hat usw. Die sollen dir (spricht er) ein Urteil sprechen nach dem Gesetz. Was sie dich lehren, sollst du tun, und nach dem Recht, das sie dir sagen, sollst du dich halten, dass du von demselben nicht abweichst, weder zur Rechten noch zur Linken« (Deuteronomium 17,8–11). Hier ist es beschlossen (ich hätte schier gesagt, beschissen[105]), dass ein Jude alles glauben und nicht davon abweichen soll, was die Rabbinen sagen. Daher sagen sie nun, sie müssen ihren Rabbinen glauben, auch wenn sie sagten, //238// die rechte Hand wäre die linke, und die linke wäre die rechte, wie →Purchetus schreibt.[106] So war es auch

---

104 WA: mustu dich des ergeben.

105 Zur Übersetzungstechnik Luthers, der immer wieder Assonanzen, Reime und Wortspiele verwendet, vgl. Ehmann, Luther, Türken und Islam, 110.

106 Vgl. Purchetus, Victoria adversus impios Hebraeos (Pars II, Cap XV), der hier den jüdischen Bibelkommentator →Raschi zitiert (zu Deuteronomium 17,11): אפילו אומר לך על ימין שהוא שמאל ועל שמאל שהוא ימין (selbst wenn er rechts links und wenn er links rechts nennt). Nach diesem Zitat Raschis, der sich seinerseits auf den rabbinischen Midrasch Sifre beruft, haben die Rabbinen in der Tat die Autorität, biblischen Texten und Geboten zu widersprechen: Die »mündliche Tora« (der Talmud) steht über der »schriftlichen Tora« (dem Pentateuch). Was Luther hier als anmaßend und gotteslästerlich empfindet, ist in jüdischen Augen freilich ein Vorzug des Judentums, da die

mit den drei Juden, die bei mir waren.[107] Als ich sie zum Text drängen wollte, sprachen sie, sie müssten ihren Rabbinen glauben. [Sie] wollten mir keinen Text zugestehen.[108] Deshalb muss ich hier dem →Purchetus nach meiner eigenen Erfahrung desto mehr Glauben schenken.

Wenn du nun ein frommer treuer Jude werden willst, so schick dich drein, wie gesagt, dass du glaubst, was die Rabbinen sagen, auch wenn es Gott, der →Vernunft, den Engeln oder allen Kreaturen widerspricht. Denn hier hörst du, dass ein Jude glauben soll, es sei die rechte Hand nicht die rechte Hand, wenn ein Rabbi es sagt. Gott hat wohl gesagt, ja er hat es durch sein ewiges Wort geschaffen, geordnet und [ausdrücklich] bestimmt[109], dass die rechte Hand die rechte Hand sein und heißen soll, wie es alle Engel und Kreaturen bekennen. Aber das mag wohl die Wahrheit sein, bis ein Rabbi herkommt und spricht: »Nein, es ist nicht so! Was ich die rechte Hand nenne, das ist vielmehr die rechte Hand.«[110] Was sollte Gottes Wort und Werk mit dem Zeugnis aller Engel und der ganzen Kreatur gegen einen Rabbi ausrichten, der so weit höher und besser ist als Gott und alle Kreatur?

Flexibilität in der Schriftauslegung jedem Fundamentalismus den Riegel vorschiebt.

107 In *Von den Juden und ihren Lügen* berichtet Luther von einem Besuch dreier Juden bei ihm, die versucht hätten, ihn zum Judentum zu bekehren (53,461,27 ff. = JL, 81); zu dieser sogenannten →Tola-Episode vgl. auch Osten-Sacken, Luther und die Juden, 103–110.

108 WA: wollten mir keines Texts gestehen.

109 WA: genant.

110 D. h. es ist die rechte Hand, obwohl es eigentlich die linke Hand ist. Vielleicht handelt es sich auch um einen Druckfehler. Zu korrigieren wäre, der Logik des (fiktiven) Zitates entsprechend: »Was ich die rechte Hand nenne, ist vielmehr die linke Hand.«

Zusammenfassung der jüdischen »Glaubensartikel«

Alles in allem[111] musst du hier glauben, dass die Königin →Helena – 200 Jahre vor ihrer Geburt – mit ihren Weisen und Jesus in dieser Geschichte aufgetreten ist. Ebenso dass {590} im [Jerusalemer] Heiligtum jährlich Kohlstängel wachsen, die hundert Pfund Samen tragen und dicker sind als jeder Balken. Ebenso dass eherne Hunde bellen. Ebenso dass Jesus durch den →Schem Hamephorasch Wunder getan hat und →Judas Scharioth auch, wie es oben heißt. Ja, wenn ein Rabbi dir vor deiner Nase dicke und dünne in die Schüssel täte und spräche: Da hast du einen köstlichen Mandelbrei, so müsstest du sagen, du hättest dein Leben lang keinen besseren Brei gegessen. Du gefährdetest dein Leben, wenn du etwas anderes sagtest.[112] Denn wer die Macht hat, dass er sagen kann, es sei links, was rechts ist, und rechts, was links ist, Gott und aller seiner Kreaturen ungeachtet, der kann auch sagen, dass sein Hintermaul das Vordermaul und sein Bauch ein Breitopf und ein Breitopf sein Bauch sei.

Ironische Aufforderung zur Bekehrung zum Judentum

Wenn du das nun gelernt hast und glauben kannst, so //239// laufe schnell hin und lasse dich beschneiden, ehe die ehernen Hunde es sehen und von Jerusalem kommen, die dir dieses hohe Verständnis des allerheiligsten jüdischen Glaubens wieder ausbellen, oder ehe der →Verführer Hanozri[113] mit seinem →Schem Hamephorasch dich zum Christenglauben bezaubert.

---

111 WA: Ebenso.

112 WA: Trotz deinem halse und sage anders.

113 Zu den »Unwürdenamen«, die die →*Toledot-Jeschu*-Tradition dem Nazarener beilegte, vgl. Schlichting, Ein jüdisches Leben Jesu, 35. Zum Tatbestand der »Verführung« zur Anbetung »fremder Götter«, der hier mitbedacht wird, vgl. Deuteronomium 13,7–12. Nach Vers 11 ist zur Strafe die Steinigung vorgesehen.

Denn nun bist du ein rechtschaffener, feiner, heiliger, kluger Jude. Du wirst nun selbst links rechts nennen und den Bauch zum Breitopf machen können, an dem du mit allen Juden dein Leben lang zu fressen genug hast, wenn ihr schon alle Teufel zu Gast ladet. Danke auch diesen hohen himmlischen Rabbinen, von denen du so hoch gelehrt und tief geheiligt worden bist, dass sich Gott selbst und alle Engel über deine Heiligkeit wundern müssen.[114] Die verfluchten →Gojim sind es nicht wert, davon etwas zu riechen oder zu hören.

Der Spott des bösen Geistes in den *Toledot Jeschu*

Wohlan, es könnte vielleicht einer der barmherzigen Heiligen unter uns Christen denken, ich ginge wirklich zu grob und unfein mit den armen elenden Juden um[115], dass ich so spöttisch und höhnisch mit ihnen handle. Ach Herr Gott, ich bin viel zu gering dazu, über diese Teufel zu spotten. Ich wollte es wohl gern tun, aber sie sind mir beim Spotten weit überlegen. [Sie] haben auch einen Gott, der ist ein Meister im Spotten und heißt der leidige →Teufel und böser Geist. Was ich dem zum Verdruss spotten könnte, das sollte ich ruhig tun.[116] Er hätte es auch wohl verdient. Ich will dir ein wenig zeigen (für den Fall, dass man es sonst nicht merkte), welch ein unaussprechlicher Spötter er hier ist.

Dreierlei Spott treibt der hochmütige böse Geist in diesem Buch. *Erstens* verspottet er Gott, den Schöpfer des Himmels und der Erden, mit seinem Sohn Jesus Christus, wie du selbst siehst, wenn du als ein Christ daran glaubst, dass Christus Gottes Sohn ist. *Zweitens* verspottet er uns, die ganze Christenheit, dass wir an

114 Zum Sarkasmus bei Luther vgl. Zschoch, Streitschriften, 278–179 und Ehmann, Luther, Türken und Islam, 84–85.

115 WA: ich machte es ja zu grob und unesse wider die armen elenden Juden.

116 WA: das solt ich billich thun.

diesen Sohn Gottes glauben. *Drittens* verspottet er auch seine eigenen {591} Juden. [Er] gibt ihnen solche schändlichen, närrischen, tölpelhaften Dinge von ehernen Hunden und Kohlstängeln usw. ein, dass alle Hunde sich an solchen rasenden, tobenden, unsinnigen, wütenden, verrückten Narren wohl zu Tode bellen möchten, wenn sie es verstünden. Ist das nicht ein Meister im Spotten, der mit einem einzigen Gespött drei solche großen Spöttereien //240// ausrichten kann? Die *vierte Spötterei* ist, dass er hiermit über sich selbst gespottet haben soll, wie wir gottlob an jenem Tage mit Freuden sehen werden.[117]

So spotten die →Juden hiermit am meisten auch über sich selbst, indem sie dem Teufel, ihrem Gott, in diesem Spott gehorchen. Darüber werden sie zu solchen rasenden Narren. Denn sie tun es nicht irrenderweise, sondern indem[118] sie es wohl wissen und auch die von Gott gegebene natürliche →Vernunft sie warnt, [an]weist und überführt[119], dass dies nicht wahr sein könne. Dennoch bilden sie sich etwas darauf ein, schmeichelt [es] ihnen[120] und tun [sie] es mit Lust, dass sie solche handgreiflichen, schändlichen Lügen und Lästerungen gegen uns Christen und [gegen] Jeschu Hanozri vom Teufel hören, lernen und predigen können. O recht, recht, Meister und Schüler sind in der rechten Schule zusammen gekommen.

Weiter: Durch[121] solche Spötterei beweisen sie zuallererst recht ihre überhimmlische Meisterschaft, wenn sie sagen, →Jeschu Hanozri (das soll Jesus von Nazareth heißen) habe seine

117 Nach Judas 1,18 (»zu der letzten Zeit werden Spötter sein, die nach ihren eigenen Lüsten des gottlosen Wesens wandeln«) hält Luther den Spott des Teufels für ein Zeichen der Endzeit und hofft auf die Wiederkunft Christi – bei dieser Gelegenheit, »an jenem Tage«, werden die Machenschaften des Teufels durchkreuzt werden; vgl. auch 2. Petrus 3,3 sowie Sprüche 1,22; 3,34 und 14,6.

118 WA: weil. – Zu erwarten wäre hier die Formulierung »obwohl sie es wissen [...]«

119 WA: uberzeuget.

120 WA: kutzeln sie sich damit, tut ihnen sanft.

121 WA: Uber.

Wunderzeichen durch den →Schem Hamephorasch getan, was der ausgelegte Name [Gottes] heißen soll. Davon nachher. Hier bekennen sie (wie sie wohl müssen), dass die Wunderzeichen des Jeschu Hanozri rechte wahrhaftige Zeichen gewesen seien. Und sie zeugen und verdammen sich damit selbst wie ihre Vorfahren im Evangelium, dass er Tote auferweckt, Lahme gehend gemacht, Aussätzige gereinigt hat usw.[122] Das sind Werke, wie sie nur der einigen, ewigen, göttlichen Gewalt zustehen und möglich sind. Menschen, auch Engel, können sie nicht tun[123], so wenig wie [sie] Kreaturen aus dem Nichts schaffen [können].[124] Das muss alle →Vernunft sagen.

2.4. Der Missbrauch des Schem Hamephorasch

Nun siehe mir die sauberen Früchtlein an, die beschnittenen Heiligen![125] Solche göttlichen Werke und Wundertaten schreiben sie dem →Schem Hamephorasch zu, das heißt: den leeren, toten, elenden →Buchstaben[126], die – mit Tinte geschrieben –

122 Vgl. Matthäus 11,5–6. In der Tat gehört zu den Merkwürdigkeiten der Toledot Jeschu-Tradition, dass sie die Wunder Jesu nicht etwa abstreitet, sondern ausdrücklich von ihnen spricht, die der Nazarener nach Auffassung der jüdischen Autoren nicht etwa im Namen des Teufels, sondern mit Hilfe des hochheiligen jüdischen Gottesnamens vollbringt.

123 Vgl. Deuteronomium 32,39.

124 Zur Lehre der *Schöpfung aus dem Nichts* vgl. 2. Makkabäer 7,28 und Römer 4,17. Diese Lehre fand auch Eingang in das nachbiblische Judentum: vgl. den mittelalterlichen Bibelausleger Nachmanides (1194–1270) zu Genesis 1,1.

125 Zum Thema der →Beschneidung als Zeichen der Erwählung des jüdischen Volkes hatte Luther sich ausführlich und polemisch in *Von den Juden und ihren Lügen* geäußert (WA 53,427–439 = JL, 21–43).

126 Die Semantik der »toten →Buchstaben« fußt auf 2. Korinther 2,6 (»der Buchstabe tötet, aber der Geist macht lebendig«); zu einer ähnlichen Polemik gegen den jüdischen »Buchstabendienst« bei Erasmus von Rotterdam (in seinen Enarrationes in Psalmos) vgl. Opera V,3,110,572–573 und Augustijn, Erasmus der Humanist, 108 (»qui

im Buch oder auf der Zunge schweben, oder im Herzen, auch [im Herzen] des Gottlosen, getragen werden. Denn der →Schem Hamephorasch sei, was er wolle: Es sind [aber] und können nichts anderes sein als leere, tote, ohnmächtige →Buchstaben, auch wenn es Gottes heilige Schrift selbst (was umso schlimmer ist) wäre, von der die //241// Juden viel plaudern, und [doch] nicht wissen, was sie plaudern. Was sollten Buchstaben als [bloße] Buchstaben aus eigener Kraft [bewirken] können, wenn nicht {592} mehr dazu käme? Was helfen sie dem Teufel, den →Türken, den Juden und allen Gottlosen, die diese →Buchstaben, auch Gottes Namen, gegen das zweite Gebot immerfort missbrauchen?[127] Sind doch der Name und das Werk des Satans und aller Gottlosen auch in heilige Buchstaben gefasst.[128]

---

litterae, qui vitiis omnibus, qui Diobolo serviebant«, »die dem Buchstaben, allen Sünden und dem Teufel dienstbar sind«).

127 Vgl. Exodus 20,7 und Deuteronomium 5,11 (nach jüdischer Zählung handelt es sich um das dritte Gebot).

128 Der mittelalterliche jüdische Philosoph Maimonides (1138–1204) bestreitet Luthers Vorstellung von der Sprache als einem neutralen Transportmittel, das prinzipiell sowohl positive als auch negative Inhalte weitergeben kann. Nach ihm ist gerade umgekehrt zu argumentieren: Das Hebräische ist heilig, weil ihm die sprachlichen Mittel *fehlen*, um bestimmte negative (z. B. »unschickliche«) Sachverhalte zum Ausdruck zu bringen: »In dieser Sprache [existiert] überhaupt kein Name […] für die sexuellen Organe weder des Mannes, noch des Weibes, und auch nicht für die Handlung selbst, die zur Zeugung führt, und auch nicht für den Samen, für den Urin und die Exkremente« (Führer der Unschlüssigen III, 8 = Weiss, Mose Ben Maimon, Band II, Drittes Buch, 41). Diese Ansicht, die im Torakommentar (zu Exodus 30,13) des Nachmanides bestritten wird, ist natürlich schon aufgrund der obszönen Terminologie einiger hebräischer *Toledot Jeschu*-Texte zu widerlegen.

Die Juden beten viele Götter an

Aber die rasenden →Juden[129] geben dem →Schem Hamephorasch, den bloßen, leeren Buchstaben, ohne alle Verheißung oder [ohne] das Gebot Gottes die göttliche Kraft. Denn sie sagen hier, dass auch die Gottlosen und →Verführer durch diese Buchstaben viele Wunder und göttliche Werke tun können. Wo sind sie nun, die beschnittenen Heiligen, die sich gegen uns Christen rühmen, dass sie allein diejenigen sind, die den einigen, rechten Gott ehren, während die verfluchten Ha Nozrijim[130] drei Götter anbeten? Hier geben sie den bloßen, ledigen, toten Buchstaben im Schem Hamephorasch so vollständig die göttliche Macht und Ehre, dass auch die Gottlosen und →Verführer entgegen Gottes Willen und gegen sein Verbot (in den zehn Geboten) eigene Werke der göttlichen Majestät tun können. Oh, das sind heilige Gotteskinder, die über den einigen Gott so viele Götter machen, wie im Schem Hamephorasch Buchstaben sind. Es sollen 216 [Götter] sein, wie unten gezeigt wird.[131] Das heißt: sie beten 216 000 Teufel und nicht den rechten Gott an, den sie mit dem Schem Hamephorasch so schändlich lästern, dem sie seine göttliche Ehre stehlen, [indem sie] ihr die elenden Buchstaben zueignen.

Die Juden sind vom wahren Glauben abgefallen

Ach, wie recht ist den rasenden Juden geschehen. Sie wollten Jesus von Nazareth nicht als Messias und Gottessohn annehmen,

---

129 Wie in *Von den Juden und ihren Lügen* (WA 53,518 = JL, 185) geht Luther davon aus, dass die prophetische Drohbotschaft in Deuteronomium 28,28 (»der HERR wird dich schlagen mit Wahnsinn, Blindheit und Rasen des Herzens«) wahr geworden sei.

130 Hebräisch »die Nazarener«, d. h. die Anhänger Jesu von Nazareth, die Luther »verflucht« nennt, weil er der Meinung ist, dass Juden in ihrem täglichen Gebet die Christen verfluchen (→Fluchen).

131 Vgl. die neuhochdeutsche Textfassung dieses Abschnitts bei Bienert, Martin Luther und die Juden, 164.

womit sie bei dem einigen, rechten Gott geblieben wären, wie wir Christen geblieben sind.[132] Denn derjenige, der Jesus Christus mit rechtem Glauben als den Messias annimmt, nimmt unmöglich mehr als den einen, rechten, einigen Gott an.[133] Ebenso ist es unmöglich, dass derjenige bei dem einigen rechten Gott bleiben könnte, der Jesus Christus nicht mit rechtem Glauben als Messias annimmt. Er muss [in diesem Fall vielmehr] (wie der Teufel will) fremde und andere Götter annehmen, und sollten es auch ganz und gar bloße, tote, //242// nichtige →Buchstaben oder der →Schem Hamephorasch sein, das heißt, große Säcke voll gehäufter Teufel. Ja, solche Götter wollten die Juden haben anstelle des rechten Gottes in Jesus, dem Nazarener.[134]

---

132 Luther ist wie die Kirchenväter (vgl. z. B. Eusebius, Kirchengeschichte 1,4) von einer Altes und Neues Testament übergreifenden Einheit des Glaubens durch alle Zeiten hinweg überzeugt. Demnach war bereits Adam ein »Christ« wie er, Luther selbst. Zugleich sieht er »im Jüdischen Glauben nichts anderes als Verführung des Teufels und Abwendung von Gott, die schon im Paradies in der Verführung Evas durch den Satan beginne« (Ehmann, Luther, Türken und Islam, 425). In einer 1527 gehaltenen Predigt Luthers heißt es: »Denn die zeit macht keine unterscheid des glaubens, Der glaube ist eynerley von anfang der welt bis ans ende« (WA 24,100,3–11 und 22–24). Vgl. Christ-von Wedel, Die Nachwirkungen des Neuen Testamentes in den reformatorischen Kirchen, 301. Während die Christen bei diesem Urglauben geblieben sind, haben sich die Juden durch ihre Ablehnung Jesu Christi nach Luther von ihm gelöst und sind »abtrünnig« geworden.

133 Der Glaube an Jesus Christus schließt demnach den Polytheismus (wie Luther ihn in der kabbalistischen Praxis des →Schem Hamephorasch wahrnimmt) aus; vgl. das Glossar (→Abgötterei).

134 Luthers Vorwurf läuft auf die Vorstellung einer kontinuierlichen Idolatrie des »goldenen Kalbes« hinaus, die Fabrikation und Anbetung fremder Götter (nach Exodus 32,1: »mach uns Götter, die vor uns hergehen!«). Da »die Juden« nach Deuteronomium 13 →Verführern und falschen Propheten folgten, droht als Konsequenz nach biblischer Vorschrift die Todesstrafe. Damit richtet Luther die Anklage, die im historischen Prozess gegen Jesus erhoben worden war (zu den Problemen der historischen Rekonstruktion: Theobald, Blasphemie, 253–254) nun umgekehrt gegen »die Juden«.

Werke ohne Glauben – der Vorwurf des leeren Zeremoniendienstes

Hier könnten sie sagen: Ihr Christen tut das doch selbst auch. [Ihr] sprecht Wörter über dem Wasser, so muss es [Wasser der] Taufe sein, die alle Sünde wegwäscht und neugeborene Menschen macht. Ebenso macht ihr Brot und Wein mit Worten zu Leib und Blut [Christi]. Ebenso legt ihr dem Sünder die Hand auf das Haupt und sprecht ihn mit Worten von den Sünden los. So schreibt euer Luther: »Wer in Gottes Wort einen Strohhalm aufhöbe, täte ein besseres Werk als alle Mönche, Nonnen, Bischöfe [oder] der Papst usw.«[135] Nun sind ja die Worte nichts anderes als leere {593}, bloße, arme →Buchstaben. Denen sprecht ihr dennoch die Wirksamkeit zu[136], die zur göttlichen Majestät gehört, wie Sünde vergeben, Neugeburt und Erlösung vom Tod.

Davon sind wir Christen nun wohl genügend belehrt worden[137], sodass es hier nicht nötig ist, [weiter davon] zu handeln. Doch um schnell weiterzugehen[138], sagen wir Christen, dass das Wasser freilich nichts als Wasser ist, dass Worte nichts als leere bloße Buchstaben sind. Über ihre Natur [hinaus] tun und helfen sie nichts, viel weniger wirken sie göttliche Werke in uns. Denn Wasser und Buchstaben [allein] machen keine Taufe. Ich habe oft gesehen, dass ein Pferd oder Ochse einen Eimer voll Wasser ausgesoffen hat. Auch wenn du die Worte der Taufe darüber sprächest, söffe das Pferd doch keine Taufe. [Es] würde da-

135 Vgl. z. B. Luther, WA 30/1,213,21 ff. Es handelt sich um ein freies Selbstzitat Luthers.

136 WA: den gebt jr gleich wol die werck. – Zum Verständnis von Luthers Kritik am jüdischen »Zeremoniendienst« vgl. das Glossar (→opus operatum).

137 WA: gelehrt und berichtet. – Luther meint die Sakramentenlehre, die er an anderer Stelle behandelt hat; vgl. sein »Taufbüchlein« (1523), in: WA 12,38–47 und seine »Deutsche Messe« (1526) in WA 19,44–113.

138 WA: kurz zu überlaufen. – Gemeint ist: um es mit wenigen Worten rasch zu erledigen.

von auch nicht neu geboren. Es gehört mehr dazu. Die Taufe ist aber ein solches Ding, dass alle Teufel es nicht wagen, einen Tropfen davon zu verschlingen. Es sollte ihnen zu einem giftigen Kraut[139] werden, der sie wie ein höllisches Feuer verbrennen würde. Sie fliehen vielmehr, soweit sie können, wenn sie die Taufe sehen. Sie wagen es nicht[140], noch weiter dabei zu bleiben. Warum das? Wasser und Buchstaben achten sie gewiss nicht.

Aber weil Gott geboten und befohlen hat, dass wir unsere Hände und Zungen dazu nehmen und das Wasser über den Täufling gießen sollen – mit den Worten oder Buchstaben, die er befohlen und [uns] verheißen und uns aufs allergewisseste versichert hat, dass er selbst mit seiner göttlichen Gnade und Kraft //243// dabei sein und dieses Werk selbst tun will –, begreifst du hier, dass wir Christen dem Wasser und den Buchstaben [selbst] keine göttliche Kraft zumessen [und] auch nicht sagen, dass es unser Tun sei. Wir bekennen vielmehr, dass es das Tun Gottes allein sei und bleibe, der dies auf eine Weise zeigen und an uns beweisen will, die ihm gefallen hat, nämlich durch das Wasser und [durch das] Wort oder die Buchstaben. Das sind [dann] nicht nur Buchstaben oder bloßes Wasser, wie die Kuh sie säuft. Sondern Gott legt darin verbindlich fest, an uns und durch uns, als sein Werkzeug, seine Gnade und Kraft zu üben. Daher sind beide – das Wasser und die Buchstaben – in der Taufe (sonst nicht) voll und reich mit Gottes Gnade und Kraft, weil er verheißen und offenbart hat, er selbst wolle es tun. »Geht hin, tauft« (spricht er), nicht in eurem Namen, sondern »im Namen [des Vaters, des Sohnes und des Heiligen Geistes]« [Matthäus 28,19], damit es ein Werk des Vaters, des Sohnes und des Heiligen Geistes sei.

Daher verwerfen wir auch den Papst.[141] mit seiner ganzen Kirche, der die ganze Welt mit gleicher Gauklerei, →Zauberei

139 WA: ein Kellershals werden.

140 WA: Thuren nicht herzu.

141 1534–1549 regierte in Rom Papst Paul III. (1468–1549) aus dem Adelsgeschlecht der Farnese – ein Herrscher, der seine Machtansprü-

[und] →Abgötterei erfüllt hat. Denn er hat auch seinen besonderen →Schem Hamephorasch. Da geht er hin, bezaubert das Wasser mit losen, bloßen, inhaltslosen Buchstaben [und] gibt vor, es sei Weihwasser, das die Sünde abwasche, den Teufel verjage und viel andere positive Wirkungen[142] habe. Er will es Gott nachtun wie ein Affe.[143] Ebenso bezaubert er das liebe {594} Wachs mit nichtigen leeren →Buchstaben[144], verkauft es Kaisern und Königen für das heilige *Agnus Dei*,[145] das viele positive

che über seine Familienbeziehungen durchsetzte (Nepotismus) und seine eigenen Enkel zu Kardinälen machte. Luther hat freilich nicht diesen speziellen Papst im Blick, sondern spricht hier von der römischen Kirche und vom Papsttum in ihrer Gesamtheit. Während des Pontifikats Pauls III. beendete Michelangelo sein Altargemälde *Das Jüngste Gericht* in der sixtinischen Kapelle. In vierzehn halbkreisförmigen Bogenfeldern über den Fenstern sind dort die Vorfahren Jesu nach dem Matthäusevangelium (Matthäus 1,1–16) dargestellt, von denen weiter unten in Luthers Text die Rede ist.

142 WA: tugent. – In seiner Schrift von 1539 *Von dem geweihten Wasser und des Papsts Agnus Dei* (WA 50,670–673, hier 671–672) publizierte Luther ein Spottgedicht über das Weihwasser: »Den brieff man nicht vergessen sol,/ Der uns zeigt den Bapst Teuffels vol,/ Wie sein buch eytel Ketzerey,/ Leret auch rechte Zauberey,/ Dem schlechten wasser gibt die krafft/ Vil mer denn uns die Tauffe schafft,/ Füllet uns mit Abgötterey/ Und treybt solch grosse büberey./ Der Canon mit dem Papst zu gleich/ Gehöret in des Teuffels Reich,/ Der treybet ymmer solches spil/ Mit zeichen, kreutern, bildern vil.«

143 Luther wendet sich gegen die römisch-katholische Sakramentenlehre, die die gültige und wirksame Spendung eines Sakraments unabhängig vom Glauben des Empfangenden (→opus operatum) behauptet.

144 Vgl. die Einleitung zu Luthers Schrift *Von dem geweihten Wasser und des Papsts Agnus Dei* (WA 50,669): »Schon in alter Zeit weihte man in der Peterskirche in Rom neben der Osterkerze größere Massen von Wachs; man formte daraus kleinere Stücke, drückte ihnen Siegel in der Form eines ›Agnus dei die‹ auf und verteilte sie an die Gläubigen, die sie als Schutzmittel gegen allerlei Übel Leibes und der Seele mit nach Hause nahmen und sorgsam verwahrten.«

145 Vgl. dazu WA 50,645,5–10: »Also wil der Teuffel auch, das sein gaukel werck und affenspiel krefftig sey und uber die natur etwas thu. Weiwasser sol sunde tilgen, es sol Teuffel austreiben, sol den Polter-

Wirkungen[146] haben soll. Davon ernährt er sich, ja, er wurde reich in der Welt wie ein erzlästerlicher Gaukler, →Zauberer und [die] Abgötter. So bezaubert [der Papst] auch Kappen und Platten und die ganze Welt mit bloßen Worten oder →Buchstaben, damit sie Mönche, Nonnen [und] Pfaffen werden, die Messe halten und verkaufen, Heilige anrufen und feiern, den Ablass lösen, tote Knochen[147] anbeten, dem Teufel dienen, und durch eigene Werke den Himmel verdienen, nämlich den Himmel, in dem der Teufel Abt und Papst ist.

Dass er hierzu gute Worte der Schrift und Gottes Namen verwendet, macht es umso schlimmer. Gott hat es ihm nicht befohlen, sondern vielmehr streng verboten. Es heißt (Exodus 20,7): »Du sollst Gottes Namen nicht missbrauchen.« Darum ist seine //244// Kraft nicht dabei, sondern es sind leere, bloße, ohnmächtige Buchstaben. Geschieht aber zuweilen etwas dadurch, so ist es nicht das Werk Gottes, sondern das Werk des Teufels, um damit seine Lügen und seine →Zauberei (mit Gottes Erlaubnis[148]) zu stärken und die Ungläubigen zu verführen, aber die Gläubigen damit zu versuchen und zu warnen, wie wir sehen, dass die Hexen[149] und andere →Zauberinnen oft großen

---

geistern wehren … Agnus Dei, vom Bapst geweihet, sol mehr thun, weder Gott selber zu thun vermag.«

146 WA: viel viel Tugent.

147 WA: Todten bein. – Luther polemisiert gegen die Reliquienverehrung.

148 WA: verhengen.

149 WA: Milch diebe; vgl. WA 29,79,15 (Predigt vom 28. Februar 1529). Dort steht »mylchdieben« neben »tewffels huren« und »schissen«. Vgl. die Erklärung des Herausgebers in WA 29,693 f., wonach »Hexen in Gestalt von Schmetterlingen den Kühen die Milch entziehen und daher der gemeinste unserer Schmetterlinge, der Kohlweißling, mundartlich auch Milchdieb Molkendieb heißt. Derselbe Schmetterling aber heißt auch Molkenscheißer (in Schlesien) und der zweite Bestandteil dieser Benennung könnte vielleicht im schissen stecken.« In einer Tischrede Luthers (WATR 4,51) ist von Milch die Rede, die – nachdem sie von Hexen gestohlen worden sei – zu keinem guten Käse und keiner guten Butter werde. Die Zauberin, die nach biblischer

Schaden tun. Auch die →Türken haben einen solchen Schwindel[150] unter sich. Im Krieg führen sie sehr schön geschriebene arabische Briefe bei sich (von denen ich einige [selbst] gesehen [habe]), um durch solche leeren, bloßen →Buchstaben oder, wie sie es nennen, gute heilige Worte vor Waffen und Gefahr sicher zu sein.[151] So füllt der Teufel die ganze Welt mit →Zauberei, →Abgötterei und Schwindel als hätte er nichts mehr zu tun, als an jedem Ort besondere →Schem Hamephorasch zu stiften.

Die kabbalistische Buchstabenmystik

Hier, denke ich, wäre es wohl an der Zeit und sollte den Leser schier die Lust ankommen[152] zu wissen, was der jüdische →Schem Hamephorasch eigentlich sei. Ich weiß zwar und bin mir sicher, wie gesagt, dass er nichts anderes ist oder sein kann als nur leere, bloße, arme →Buchstaben. Doch will ich es hier anzeigen, um ihre Narrheit und die Bosheit des →Teufels aufzudecken, so gut ich es vermag und weiß.[153] Wer es nicht anders

Vorschrift zu bestrafen sei (vgl. Exodus 22,17: »Die Zauberinnen sollst du nicht am Leben lassen!«), werde anschließend vom Teufel geplagt. – Oder ist, in Luthers Zusammenhang, wegen der unmittelbar danebenstehenden Vorstellung vom Teufel (und offenbar vom Teufelsbeischlaf?) an gestohlene Muttermilch zu denken? Zum Phänomen des Milchzaubers (»zum einen wurde zauberisch für das Versiegenlassen der Euter fremder Kühe gesorgt, zum anderen wurde die Milch durch nächtliches Melken der Kühe, deren Milch wegen des Zaubers nicht mehr fließen konnte, von der Täterin gestohlen«) vgl. auch Dorn-Haag, Hexerei und Magie, 21 f.

150 WA: Geucherei.

151 Vielleicht denkt Luther an Praktiken des islamischen Volksglaubens wie die »Hand der Fatima«, die als Abwehrmaßnahme gegen böse Geister (Dschinn) und den »Bösen Blick« gilt. Daneben kennt der populäre Volksislam auch Amulette, die Koranzitate enthalten.

152 WA ruren.

153 Luther will die Buchstabenmystik im Folgenden möglichst korrekt wiedergeben. Er setzt darauf, dass die kabbalistischen Spekulationen sich selbst als unsinnig entlarven, da er dem gesunden Menschen-

hat, mag den Antonius →Margaritha lesen.[154] Es steht im Buch Exodus ein Text, der folgendermaßen lautet (Exodus 14,19–21): {595}

(19) »Und der Engel Gottes, der vor dem Heer Israels herzog, erhob sich und machte sich hinter sie, und die Wolkensäule machte sich auch von {596} ihrem Angesicht und trat hinter sie (20) und kam zwischen das Heer der Ägypter und das Heer Israels. Es war aber eine finstere Wolke und erleuchtete die ganze Nacht, dass sie die ganze Nacht, diese und jene, nicht zusammenkommen konnten. (21) Und Mose reckte seine Hand aus über das Meer. Und der HErr ließ es hinwegfahren durch einen starken Ostwind, die ganze Nacht, und machte das Meer trocken, und die Wasser teilten sich voneinander.«[155]

Dieser Text hat im Hebräischen 216 Buchstaben, die sie in drei Zeilen oder Absätze[156] aufteilen. So bekommt jeder Absatz 72 Buchsta-

---

verstand seiner Leser vertraut. Zum doppelten Vernunftbegriff Luthers vgl. das Glossar (→Vernunft).

154 Antonius →Margaritha, Sohn des Nürnberger Rabbiners Jacob Margoliot, war 1522 zum Christentum übergetreten und wirkte anschließend bis 1530 als Hebräischlehrer in Augsburg, später in Leipzig und nach 1537 in Wien. In seiner Schrift *Der gantz Jüdisch glaub* nimmt Margaritha auf den *Schem Hamephorasch* Bezug.

155 Diese Verse berichten von einem gottgewirkten Wunder während des Auszugs der Israeliten aus Ägypten, das in der Kabbala aus der Kraftwirkung des vierbuchstabigen Gottesnamens abgeleitet wird. Im masoretischen Text der Hebräischen Bibel lauten die Verse wie folgt:

וַיִּסַּע מַלְאַךְ הָאֱלֹהִים הַהֹלֵךְ לִפְנֵי מַחֲנֵה יִשְׂרָאֵל וַיֵּלֶךְ מֵאַחֲרֵיהֶם וַיִּסַּע עַמּוּד הֶעָנָן
מִפְּנֵיהֶם וַיַּעֲמֹד מֵאַחֲרֵיהֶם

וַיָּבֹא בֵּין מַחֲנֵה מִצְרַיִם וּבֵין מַחֲנֵה יִשְׂרָאֵל וַיְהִי הֶעָנָן וְהַחֹשֶׁךְ וַיָּאֶר אֶת-הַלָּיְלָה
וְלֹא-קָרַב זֶה אֶל-זֶה כָּל-הַלָּיְלָה

וַיֵּט מֹשֶׁה אֶת-יָדוֹ עַל-הַיָּם וַיּוֹלֶךְ יְהוָה אֶת-הַיָּם בְּרוּחַ קָדִים עַזָּה כָּל-הַלַּיְלָה וַיָּשֶׂם
אֶת-הַיָּם לֶחָרָבָה וַיִּבָּקְעוּ הַמָּיִם

Buchstabenmystische Erwägungen (→Mystik) im Anschluss an diese drei Verse finden sich in der Schrift *Scha'arei Orah* (Tore des Lichts) von Josef Gikatilla (1248–1325) und im Sefer Raziel (13. Jahrhundert).

156 WA: riege oder Vers.

ben.[157] Man könnte wohl [auch] sechs gute Absätze daraus machen, aber die Rabbinen wollen es nicht so haben. Hier merke nun //245// die hohe Kunst des →Schem Hamephorasch. Wenn du die drei Zeilen untereinander schreibst, dass gerade ein Buchstabe unter dem andern steht, so tue also. Nimm den vordersten Buchstaben in der ersten Zeile, den hintersten in der zweiten Zeile und den vordersten in der dritten Zeile, setze sie zusammen, so hast du ein Wort von drei Buchstaben. Auf diese Weise verfahre mit allen Buchstaben in den drei Zeilen oder Reihen, so findest du 72 Worte, von denen jedes drei Buchstaben hat.[158]

---

157 Spekulationen über diese Zahl gehen auf dem Kommentar →Raschis zum Babylonischen Talmud (Traktat Sukka 45a) zurück; zur Rezeption dieser Vorstellungen in der Kabbala vgl. Maier, Die Kabbalah, 57. Bei dem Kabbalisten Josef Gikatilla (1248–1305) wird der zitierte Bibelabschnitt in 4 × 54 Buchstaben aufgeteilt, die »durch Vierer-Verbindungen« Variationen des vierbuchstabigen →Gottesnamens ergeben. »Diese 54 Namen sind das Geheimnis des Kraftstroms in all den Existierenden in der Welt im Werden jeder Wesenheit, gleichsam als Seele bei den 216 Buchstabenzeichen, die sich in (dem Abschnitt [Exodus 14,19–21]) vorfinden. […] Und in diesen 54 Namen sind alle Dinge enthalten, die es in der Welt gibt« (zitiert nach: Maier, Die Kabbalah, 87; vgl. auch a. a. O., 360). Die buchstabenmystischen Erwägungen gehen auf das *Sefer Jezira* (Buch der Schöpfung) zurück, einen (meist mystisch interpretierten) kosmologischen Traktat unbekannter Entstehungszeit, der die Entstehung der Welt auf die 22 Buchstaben des hebräischen Alphabets zurückführt; zum Sefer Jezira, dessen Grundideen durch Reuchlin in lateinischer Sprache bekannt wurden (Reuchlin, Sämtliche Werke, Band II, 1, 384 f.), vgl. das Nachwort in diesem Band.

158 Der beschriebene Effekt entsteht auch, wenn der zweite Vers von links nach rechts geschrieben wird (Bustrophedon); beseitigt man die Wortabstände, entsteht ein Block von 3 × 72 Buchstaben. Fügt man einen abgekürzten Gottesnamen (theophores Element: »-el«, »-al« oder »-jah«) oder einen Engelnamen (vgl. dazu weiter unten) hinzu, so entstehen 72 dreibuchstabigen Namen: von והו (Vehuva), ילי (Jelial) … bis מום (Mumiah):

ויסעמלאךהאלהיםההלךלפנימחנהישראלוילךמאחריהםויסעעמודהענןמפניהםויעמדמאחריהם
הלילהלכהזלאהזברקאלוהלילהתאראיוךשחהוןנעהיהיולארשיהנחמןיבוםירצמהנחמןיבאביו
ויטמשהאתידועלהיםויולךיהוהאתהיםברוחקדיםעזהכלהלילהוישםאתהיםלחרבהויבקעוהמים

»Kabbala« mit lateinischen Buchstaben

Sie können es fein tun im hebräischen Alphabet, in dem alle Buchstaben Ziffern oder →Zahlbuchstaben sind. Denn sie zählen wie die Griechen mit Buchstaben. Wir haben [in unserm lateinischen Alphabet] aber nicht mehr als sieben [römische] Zahlbuchstaben: C. D. I. L. M. V. X. Doch will ich es uns Deutschen mit einem groben Beispiel zu zeigen versuchen und setze drei Reihen von 12 Buchstaben, etwa diesen Text:

L	V	C	I	M	I	L	X	D	I	C	V
L	V	X	L	I	C	V	M	D	V	M	I
I	V	D	I	C	V	D	I	C	L	I	I

Hier nehme ich den vordersten Buchstaben L aus der ersten Zeile und den hintersten I in der zweiten Zeile und den vordersten I in der dritten Zeile. Daraus wird das Wort LII. Wenn du mit den andern Buchstaben danach ebenso verfährst, wird das Wort VMV daraus. Tust du es mit den dritten Buchstaben, so wird das Wort CVD daraus. Mach es mit den vierten Buchstaben ebenso, so hast du das Wort IDI und so weiter, wie die Juden mit den dreien Versen des Mose tun und zweiundsiebzig Wörter daraus machen, jedes mit drei Buchstaben. Diese künstlich hergestellten dreibuchstabigen Wörter bedeuten nichts. Sie sollen auch nichts bedeuten, wie du hier am Beispiel siehst, dass die vier Worte LII VMV CVD IDI uns Deutschen nichts bedeuten. Indessen steht der Text des Mose für sich selbst in seiner natürlichen Deutung, wie er gelesen wird. {597}

Ich hätte mein Beispiel auch gern deutlicher gemacht, aber die [lateinischen] →Zahlbuchstaben können es nicht so rein geben, aber hilf du ihm mit einem kleinen Nachdenken. Denn es soll so viel gesagt sein: //246//

Luci milcks die Ku,
Luxle kum du zu mir,
Jude kaue du die klyen.

Aber weil [die lateinischen Buchstaben] k. a. e. n. usw. keine Zahlbuchstaben sind, habe ich sie auslassen und schlechtes wendisches oder dänisches Deutsch[159] reden müssen. Nun fragst du: Was sollen denn die 72 dreibuchstabigen Worte, die aus dem Text des Mose gemacht wurden? Da höre das andere Stück großer Kunst an. Sie sollen keine grammatischen Lesebuchstaben mehr sein, wie man sie in der Schule liest, sondern arithmetische Ziffern oder Zahlbuchstaben, wie man sie in der Rechenschule liest. In meinem Beispiel musst du nicht LII wie in der Schule lesen, sondern wie auf dem Rentamt oder [auf der] Rechenstube. Dort liest man nicht LII, sondern 52. Das zweite Wort liest man nicht VMV, sondern 1010. Das dritte Wort liest man nicht CVD, sondern: 605. Das vierte Wort liest man nicht IDI, sondern 502 und so weiter. So müssen alle →Buchstaben im Text Moses arithmetisch werden. Denn grammatisch dienen sie nicht zum →Schem Hamephorasch.

Zweiundsiebzig Engelnamen und ihre Zahlenwerte

Drittens musst du weiterhin lernen, dass diese 72 dreibuchstabigen Wörter, die aus dem Text des Mose gemacht wurden, Namen von 72 Engeln (beinahe[160] wäre mir das Wort Teufel entfahren) sind, als wenn ich in meinem Beispiel die vier Wörter LII VMV CVD IDI spräche, so dass vier Engel genannt sind. Einer [von ihnen] arithmetisch 52, der andere 1010, der dritte 605, der vierte 502. So heißen dort die 72 Engel auch nur mit Zahlennamen, der eine 17, der andere 22, ebenso 79 und so fort.[161]

159 D. h. fremdklingendes Kauderwelsch.

160 WA: wie schier.

161 Die Zahl siebzehn entspricht nach den Regeln der →Gematrie dem ersten der aus Exodus 14,19–21 hergestellten Engel- oder Gottesna-

Was sollen nun die arithmetisch verstandenen 72 Engelnamen? Räuspere dich, nun kommen wir ans Ziel[162], hier kommen wir an das rechte Hauptstück. Du hast nun gehört, dass der ganze Text des Mose (Exodus 14) ganz und gar arithmetisch oder zu Zahlbuchstaben geworden [und] auf dreimal 72 Engelnamen aufgeteilt worden ist. Nun //247// musst du lernen, dass diese arithmetischen Buchstaben wieder grammatische oder Lesebuchstaben werden, doch [dabei] zugleich arithmetisch bleiben. Nämlich folgendermaßen: Der erste Engel LII heißt arithmetisch 52. Nun musst du hingehen und ein anderes Wort oder zwei suchen, das auch zweiundfünfzig {598} bedeutet, doch so, dass es Gott nennt oder etwas von Gottes Kräften oder Werken sagt. Also, um meinem Beispiel zu folgen: »Gottes Liebe ist's gar.« Hier hörst du eine verständliche Rede, dass die Liebe Gottes alles tut und vermag, und alle Buchstaben sind grammatische Lesebuchstaben. Dennoch findest du darin die Namen des Engels LII in arithmetischer Weise, das heißt ein L und zwei II, das heißt zweiundfünfzig.[163] Du kannst für dich noch mehr solche Beispiele suchen, etwa: »Gott hilft fein«, »Gott gibt Heil« usw. Da hörst du grammatisch, nach den Lesebuchstaben, eine verständliche Rede und hast darin doch zugleich die arithmetischen oder Zahlbuchstaben LII, die den Namen des ersten Engels geben. Ebenso musst du [auch] mit den anderen Namen der 72 Engel

men והו (Wehu-jah oder – ohne hinzugefügtes theophores Element – Wehu: 2 × ו = 2 × 6 = 12; ה = 5). Auf die 72 Namen der Engel bzw. Gottes, »durch die der berühmte Wundertäter (miraculorum operator) Moses, wie man meint, mit eigener Hand das Meer bis auf den trockenen Sand geteilt hat«, hatte bereits Reuchlin im dritten Buch von *De Arte Cabalistica* (1517) hingewiesen (Reuchlin, Sämtliche Werke, Band II, 1, 392 f.; zur Aufzählung der Namen a. a. O., 411–412).

162 WA: Rusper dich, Hie wils werden.

163 Ein Beispiel für ein auf Gott bezogenes Wort mit dem Zahlenwert 52 wäre im Hebräischen die Form אלהיו (»sein Gott«) oder der Name גדליה (»Gott ist groß«).

tun, das heißt mit dem ganzen Text des Mose, Exodus 14, der in diese 72 Engelnamen geteilt ist, wie du oben gehört hast.

Hier siehst du nun, wie Gottes Name, oder was man von seinem Tun redet, mit den Namen der 72 Engel vermengt wird. Und durch den ganzen Text des Mose zieht sich so durch die Namen aller 72 Engel ein ausgelegter oder ausgebreiteter Name, das bedeutet [im Hebräischen wörtlich] →Schem Hamephorasch, der ausgelegte Name. Eine solche Spielerei[164] tut sich fein im Hebräischen, in der sie alle →Buchstaben arithmetisch machen und LII, das heißt zweiundfünfzig, mit immer wieder anderen Worten wiedergeben können, was wir mit unserm Abc nicht vermögen, da wir wenige, nämlich nur sieben arithmetische Buchstaben haben, C. D. I. L. M. V. X.[165] Obwohl ich [die Zahl] LII auch mit den Buchstaben XXXXXII oder XL und XII schreiben könnte, kann ich doch kein grammatisches Wort und keine Rede aus [dieser Schreibweise] machen, wie sie es im Hebräischen können. Denn [der Buchstabe] X wird besonders von uns Deutschen selten gebraucht, wir könnten in der deutschen Sprache eigentlich ganz auf ihn verzichten. Darum müssen wir [in lateinischen Buchstaben zur Schreibung] des Satzes »Gottes Liebe ist's gar« auch mehr grammatische Buchstaben borgen, damit der Name des //248// Engels LII arithmetisch und zugleich auch grammatisch geschrieben werden [kann].

Polemik gegen die Buchstabenmystik: Ihre Willkür

Vielleicht willst du hier einwenden, man könnte auf diese Weise im Hebräischen und Lateinischen oder Deutschen auch gut

164 WA: alfentzerey.

165 Zu den »arithmetischen« Buchstaben (numeri disciplinae arithmeticae) bei Reuchlin, der das Hebräische Alphabet ebenfalls mit den in dieser Hinsicht begrenzten Möglichkeiten im Griechischen und Lateinischen vergleicht, vgl. ders., Sämtliche Werke, Band II, 1, 482–485 (De arte cabalistica III). Nach Reuchlin haben die Griechen erfolglos versucht, die hebräischen Zahlbuchstaben nachzuahmen.

etwas anderes aus den →Zahlbuchstaben machen, nämlich »Satan hilft fein«, »Satan gibt Heil«. Das ergibt auch den Namen des ersten Engel LII, zweiundfünfzig?! Oder so: »Hans hilft fein« usw. Hier würde der →Schem Hamephorasch auch der ausgelegte Name des Teufels und der Menschen werden, und alles [mehr], was ich wollte. Aber, lieber →Goj, du hast oben gehört, du musst glauben und tun, was die Rabbinen sagen und wollen.[166] Andernfalls würden die ehernen Hunde von Jerusalem kommen und dich zu Tode bellen oder, was wohl noch gefährlicher ist, einer der Kohlstängel im Heiligtum mit den 100 Pfund Samen auf dich fallen und dich zu Tode schlagen.

Ironischer Aufruf zur Bekehrung zum Judentum

Um den →Schem Hamephorasch schließlich ganz vollkommen zu machen, fügen sie einen Segensspruch[167] oder [ein] Gebet dazu. [Sie] legen zu jedem Namen der 72 Engel {599} einen Vers aus dem Psalter, so dass es 72 Verse werden. Mit dieser frommen Vorstellung[168] (darauf hab ja Acht), dass in jedem Vers der große Gottesname Jehova, genannt Tetragrammaton, stehe – doch dass du die Buchstaben ja nicht aussprichst, sondern dafür Adonai sagst! Denn [dieser Name] ist unaussprechlich.[169] Davon

166 Vgl. oben WA 53,589,15–16 (in unserer Ausgabe S. 30).

167 WA: das Benedicite. – Gemeint ist eine →Benediktion (Beracha), also eine Segens- oder Dankesformel, die in der Regel mit den Worten beginnt »gesegnet seist Du Gott, König der Welt, der uns geheiligt hat durch seine Gebote« (ברוך אתה יי אלהינו מלך העולם אשר קדש־נו במצותיו).

168 WA: Mit dieser hohen andacht.

169 Im hebräischen Bibeltext wird der vierbuchstabige Gottesname יהוה so vokalisiert, als ob er »Adonai« (wörtlich: »meine Herren«) ausgesprochen würde; dieser Gottesname wurde in der griechischen Bibelübersetzung (Septuaginta) mit Κύριος (Kyrios, d. h. »Herr«) übersetzt, weshalb Luther diesen Titel in seiner Bibelübersetzung (und auch in dieser Schrift) in der Regel mit HERR wiedergibt. An einigen Stellen (vgl. unten S. 62 [WA, S. 605 oben]) nennt Luther auch

weiter unten mehr.[170] Nun hast du den Schem Hamephorasch ganz und vollkommen. Nun bist du nicht nur ein beschnittener rechter →Jude[171], [sondern] kannst [auch] viele Wunderzeichen tun, wie sie der →Verführer →Jeschu hanozri durch [den Schem Hamephorasch] getan hat! Nun flugs hingelaufen nach Jerusalem und durch den Schem Hamephorasch den ehernen Hunden befohlen, dass sie hunderttausend junge, eherne Hunde zeugen, von denen jeder zehnmal heller bellen soll als die zwei alten, damit sie die verfluchten →Gojim in aller Welt taub, blind, töricht und stracks zu Tod bellen und so den heiligen Kindern →Israel die Welt einräumen, noch bevor ihr Messias, →Bar Kochba[172], kommt.

Polemik gegen die Buchstabenmystik: Ihre Unsinnigkeit

Wie kommt es aber, dass sie diese Kunst und Macht des →Schem Hamephorasch nun 1500 Jahre lang im →Exil[173] nicht gebraucht haben? Vor allem, als sie von den Römern durch [Kaiser] Vespasian zerstört wurden (denn da wäre es an der Zeit gewesen, Wunder zu tun)? //249// Und später, als sie mit ihrem Messias, Bar Kochba, unter [Kaiser] Hadrian geschlagen und zerstreut wurden? Die Antwort der Rabbinen lautet, dass sie jetzt nicht

---

Jesus Christus in diesem Sinne den Κύριος und Herrn, um so präzise seine Gottheit zu bezeichnen. Im Judentum gilt das Aussprechen des Tetragramms religionsgesetzlich als verboten; vgl. Mischna Sanhedrin 11,1 und Babylonischer Talmud, Traktat Sanhedrin 101b sowie unten Anm. 233.

170 Vgl. WA 53,606,10 ff. (in diesem Band unten S. 68–71).

171 Vgl. das Glossar (→Beschneidung).

172 WA: Kochab. – Bar Kochba, von Luther Kochab genannt, wörtlich »Sternensohn«, ist der Name, den Rabbi Akiba dem Anführer des zweiten jüdischen Aufstandes gegen die Römer in den Jahren 132–135 n. Chr. gab.

173 WA: im Elende. – Zu endzeitlichen Spekulationen bei Luther, die offenbar mit der Berechnung der jüdischen Exilsjahre zu tun haben, vgl. das Glossar (→Weltende).

fromm genug sind, weiterhin dass sie im →Exil [leben] und Gott ihnen nicht gnädig ist.[174] Auch sei die Kraft der 72 Engel nach so langer Zeit vergessen.[175] Aber wie ist das möglich? Sie sind doch auf ewig das edle Blut und die beschnittenen Heiligen, das Eigenvolk Gottes vor aller Welt, die liebsten Kinder →Israel, die nicht mehr als einen Gott anbeten! Die können nicht in Ungnade sein (die Schrift müsste denn falsch sein) wie die verfluchten →Gojim, die mehr als einen Gott anbeten und →Jeschu Hanozri für den Messias halten. Die [Christen] müssten in Ungnade sein, so dass ihnen kein →Schem Hamephorasch helfen könnte.

Wie können die [jüdischen] Weisen auch so töricht geworden sein, die Kraft der Engel im Schem Hamephorasch zu vergessen?[176] Dabei waren sie so klug, diesen Schatz mit zwei ehernen Hunden zu verwahren! Sie waren dieses [Schatzes] auch soweit ganz mächtig, dass sie →Judas Schariot hineingehen lassen konnten. Sie hätten ja auch selbst hineingehen können, wenn es sie [danach] gelüstete. Und sie wurden mit all [ihrem] Tun wie Judas Schariot, wie sie [es] noch jetzt sind.[177] Darum muss der große Schatz dieser Kunst gewiss weiterhin bei

174 Nach dem Babylonischen Talmud (Traktat Joma 9b) wurden beide Jerusalemer Tempel als göttliche Strafe für die Sünden der Juden zerstört: der erste Tempel wegen des Götzendienstes der Israeliten, ihrer Unzucht und ihres Blutvergießens, der zweite Tempel aufgrund ihres »grundlosen Hasses« (שנאת חנם) untereinander.

175 Vgl. die neuhochdeutsche Textfassung dieses Abschnitts bei Bienert, Martin Luther und die Juden, 164.

176 Zum Motiv des Vergessens in der rabbinischen Literatur vgl. oben Anm. 29.

177 »Die Juden« wurden nach dem Modell und Vorbild des Judas zu Verrätern und Gottesmördern und haben nach Luther eine Strafe zu erwarten, die dem ekelhaften Ende des Judas entspricht, dessen Eingeweide nach seinem Selbstmord hervorquollen (Apostelgeschichte 1,18); vgl. das Glossar (→Judaspisse). An diesen Gedankengang schließt Luther seine Ausführungen zur Wittenberger »Judensau« und seinen Spottmidrasch vom Schem Hamephorasch als »Kot« (siehe dazu unten) an.

ihnen, von Judas Schariot und ihren Vorfahren auf sie vererbt worden sein. [Er] kann nicht verloren sein. Wie könnten sie sonst noch jetzt so gewiss davon schreiben und reden?

Du verfluchter →Goj[178]! Du bist zumal ein ganz dummer Kerl[179] und willst und kannst {600} nichts lernen. Hast du nicht oben gehört[180], wenn ein Rabbiner sagt: »Die rechte Hand ist links«, so ist sie links? Sagt er: »Die linke Hand ist rechts«, so ist sie rechts! Ebenso [gilt] auch hier: Wenn ein Rabbiner sagt, »die Kunst des Schem Hamephorasch ist verloren«, so ist sie verloren. Sagt er aber, sie haben sie noch, so haben sie sie noch. Sagt er, sie sind in Ungnade [gefallen], so sind sie in Ungnade [gefallen]. Sagt er, sie sind das liebe auserwählte Volk Gottes allein, so sind sie es gewiss.

2.5. Die Wittenberger »Judensau«

Hier wirst du mich vielleicht fragen: Woher haben die Juden diese hohe Weisheit, dass man Moses Text, die heiligen unschuldigen →Buchstaben, so in drei Verse aufteilen und arithmetische oder Zahlenbuchstaben daraus machen, auch 72 Engel nennen //250// und [auf diese Weise] insgesamt den ganzen →Schem Hamephorasch herstellen soll?[181] Damit lass mich zufrieden. Frage die Rabbinen darum, die werden es dir wohl sagen. Ja, ich will zuvor von dir deine Meinung hören, ehe ich ein Jude werde. Denn danach weiß ich wohl, dass ich den Rabbinen glauben muss. Aber du hast mir den Katechismus der Juden verheißen, das halte auch.

Wohlan, ich weiß im Einzelnen nicht[182], woher sie es haben, aber so ungefähr will ich es wohl erraten.[183] Es ist hier in Wit-

178 WA: Gojim.

179 WA: grober gesell.

180 Vgl. oben WA 53,589,15–16 (in diesem Band S. 30).

181 WA: der gestalt stellen.

182 Wa: ich weis nicht sonderlich.

183 WA: nahe hinzu will ich wol raten.

tenberg an unserer Pfarrkirche eine →Sau in Stein gehauen.[184] Darunter liegen junge Ferkel und Juden, die saugen. Hinter der Sau steht ein Rabbiner, der hebt der Sau das rechte Bein empor, und mit seiner linken Hand zieht er den Pirtzel[185] über sich, bückt und schaut mit großem Fleiß der Sau unter dem Pirtzel in den →Talmud hinein, als wollte er etwas Scharfes und Besonderes[186] lesen und ersehen. Von dort her haben sie gewiss ihren Schem Hamephorasch. Denn es sind früher sehr viele Juden in diesem Land gewesen. Das beweisen die Namen der Flecken, Dörfer, auch Bürger {601} und Bauern, die noch heute hebräisch sind[187], sodass irgendein gelehrter ehrbarer[188] Mann ein solches Bild hat angeben und abzeichnen[189] lassen, der den unflätigen Lügen der Juden feind war. Denn so redet man bei den Deutschen von einem, der ohne Grund große Klugheit vortäuscht:

184 Zu dieser in Stein gehauenen sogenannten »Judensau« an der Wittenberger Stadtkirche St. Marien, die in der Weimarer Ausgabe an dieser Stelle abgebildet ist, vgl. Shachar, The Judensau, 43–51 mit den Abbildungen 26–27; vgl. auch das Motiv auf dem Umschlag zu diesem Band. Oberhalb der Darstellung ist ›Schem Hamphoras‹ zu lesen.

185 D. h. das Hinterteil. Pacem bezeichnet eigentlich ein Reliquientäfelchen. Zur Vorstellung einer »→Judensau«, deren »Exkremente und Milch« in der judenfeindlichen Polemik des Mittelalters und auch bei Luther als »geistige Quellen des Judentums« dargestellt werden; vgl. Töllner, Judensau, 159 und Trachtenberg, 26,47 und 218.

186 D. h. etwas mühsam zu Lesendes.

187 Es ist nicht ersichtlich, welche Namen gemeint sind. In einer Tischrede äußert sich Luther (WATR 4,60,25–30) so: »Daß vor Zeiten viel Jüden in Italien und Deutschland geflohen sind, und darinnen gewohnet haben, da ist kein Zweifel an, denn auch der beredste Heide, Cicero, klagt uber der Jüden Superstition und Menge in Italia; so sehen wir auch noch durch ganz Deutschland ihre Fußstapfen. Ist doch keine Stadt, kein Dorf, es hat Namen, Gassen von Jüden. Und man sagt, daß Jüden zu Regensburg gewohnet haben eine lange Zeit vor Christus Geburt. Es ist ein mächtig Volk gewest.« An die Vertreibung der Juden aus der Stadt Regensburg im Jahre 1519 konnte Luther sich vielleicht noch selbst erinnern (vgl. Tänzer, Regensburg, 1295–1299).

188 WA: ehrlicher.

189 WA: abreissen.

Wo hat er es gelesen? Der Sau im (um es derb herauszusagen[190]) Hintern.

Ein »Spottmidrasch« Luthers

Auf [dieses Wittenberger Bild] könnte man leicht das Wort →*Schem Hamephorasch* beziehen und [dieses Wort im Hebräischen] anders [aussprechen], nämlich »Peres schama«. Wie sie es tun, [wenn sie sich] kühn zum Herren [des Wortes] aufschwingen[191], [könnte man] daraus [auch] »Scham Haperes« machen, so klingt es ähnlich.[192] Wie wenn ein Deutscher im Hören oder Lesen *Narren* anstelle *Nähren* verstünde, oder: er hat mir mein Gütlein fein *gebessert*, ja *gewässert*. Ebenso verspottet der leidige böse Geist seine gefangenen Juden. [Er] lässt sie sagen Schem Hamephorasch und große Dinge dazu glauben und hoffen. Er meint aber »Scham Haperes«, das heißt: »Hier [ist] Dreck«![193] Nicht der [Dreck, der] auf der Gasse liegt, sondern der aus dem Bauch kommt.[194] [Das Wort] »scham« [hebräisch שם] heißt »hier«

---

190 WA: grob heraus.

191 WA: kunlich meistern.

192 WA: lautet's nahe zusammen.

193 Wie in einem →Midrasch macht sich Luther die Homonymie zunutze, dass die Vokabel »Mist« (Levitikus 4,11; 8,17) und »auslegen« (der »ausgelegte« Gottesname) im Hebräischen aus den gleichen Wurzelbuchstaben (פרש/p-r-s) bestehen. (Die Vorsilbe »Ha« bezeichnet den hebräischen Artikel.) Isaiah Shachar (45) kommentiert: »There is no need for us to take that interpretation more seriously than its author meant it.« Der spätere Wittenberger Hebraist Laurentius Fabricius nahm die Spott-Etymologie Luthers in seiner 1596 veröffentlichten Schrift *Oratio de Schamhamphorasch usu et abusu* auf und zeichnete ein Bild von der Perversion der ursprünglich religiös-mystischen Verehrung des hebräischen →Gottesnamens (→Mystik) zu einem Konzept schwarzer Magie; vgl. Shachar, 45–48.

194 Vgl. die neuhochdeutsche Fassung dieses Textabschnittes (ab »Hier wirst du mich vielleicht fragen«) bei Bienert, Martin Luther und die Juden, 165. Bienerts Kommentar zur Stelle – ebd.: »Ob Luther mit

oder »da«, [das Wort] »Peres« [hebräisch פרש] [bedeutet], was der →Sau und allen Tieren in den Därmen ist, wie Moses das [Wort] im Buch Levitikus braucht, wo er befiehlt (Levitikus 4,11 ff.; 8,17), das Sündopfer mit Haut und Haaren und mit seinem »Peres«, [seinem] Mist, zu //251// verbrennen usw.

Denn der Teufel hat die Juden besessen und gefangen, dass sie ihm zu Willen sein müssen (wie der Hl. Paulus sagt[195]), um närrisch zu sein, zu lügen, zu lästern, auch Gott und alles, was Gott gehört, zu verfluchen. Dafür gibt er ihnen zum Lohn sein Gespött, Scham Haperes, und hilft ihnen zu glauben, dass dies und ihr ganzes Lügen- und Narrenwerk etwas Köstliches sei. Über diese schreckliche Gefangenschaft klagen und schreien sie nicht. Nicht einmal mit dem geringsten Seufzen haben sie den Wunsch herauszukommen. Sie sind vielmehr gern drinnen. [Sie] halten es für eine besonders große Freiheit [und] wollten uns Christen auch gern in [dieser Gefangenschaft] haben. Aber über die römische Gefangenschaft schreien sie, obwohl sie [doch] nicht von uns, sondern wir in unserm [eigenen] Lande [und mit unserm] Geld und Gut von ihnen gefangen sind.[196] Denn ihnen ist zu wohl. [Sie] gehen mit uns um, wie der Teufel mit ihnen umgeht. [Sie] verspotten uns zu unserm Schaden, wie der Teufel sie zu ihrer ewigen Verdammnis verspottet.

Die Kraft der zweiundsiebzig Engel

Um aber zu begreifen, wie die tollen Juden mit dem Schwindel umgehen, lassen sie den vorhergehenden Text stehen, in dem Gott Mose befiehlt und verheißt, er solle das Meer mit dem Stecken teilen und die Kinder →Israel hindurchführen usw. (Exo-

dieser Deutung dem Sachverhalt nahekommt, bleibt sehr fraglich« – ist unfreiwillig komisch.

195 Vgl. 2. Timotheus 2,26 (Juden werden in dieser Briefstelle nicht genannt).

196 Im Hintergrund steht hier vielleicht der Vorwurf des jüdischen →Wuchers.

dus 14,16).[197] Ja, das ist der rechte Haupttext, auf ihn kommt es an, wenn Gott verheißt und befiehlt, dass es geschehen solle. Aber die unsinnigen Juden fragen nicht danach. [Sie] nehmen die Geschichte her, wollen (wie die Affen[198]) mit bloßen →Buchstaben nachtun, was Gott damals durch sein Wort und Gebot {602} getan hat. [Sie] machen keinen Unterschied zwischen Gottes Macht und Wort und ihrem nichtigen unsinnigen Schwindel.

Auch wenn sie sagen, wer die Kraft und die Wirkung[199] der 72 Engel wisse, der könne sie durch den Scham Haperes zwingen, ihre Kraft zu beweisen. Erstens haben sie darin zwar recht, dass, wer die Kraft dieser 72 Engel wisse, der dadurch gewiss alle Wunder tun kann. Ebenso ist es gewiss wahr: Wer einen Esel hat, der Gold auswirft, der kann auch Gulden haben. Wo ist aber ein solcher Esel? Im Schlaraffenland.[200] Ebenso sind auch diese 72 Engel der Juden nirgends als im Schlaraffenland. [Sie] sind nie erschaffen [worden], [sie] werden auch nim//252//mermehr erschaffen. Daher sagen sie mit Recht, dass, wer die Kraft dieser Engel weiß, Wunder tun kann, wie viel und wann er will. Ebenso werden wir es auch sehen, dass sie Gott durch die Kraft dieser Engel den Messias abzwingen und, ob er will oder nicht, Jerusalem gewinnen können. Wie kann es [daran] fehlen?

---

197 Luther will sagen, dass der Kontext der kabbalistisch gedeuteten Verse Exodus 14,19–21 mit seinem Sinnzusammenhang in der von ihm dargestellten jüdischen Erklärung unberücksichtigt bleibt.

198 Nach dem Babylonischen Talmud (Traktat Sanhedrin 109a) wurden die Israeliten während des Auszugs aus Ägypten von Gott bestraft und wegen ihres Ungehorsams zeitweise in Affen verwandelt; diese Tradition findet sich auch im →Koran (Sure 5,60), mit dem Luther sich kurz zuvor (1542) beschäftigt hatte (vgl. unten Anm. 200).

199 WA: tugent.

200 WA: im Schlauraffen Lande. – Mit diesem Begriff bezeichnete Luther in seiner unter dem Titel *Verlegung des Alcoran Bruder Richardi* erschienenen Übersetzung der Schrift *Confutatio Alcorani* des →Ricoldus de Montecrucis (1542) auch koranische Vorstellungen vom Paradies (WA 53,322,10)

Zweitens sehen wir, wie gern die rasenden, unsinnigen Narren die Engel bezaubern[201] und mit losen, bloßen →Buchstaben unter sich zwingen und sich selbst über Gott setzen wollten, sodass die Engel tun müssen, was sie wollen. Das sind sie, die Heiligen aller Heiligen, die allein einen Gott anbeten. Denn einen Gott anbeten, heißt bei ihnen: Mit dem Maul einen Gott nennen und sich mit Knien oder Bücken einem Gott zuwenden[202], aber mit dem Herzen auch bloße →Buchstaben, das heißt viele tausend Lügen und Teufel anbeten. Denn worauf sich ein Herz verlässt und vertraut, das ist sein Gott, wie wir Christen, die tollen verfluchten →Gojim, sagen: Es heißt recht und fein den einigen Gott anbeten, wenn das Herz sich ohne Unterlass beugt, das heißt, wenn einer seine Zuversicht, seinen Trost und sein Vertrauen auf den einigen Gott setzt, auch wenn der Mund schweigt und die Knie sich nicht beugen.[203]

Aber das ist lauter Narrheit[204] bei diesen beschnittenen Heiligen.[205] Die können bisweilen mit dem Maul einen Gott nennen (das ist genug) und zugleich aus →Buchstaben Engel und Götter machen, wie viel sie wollen, denen sie nicht nur vertrauen

201 Vgl. das Glossar (→Zauber).

202 Anspielung auf die jüdische Gebetspraxis der rituellen Verneigungen etwa beim Achtzehngebet und auf die Ausrichtung des Gebets nach Jerusalem.

203 Vgl. das Glossar →Abgötterei und Luthers Erklärung zum ersten Gebot (»du sollst nicht andere Götter haben«) im Großen Katechismus (WA 30/1,132–133): »Was heist ein Gott haben oder was ist Gott? Antwort: ein Gott heisset das, dazu man sich versehen sol alles guten und zuflucht haben ynn allen nöten. Also das ein Gott haben nichts anders ist denn yhm von hertzen trawen und gleuben, wie ich offt gesagt habe, das alleine das trawen und gleuben des hertzens machet beide, Gott und abeGott. Ist der glaube und vertrawen recht, so ist auch dein Gott recht; und wiederumb wo das vertrawen falsch und unrecht ist, da ist auch der rechte Gott nicht. Denn die zwey gehören zuhauffe, glaube und Gott.«

204 Zum doppelten Vernunftbegriff Luthers vgl. das Glossar (→Vernunft).

205 Vgl. das Glossar (→Beschneidung).

(was wir tollen →Gojim anbeten nennen), sondern die sie auch bezaubern, wozu sie wollen. Sollte [dann] nicht ein Goj billig und gern Jude werden, wenn [im Judesein] diese große Macht gefunden wird, dass man nach unserm Belieben Götter und Engel machen kann, während wir verfluchten →Gojim doch nur glauben können, dass uns der einige Gott alle gemacht hat und die Engel uns und nicht wir sie regieren. Alles in Allem: Ein Jude steckt so voller →Abgötterei und →Zauberei wie neun Kühe[206] Haare haben, das heißt unzählig und unendlich, wie der Teufel, ihr Gott, voller Lügen ist. {603}

Wenn sie diesen Schwindel der →Buchstaben doch dazu brauchten, die Kinder in der Schule die Buchstaben zu lehren, dass sie das Abc vorwärts und rückwärts sagen müssen, die Buchstaben so und so versetzen, um zu lernen, Silben zu machen und sich zum Lesen zu üben![207] Oder sie machten mit den Buchstaben Bilder und Figuren, wie manche Knaben geschickt sind und es früher taten: dann wäre es zu ertragen wie ein lustiges Kinderspiel, wie man dies mit den hebräischen Buchstaben besser als mit anderen Buchstaben tun kann. Aber den bloßen, leeren, armen Buchstaben Kraft beizulegen[208] – und eine solche Kraft, die auch durch die Gottlosen und Feinde Gottes Wunder tun können soll –, das ist nicht nur ein Pfui[209] und Scham Haperes, sondern der leidige, lästerliche Teufel selbst mit aller seiner Bosheit aus der Hölle heraus. Denn auf diese Weise beten die Juden so viele Teufel, ja so viele tausend Teufel an, so viele Engel sie sich mit ihrem Scham Haperes (wie oben gesagt) erlügen. Denn sie bauen darauf und halten es für die Wahrheit, wo es doch ganz und gar Lüge ist. Das nennen die Propheten (Jeremia

---

206 Neun steht hier für eine große Zahl; vgl. WADB 3,482,30.

207 Zu dieser Thematik vgl. Luthers Schrift (1530) *Eine Predigt, dass man kinder zur Schulen halten solle* (WA 30/2,508–588).

208 WA: krafft zu eigen.

209 WA: pfu dich an. – Vgl. Ehmann, Luther, Türken und Islam, 82, Anm. 61: »›Pfui!‹ bedeutet keineswegs nur die Abscheu, sondern Aufforderung zum Schämen verbunden mit archaischen Vorstellungen von der heilenden und einen Fluch bannenden Kraft des Speichels.«

7,4; 13,25) Abgötterei, *Confidere in mendacio*, auf Lügen trauen – [wo das Vertrauen doch] eine Ehre ist, die allein Gott gebührt.

Nun sieh, wie feine Heilige die →Juden sind. Sie verdammen uns verfluchte →Gojim[210], dass wir mehr als einen Gott anbeten. Aber sie, die gebenedeite Frucht des edlen Blutes und die beschnittenen Heiligen, beten allein den einigen Gott an. Das ist wahr. Wenn die 72 erlogenen Engel, das heißt 72 000 Teufel, ein einziger Gott heißen, dann beten sie gewiss einen Gott an.[211] Da siehe auch, was du für ein großer, neuer, wundertätiger Heiliger geworden bist, wenn du Christus verleugnet hast und ein Jude geworden bist. Denn du kannst durch den Scham Haperes bewirken, dass alle Teufel ein einiger Gott sind, was [noch nicht einmal] Gott selbst vermag. Darum denk [daran] und sei den Rabbinen dankbar für ihren allmächtigen Geschmeißdreck, ah, Scham Haperes wollte ich sagen. Ja so geht es, wenn man Gottes Wort nicht hören, sondern ohne Aufhören lästern will. Dann muss man alle Teufel hören und anbeten, wie unser Herr Christus spricht (Johannes 5,43): »Ich bin gekommen in meines Vaters Namen, und ihr habt mich nicht angenommen, ein anderer wird kommen in seinem Namen, den werdet ihr annehmen.«

Ach[212] wenn sie diesen Schwindel und das Narrenspiel doch schlechte Lügen sein ließen, wie die Stocknarren oder Gaukler lügen, und [wenn sie] bekennten, dass es nicht rechte Wunderzeichen wären, //254// was durch den Scham Haperes geschehen sollte! Dann könnte man noch hoffen, sie möchten mit der Zeit des Narrenspiels müde werden und von selbst einmal davon absehen. Nun aber hängen sie {604} den leidigen bösen Blick

210 Vgl. das Glossar (→Fluchen).

211 In seiner Übersetzung der *Confutatio Alcorani* (1300) des Dominikaners →Ricoldus de Montecrucis unter dem Titel *Verlegung des Alcoran* (1542) äußert sich Luther in ähnlich ironisch-sarkastischer Weise und rhetorisch übersteigernd zu den Engeln mit ihren 700 000 Häuptern, Mäulern und Zungen, die der Prophet Mohammed auf seiner Himmelsreise gesehen haben soll (WA 53,362).

212 WA: Auch (Konjektur).

daran[213], dass sie darauf vertrauen wie auf die Wahrheit Gottes selbst. [Sie] machen damit einen Gottesdienst und →Abgötterei daraus, [sie] wollen das, was durch den →Schem Hamephorasch geschieht, nicht für falsche Wunderzeichen halten. Es soll Ernst sein und rechte göttliche Kraft wirken, wie sie oben im Text sagen, dass Jesus, der Gottlose, vor den Dienern der Königin →Helena einen Toten auferweckt habe, wie ihre Vorfahren auch bekannten, dass Jesus die Teufel recht austriebe und es kein Schwindel wäre, jedoch in Beelzebubs Namen [geschehe].[214] Denn ihr Schem Hamephorasch soll auf natürliche Weise[215] jedes und alles vermögen.

Die Lästerung Christi

Zuletzt ist es eine unerhörte[216] Lästerung[217], dass sie diese göttliche Kraft, in dem Schem Hamephorasch Wunderzeichen zu tun, auch den Gottlosen wie →Judas Schariot und dem →Verführer →Jeschu Hanozri (wie sie lästern) zulegen. Dies lehren [sie] wissentlich. Dieses Stück bewegt auch →Lyra[218], [Paulus]

213 WA: den leidigen bössen klick. – Die Deutung dieses Terminus ist schwierig; vgl. die Erklärung zu diesem Wort in WA 15,700 (Anmerkung). Der Bearbeiter in WA 53,604 bietet hypothetisch die Übersetzungen »Schmutzfleck« oder »Fehler« an; vielleicht liegt aber auch ein Druckfehler vor: in *Von den Juden und ihren Lügen* äußert Luther den Rat, beim Anblick eines Juden an einen giftigen Basilisken zu denken, offenbar an ein dämonisches Fabelwesen mit einem »bösen Blick«, d. h. einem Blick, der Menschen Schaden zufügen will oder zufügen kann (WA 53,446 = JL, 54); vgl. dazu Zwickel, Basilisk. Diese Bedeutung könnte zu dem Wortfeld »Narrenspiel« und »Gaukelei« passen, scheint von den Setzern des Textes aber nicht (mehr) verstanden worden zu sein.

214 Vgl. Matthäus 9,34; 12,24–30 und Lukas 11,15.

215 WA: rechtschaffener weise.

216 WA: ubermachte.

217 Vgl. das Glossar (→Fluchen).

218 Luther schöpfte aus Nikolaus von →Lyras Schrift *Contra Judaeos*. Lyras *Postilla litteralis et moralis super Bibliam* (Rom 1471–1472) war der erste Bi-

→Burgensis[219] und viele andere, nur dass sie deshalb nicht heftig genug zürnen. Ich weiß nicht, wie ich hiervon reden oder schreiben soll. Sage ich, dass die Juden, wie Moses von ihnen sagt (Deuteronomium 28,28), hierin rasend, blind, wahnsinnig [und] voller Teufel sind[220], so ist es alles zu wenig gesagt von denen, die den einigen Gott anbeten wollen und sich unterstehen, solche Lästerungen auszuspeien[221] [und] dies dazu noch als rechtmäßig lehren. Begreife es, wer da kann, was es heißt, dass die göttliche ewige Majestät, unser aller lieber Schöpfer, gelobt und zu loben in Ewigkeit, von diesen verdammten jungen →Teufeln[222] gescholten werden soll, dass er durch seine Wunderwerke, die er allein tut und tun kann (Psalm 72,18), zum Zeugen, Bestätiger, {605} Verteidiger[223] aller Lügen, der →Verführung, des Irrtums, der →Abgötterei, der Lästerung[224] und aller Gräuel [gestempelt wird], die sie unserm HErrn Jesus Christus auflegen, oder [dass behauptet wird], er könne und wolle sich nicht wehren gegen den Scham Haperes eines falschen Propheten.

---

belkommentar, der überhaupt gedruckt wurde. Zur Wirkungsgeschichte Lyras, der im Spätmittelalter weithin als »authority on all things Jewish« galt, vgl. Klepper, The Insight, 109–133 (hier: 124).

219 Bezug auf die *Biblica Sacra* VI,1712 und 2050 des Paulus Burgensis (1351–1435) sowie sein *Scrutinium scripturarum*. Dort heißt es: »Den Wundern Christi und seiner Jünger, die durch denselben Namen [sc. das Tetragramm] vollbracht wurden, hätten sie glauben müssen, denn in ihren Schriften steht davon geschrieben, dass Christus Wunder vollbracht hatte […], was sie [jedoch] magischen und abergläubischen Praktiken zuschrieben.« Zu Luthers Umgang mit Paulus Burgensis vgl. Klepper, The Insight, 124–125.

220 Dieser Vers spielte bereits eine tragende Rolle für Luthers »Beweisführung« in seiner Schrift *Von den Juden und ihren Lügen* (JL, 185, 187 und 192).

221 Mit dem Vorwurf des »Ausspeiens« von Lästerungen spielt Luther auf die in *Von den Juden und ihren Lügen* geäußerte Beschuldigung an, die Juden »spuckten« in ihren Gebeten Jesus an (→Speien, Spucken).

222 Luther spielt erneut auf die Vorstellung der →Teufelskindschaft der Juden an.

223 WA: Überhelfer.

224 Vgl. das Glossar (→Fluchen).

Die Verteufelung Gottes

Ich kann das nicht anders verstehen, als dass sie hiermit Gott selbst zum →Teufel, ja zum Knecht aller Teufel machen, //255// der helfen soll, alles Böse, das der Teufel will, zu tun, zu verstärken [und] zu vollbringen, der Lust und Liebe dazu hat, arme Seelen zu verführen, sich selbst mit seinen eigenen Wunderwerken zu schänden und gegen sich selbst tobt, alles in allem, [der] schlimmer sei als alle Juden, ja als alle Teufel. Ach, mein Gott, mein lieber Schöpfer und Vater, du wirst mir gnädig zugutehalten, dass ich (gar ungern), [wenn es] gegen deine verfluchten Feinde, den Teufel und die Juden [geht], von deiner göttlichen ewigen Majestät so schändlich reden muss. Du weißt, dass ich es aus der Inbrunst meines Glaubens und zu Ehren deiner göttlichen Majestät tue. Denn es geht mir durch Leib und Leben.

Gottes gerechtes Gericht

Aber gerecht ist dein Gericht, »*iustus es Domine*« (Psalm 119,137).[225] Ja, so sollen [die] Juden, die dein Wort und die Werke deiner Wunder so lange Zeit ohne Unterlass verachtet, verspottet, verlästert und verdammt haben, [wie] sonst niemand bestraft werden, sodass sie nicht wie andere Menschenkinder, Heiden, und wer sie [auch] seien, in Sünde und Tod, weder in den oberen [Teil der] Hölle noch mitten in die Hölle, sondern in den Abgrund der Hölle fallen müssen, wohin man nicht tiefer fallen kann. Denn das ist auch ihre Sünde, die nicht schlimmer geschehen kann, dass sie dich, den rechten, ewigen Gott, nicht [nur] ungehorsam und dein Wort lästernd verachten, sondern [dass sie] dich selbst zum Teufel und Knecht unter alle Teufel machen wollen, dass du mit deiner herrlichen göttlichen Kraft Zeuge sein und dem Teufel in seinen Lügen, Lästerungen, seinem Mord und was mehr Teufelswerke sind, dienen sollst.

225 Zu diesem Psalmzitat (»du bist gerecht, HERR«) im kabbalistischen Buch Bahir vgl. Scholem, Das Buch Bahir, § 151.

Recht, recht sind deine Gerichte, himmlischer Vater. Lästern wollten sie, das haben sie zur Genüge getan.[226]

Mose schreibt (Deuteronomium 18,22), dass Gott nicht Wunder oder Zeichen auf eines falschen Propheten Wort hin geschehen lassen wolle. Und [er] spricht: »Das sollst du merken: Wenn das nicht eintrifft, was der falsche Prophet sagt, so sei gewiss, dass der HERR dieses Wort nicht geredet hat.« Aber diese Teufel sagen, dass →Jeschu Hanozri ein →Verführer und falscher Prophet sei. Dennoch sind rechte Wunderzeichen (die niemand außer Gott tun kann) – wie Tote aufwecken, Lahme gehend, Aussätzige rein machen – durch diesen Verführer geschehen. Es wäre kein Wunder, wenn Gottes Zorn uns Chri//256//sten, die wir diese verfluchten, offenkundigen Gotteslästerer[227] bei uns dulden, längst mitsamt den Juden mit höllischem Feuer in den Abgrund der Hölle versenkt hätte! Geholfen hat uns nur, dass wir es nicht gewusst haben und deshalb an ihrem gräulichen Tun unschuldig sind. Aber für die Zukunft seht euch vor, was ihr tut, ihr lieben Fürsten und Herren, die {606} ihr Juden unter euch schützt und duldet! Ich will entschuldigt sein. Hier wird nicht nur Christus unser HERR und der Vater in Christus, sondern Gott der Vater in sich selbst, in seiner göttlichen Majestät, schlimmer als Christus geschmäht und zum Teufel und Knecht aller Teufel gemacht. Schreie nunmehr, Jude, schreie nun (Matthäus 27,25): »Kreuzige ihn, sein Blut komme über uns und unsere Kinder.« Es ist geschehen, was du haben wolltest.

2.6. Das Tetragramm und die zehn →Gottesnamen

Davon ist [nun] genug gesagt. Das Herz und Ohr eines Christen wird davon wohl lieber weder hören noch daran denken, denn

226 WA: des haben sie gnug bekomen. – Luther folgt der Hermeneutik seiner ersten Psalmenvorlesung (1513–1515), in der er die »Feinde« des Psalmisten mit den Juden identifiziert; vgl. Osten-Sacken, Luther und die Juden, 47–74.

227 Vgl. das Glossar (→Fluchen).

es ist zu gräulich, schrecklich und unermesslich. Im Vergleich mit diesen Gräueln wiegt es etwas weniger [schwer], was sie von dem vierbuchstabigen Gottesnamen (Tetragrammaton) für Narrheiten und Geifer [von sich geben].[228] Davon muss ich auch ein wenig sagen, um uns Deutschen ihre Torheit zu offenbaren. In der Heiligen Schrift hat Gott viele Namen, aber vornehmlich zählen sie zehn.[229] Unter diesen [Gottesnamen] ist einer, den sie für den großen, und das Tetragrammaton, das [sie für den] allerheiligsten [Gottesnamen] halten, weil die anderen [Namen] zuweilen auch den Engeln und anderen Kreaturen zugebilligt[230] werden, dieser aber nur Gott allein. Hier sind sie so heilig und geistlich, dass sie diesen Namen mit dem Munde nicht [aussprechen], sondern an seiner Stelle einen anderen oder die vier [hebräischen] →Buchstaben des Namens nennen – Jod, He, Vof[231], He [יהוה] –, denn er soll unaussprechlich sein.

Die Überlieferung des Kirchenvaters Hieronymus

Daher sagt der Hl. →Hieronymus: Weil die Griechen diese Buchstaben nicht kannten, haben sie [das hebräische Wort יהוה entgegen der korrekten Leserichtung von links nach rechts als]

228 Vgl. das Glossar (→Vernunft).

229 Zu diesen →Gottesnamen in der jüdischen →Mystik (→Kabbala) vgl. das Glossar (→Sefirotsystem) und Lewin, Luthers Stellung, 5. Möglicherweise bezog Luther seine Informationen über die Gottesnamen auch dem Quincuplex Psalterium, einer fünfsprachigen Psalmenedition des französischen Theologen Faber Stapulensis (Lefèvre d'Étaples, 1450 oder 1455–1536), mit der der Reformator nachweislich gearbeitet hat; vgl. Lefèvre d'Étaples, Quincuplex Psalterium (Nachdruck der Ausgabe 1513, unpaginiert, nach Psalm 150); mein Dank an Prof. Dr. Gerald Hobbs, Vancouver, für diesen Hinweis.

230 WA: mitgeteilet.

231 Luther folgt der aschkenasischen Aussprache und liest »Vof« statt – wie im heutigen sefardischen (»israelischen«) Hebräisch üblich – »Waw«.

PJPJ gelesen[232], [weil sie] das [hebräische] He für ein [griechisches] P hielten.[233]

Erstens lasse ich die zehn Namen beiseite, da dies nicht neu ist. Vielmehr hat auch der Hl. Hieronymus in seinem Brief an Marcella [sie schon] gesucht, wenn er [die Namen] so aufzählt: *El*[234], *Elohim, Elohe*[235], *Zebaoth*[236], *Elion*[237], *Ehie*[238], *Adonai*[239], *Ja*[240], *Jehova*[241],

---

232 Vgl. Hieronymus, *Epistola ad Marcellam* XXV,3: »[…] τετραγράμμον, quod ἀνεκφώνητον id est, ineffabile putaverunt, quod his litteris scribitur, IOD, HE, VAV, HE. Quod quidam non intelligentes propter elementorum similitudi-num, cum in Graecis libris repererint ΠΙΠΙ, legere consueverunt.« (Das Zitat und die Stellenangabe in WA 53, 606, Anm. 6 sind zu korrigieren). – Vielleicht sieht Luther seine eigene Fäkaliensprache in diesem Text bereits bei dem Kirchenvater vorgeprägt (→Judaspisse).

233 Die »griechische« Falschlesung setzt weiter voraus, dass die Buchstaben Waw (ו) und Jod (י) im Tetragramm nicht unterschieden wurden.

234 Hieronymus (a. a. O.) führt zum Gottesnamen El (sprachwissenschaftlich ein gemeinsemitisches Appellativ für »Gott«) aus: Primum nomen Dei est El, quod Septuaginta Deum, Aquila ετυμολογίαν ejus exprimens ισχυρόν, id est fortem interpretatur (»der erste Name lautet El, den die griechischen Übersetzung [Septuaginta] mit ›Gott‹ [und der jüdische Übersetzer] Aquila, der seine Etymologie zum Ausdruck bringt, mit ›Starker‹ übersetzt«). Als Eigenname kommt El in der jüdischen Bibel nur in Form des theophoren Elements anderer Eigennamen vor (Jisra-el = Gotteskämpfer etc.).

235 Nach Hieronymus werden beide »Gottesnamen« (אלהים/elohim als numerischer Plural und die singularische Bildung אלוה/eloah) mit »Gott« (Deus) übersetzt. Ursprünglich handelt es sich hier nicht um einen »Namen«, sondern um ein Appelativum, die Gattungsbezeichnung »Gott«; im →Sefirotsystem der jüdischen →Mystik ist der »Name« Elohim der fünften Sefira zugeordnet, die auch als »Gebura« (Stärke) oder »Din« (Gericht) bezeichnet wird.

236 Hieronymus verweist auf die Übersetzung dieses Gottesnamens (»Herr der Heerscharen«/יהוה צבאות) in der Septuaginta (»virtutum«) sowie bei dem jüdischen Übersetzer Aquila (»exercituum«).

237 Entgegen der Angabe des Hieronymus (»nos excelsum dicimus«) übersetzt die Vulgata (z. B. Deuteronomium 32,8, wo der Gottesname עליון/»elion« erscheint) »altissimus«; ähnlich Genesis 14,18: Abraham ist »sacerdos Dei altissimi – Priester des höchsten Gottes«; in Genesis 14,19 wird Abraham aber dann »vom höchsten Gott« (»deo ex-

Sadai[242]. Andere machen es anders. Ich halte nichts davon. Es gibt wohl mehr →Gottesnamen in der Schrift als diese wie [zum Beispiel] *Ab*[243], *Bore*[244], *Or*[245], *Hai*[246] usw.: //257// *Vater, Schöpfer, Licht, Leben, Heil* und dergleichen. Und was kann Gutes heißen oder sein, das nicht vor allen anderen Gott, als der es in sich selbst hat, zuerkannt werden muss, wie Christus spricht (Matthäus 19,17): »Gott ist allein gut«. Wir aber haben von ihm alles empfangen, was wir sind und haben. Aber jetzt wollen wir den einen Namen, »Jehova« genannt, behandeln, mit dem der Teufel und die Juden viel →Zauberei und allerlei Missbrauch und →Abgötterei treiben.

---

celso«) gesegnet. Im Sefirotsystem der →Kabbala trägt die erste Emanation Gottes den Namen »Keter eljon« (כתר עליון), »höchste Krone«.

238 Hieronymus verweist hinsichtlich des אהיה אשר אהיה/ähjä ascher ähjä (»ich werde sein, der ich sein werde«) auf Exodus 3,13–14. Im →Sefirotsystem der →Kabbala wird die erste (oberste) Emanation Gottes mit dem »Gottesnamen« ähjä ascher ähjä bezeichnet; vgl. Betz, Licht vom unerschaffnen Lichte, 21.

239 Adonai, offenbar die erstarrte Form des Majestätsplurals (mit hinzugefügtem pluralischem Possessivsuffix) von *'ādôn* »Herr« (»meine Herren«), wird im Lateinischen nach Hieronymus mit »Dominus« übersetzt. Es handelt sich hier um ein Appelativum, das etwa seit der hellenistischen Zeit zu einem Gottesnamen wird. Das als unaussprechlich geltende Tetragramm *JHWH* erhält nun durch hinzugefügte Vokalbuchstaben die Lesung »Adonai«. Die griechische Übersetzung setzt dies voraus, wenn sie den Gottesnamen mit *kyrios* »Herr« (ohne Artikel!) wiedergibt. Der angebliche »Gottesname« Jehova entsteht durch ein Missverständnis des durch die Vokalbuchstaben veränderten Tetragramms, wenn in die vier Buchstaben die Vokalfolge »e, o, a« (aus **A**d**o**n**a**i – der erste Vokal wird zu dem Murmelvokal [Schwa] »e« verkürzt) eingefügt wird.

240 Hieronymus verweist auf die Schlusssilbe des Gotteslobs in »Halleluja« (»in ALLELUIA extrema quoque syllaba sonat«).

241 Zum Gottesnamen »Jehova« folgen bei Hieronymus die oben (Anm. 221) zitierten Ausführungen zur Aussprache PJPJ.

242 Dieser Gottesname (שדי) wird in der Lutherbibel vereinfachend mit »Allmächtiger« oder »allmächtiger (Gott)« wiedergegeben; vgl. Genesis 17,1; 28,3; 35,11 und 49,25.

Luthers Deutung des Gottesnamens JHWH

Dieser Name »Jehova« kommt →grammatisch vom [hebräischen] Wort »Haio« [הָיוֹ] oder »Havo« [הָוֹה] her[247], das heißt auf Lateinisch: *fuit* [er ist gewesen], *in praeterito, Esse,* [Vergangenheitsform von »sein«]. Auf Deutsch: {607} Wesen oder Sein. Und [der erste Buchstabe] J kann eine *nota nominis verbalis* sein[248] wie in Josaphat, Jesaja, Jeremia und vielen anderen [biblischen] Namen.[249] Und [das Wort] bedeutet so viel wie im Lateinischen *Ens*, im Griechischen *ON*. Wir Deutschen müssen es mit »Er ist's« wiedergeben. Im Lateinischen wird also ein Trigrammaton [dreibuchstabiger Name] daraus [d. h. ENS], ein Dygrammaton [zweibuchstabiger Name] im Griechischen [d. h. ON], im Deutschen ein Hexagrammaton [sechsbuchstabiger Name: ER IST'S] – oder wir wollen schlechterdings [das Wort] IST nehmen, so wird es [im Deutschen] auch ein Trigrammaton.

---

243 אָב, d. h. Vater. Gott wird in Deuteronomium 32,6 »Vater« genannt; vgl. auch Jesaja 63,16; Jeremia 2,27; 3,4 und Maleachi 1,6. Luther denkt sicherlich auch an das »Vaterunser« (Matthäus 6,9; Lukas 11,2).

244 בורא, d. h. Schöpfer; vgl. Jesaja 45,7 und Kohelet 12,1.

245 אור, d. h. Licht; vom »Licht« des Angesichtes Gottes ist die Rede in Psalm 4,7; 44,4 und 89,16; in Hosea 6,5; Zefanja 3,5 und Psalm 37, 6 ist »Licht« eine Metapher für die Offenbarung von Gottes Gerechtigkeit.

246 חַי, d. h. Lebender, Lebendiger; vgl. z. B. Genesis 16,14; 24,62 und 25,11 (der Brunnen »des Lebendigen, der mich sieht«).

247 Luther spricht die hebräische Form aus wie die aschkenasischen Juden seiner Zeit mit dem Vokalzeichen Qamäs als »o«.

248 Also eine verbale Vorsilbe (Präfix) einer Maskulinum-Form (Vergangenheit).

249 Der Name Jehoschafat (יהושפט), ein judäischer König (1. Könige 15,24; 22,22–51), ist demnach zu übersetzen mit »Gott richtet«; Jesaja (ישעיהו) bedeutet »Gott hilft«; Jeremia (ירמיהו) »Gott erhöht« oder »Gott gründet«.

Unaussprechlichkeit des Gottesnamens oder Unbegreiflichkeit Gottes?

Wenn sie nun vorgeben, der Name »Jehova« solle unaussprechlich sein, so wissen sie nicht, was sie lallen. Meinen sie die →Buchstaben, so kann es nicht wahr sein, denn er heißt »Jehova«. Und wenn er ebenfalls mit Feder und Tinte geschrieben werden kann, warum sollte er nicht auch mit dem Mund, der viel besser ist als Feder und Tinte, genannt werden? Warum nennen sie ihn nicht auch unschreibbar, unlesbar, undenkbar? Summa, es ist ein faules Ding.[250] Tun sie es aber der Ehre [Gottes] wegen, so sollten sie auch mit allen anderen Namen so verfahren und diese ebenfalls unaussprechlich sein lassen, denn es heißt (Exodus 20,7): »Du sollst Gottes Namen nicht missbrauchen«. Darum ist das auch faul. So sagt die Schrift nirgendwo, irgendein Gottesname solle unaussprechlich sein. Sonst wären alle diejenigen unschuldig, die [in Übertretung des Gebotes] Gottes Namen missbrauchen. Sie könnten ja sagen, sie hätten seinen Namen nicht nennen können, geschweige denn missbrauchen.

Das sagt sie [die Schrift] wohl: Gottes Wesen, Macht[251], Weisheit, Güte und was man mehr von Gott sagen kann, sei unaussprechlich, unermessbar, unendlich, unbegreiflich usw., dass nicht die Buchstaben oder Silben, sondern das unaussprechlich sei, was damit //258// bedeutet wird. Ja, so müsste man vom unaussprechlichen Namen Gottes reden. Denn er hat sein Wesen von niemandem. [Er] hat auch weder Anfang noch Ende, sondern ist in und von sich selbst von Ewigkeit her, sodass sein Wesen also nicht Gewesen oder Werden heißen kann. Denn er hat nie angefangen, kann auch nicht anfangen zu werden, hat

250 Luther formuliert konkret, mit sinnlich wahrnehmbaren Bezügen (WA: »Es ist faul ding«), nicht philosophisch-abstrakt nach dem Deutungsvorschlag des Bearbeiters in der Anmerkung der WA (»eine nichtige Sache«).

251 WA: gewalt.

auch nie aufgehört, kann auch nicht aufhören zu sein. Es heißt mit ihm vielmehr ganz und gar *Ist* oder *Wesen*, das heißt »Jehova«. Als die Kreatur geschaffen wurde, da IST schon sein Wesen. Und [wenn] etwas noch werden soll, IST er bereits da mit seinem Wesen. Auf diese Weise redet Christus von seiner Gottheit (Johannes 8,58): »Ehe denn Abraham ward, bin ich.« Er sagt nicht: »Da war ich«, als wäre er es danach nicht mehr, sondern: Ich bin. Das heißt: mein Wesen ist ewig, ist nicht gewesen, wird nicht werden, sondern ist ganz und gar [nur] IST.[252]

Wie daher sein Ist, sein Bin oder Wesen, unbegreiflich ist, so ist es auch unaussprechlich. Denn keine Kreatur kann das begreifen, was ewig ist. Daher sind die Engel auf ewig selig. Denn sie können sich am ewigen Wesen Gottes nicht satt sehen und freuen. [Sie können es auch] nicht begreifen, und wenn es zu begreifen wäre, könnte es nicht auf ewig sein. [Es] müsste selbst ein Ende oder einen Anfang haben. Und niemand könnte ein Wesen geben oder erhalten, wenn[253] es selbst seines {608} Wesens ungewiss wäre. Weiter ist seine Weisheit, Macht, Güte usw. auch ewig und unbegreiflich, weil sie[254] nichts anderes als sein göttliches Wesen selbst sein muss. Zum dritten, was wohl höher ist, dass im göttlichen Wesen Gott Vater, Sohn [und] Heiliger Geist, drei Personen, in einem einigen, ewigen, unbegreiflichen Wesen sind. Ja, dies alles [wäre] von Gott zu sagen. Das könnte ein unbegreiflicher, unaussprechlicher Name sein.[255] Wer will ein solches wunderliches Wesen nennen, zu Ende denken[256], aussprechen, ausschreiben? Auf diese Weise werden vielleicht die Alten den Namen »Jehova« unaussprechlich genannt haben, weil er nach der →Grammatik Gottes Wesen bedeutet, das (wie

---

252 WA: ist ein eitel JST.

253 WA: weil.

254 WA: es.

255 WA: das mocht ein unbegreifflicher, unaussprechlicher Namen heißen? – Das Fragezeichen in der WA ist wahrscheinlich zu streichen.

256 WA: ausdencken.

gehört) von Ewigkeit ganz und gar IST (und) drei Personen genannt wird.

Hierum sollte man sich kümmern und diesen »Jehova«, //259// das heißt [sein] göttliches Wesen, zu erkennen und in der Schrift zu suchen lernen, wie er sich selbst durch sein Wort in diesem Leben geoffenbart hat, und in jenem Leben, ohne Worte, dort offenbaren wird. Aber das ist den Juden zu hoch, [es ist ihnen] ja gar nichts. Die zarten Heiligen tun vielmehr so: Mit dem Munde ehren sie die →Buchstaben des Namens »Jehova«, der unaussprechlich sein soll und muss, aber das göttliche Wesen, das durch die Buchstaben bezeichnet wird, begreifen und messen sie mit Ellen, Pfunden und Scheffeln, dass es so groß, lang, breit, tief, schwer und voll sein muss, wie sie wollen.[257] Das merke dabei: Gott hatte ihnen den Messias verheißen, den er nach seiner göttlichen, wunderbaren, unbegreiflichen Weisheit auch gesandt hat. So gehen sie her[258] und schreiben ihm ein Bild oder eine Form vor[259], setzen seiner Weisheit ein Maß und [haben einen eigenen] Begriff [davon][260], wie er den Messias sen-

257 Zu denken ist an die →Shiur Qoma-Tradition, die zu den spätantiken jüdischen *Hekhalot*-Texten gehört (der Terminus *Hekhalot*, von hebräisch *hekhal*, Palast, bezieht sich auf Visionen von Himmelsfahrten zum göttlichen Palast und zum himmlischen Thron). In diesen Texten wird von geheimen →Gottesnamen berichtet und werden präzise Abmessungen verschiedener Körperteile der Gottheit angegeben (»zwischen seinem rechten und seinem linken Arm erstrecken sich 770 000 Parasangen, der Abstand seines rechten Auges zu seinem linken Auge beträgt 30 000 Parasangen« etc.). In Luthers Übersetzung der Schrift *Confutatio Alcorani* (1300) des Dominikaners →Ricoldus de Montecrucis ist in ähnlicher Weise spöttisch von konkreten Abmessungen die Rede und von anatomischen Details, die die Engelwesen der himmlischen Welt angeblich nach islamischer Vorstellung haben (eine fünfhundertjährige Reise von einem Himmel zum anderen, Engel mit siebenhunderttausend Häuptern, Mäulern, Zungen und Sprachen); vgl. WA 53,362,24–32 und Ehmann, Luther, Türken und Islam, 85.

258 WA: faren sie zu.

259 WA: malen jhm ein Bilde oder Forme fur.

260 WA: stellen seiner weisheit ein mas und begriff.

den solle, nämlich, wie Bar →Kochba[261] es sich vornahm, nicht wie Jesus von Nazareth. Denn ihr Messias soll sich nicht kreuzigen lassen, sondern die Heiden totschlagen und die Juden zu Herren in der Welt machen.

Keine andere Weise soll das ewige göttliche Wesen und seine ewige unbegreifliche Weisheit finden oder treffen, sondern in dieser vorgestellten Weise [soll es] sich von Menschen zwingen, begreifen und umfangen lassen. Andernfalls soll er nicht ihr Gott sein. Denn sie sind es, die Gott sein Ziel, sein Maß, sein Gewicht, seine Weise und seine Gestalt geben können, nicht allein in seinen Werken, sondern auch in seinem ewigen göttlichen Wesen, dass er nicht drei Personen in einem einzigem Wesen sein müsse. Denn da stehen sie mit ihrem Zirkel und Winkeleisen, mit Ellen und Bleischnur. Sie werden es sich von Gott nicht gefallen lassen, dass er ein so unbegreifliches Wesen ist und sie nicht viel klüger, weiser und verständiger sein lassen sollte als Gott selbst. Was ist es nun, dass die Juden mit dem Munde den Namen buchstäblich nicht nennen noch aussprechen, aber {609} mit dem Herzen sein göttliches Wesen, das rechte »Jehova«, nicht nur nennen, aussprechen, beurteilen, sondern auch nötigen und ihm ihren Maßstab aufzwingen?[262] Sie müssen so tun, das ist ihre Weise (wie Jesaja 29,13 weissagt): Mit dem Munde die →Buchstaben ehren, und mit dem Herzen schänden und //260// lästern.[263] Dennoch soll Gott sich immer narren lassen, dass sie so die Kerne verschlingen und ihm die Hülsen vor die Augen →speien.

---

261 WA: der →Kochab. – Zur irdischen Messiaserwartung, wie Luther sie den Juden auch in *Von den Juden und ihren Lügen* vorwirft, vgl. WA 53,524,10 und 542,9 (= JL, 198 und 231).

262 WA: Sondern auch eintreiben und zwingen jnn jren scheffel?

263 Vgl. das Glossar (→Fluchen).

2.7. Das Urteil über die Juden

Sie sind dahingegeben[264], dass sie nichts Rechtschaffenes tun, leben oder reden [können], sondern nur ein ganz und gar verkehrtes, blindes, rasendes, unsinniges Wesen führen müssen, wie Mose sagt (Deuteronomium 28,28). Sie glauben etwas Besonderes zu tun[265], dass sie den Namen »Jehova« nicht nennen. [Sie] sehen dabei [aber] nicht, dass sie diesen [Namen] in dem schändlichen Missbrauch zu ihrem Scham Haperes führen, dass sie ihre 72 erdichteten Engel, das heißt 72 Lügen und Teufel, mit demselben heiligen Namen Gottes zieren, ehren und stärken und weiter allerlei →Zauberei, Schwindel und →Abgötterei damit treiben. Ich wünschte – und es geschähe ihnen recht[266] –, dass sie nicht nur den Namen »Jehova« nicht nennten, sondern auch keinen Buchstaben in der ganzen Schrift nennen, lesen, schreiben, hören oder haben könnten. Denn sie brauchen es doch nur Gott zu Schanden, der Schrift zu Unehren und sich selbst zur Verdammnis.

Und wie kann es auch anders sein, lieber Bruder. Wenn Gottes Wort uns nicht leuchtet und den Weg weist (Psalm 119,105) und sein Licht uns nicht scheint am finstern Ort (2. Petrus 1,19), so kann ja nichts anderes da sein als Finsternis, Irrtum, Lügen, die wir uns selbst erdichten. Siehe unsere [christliche] Erfahrung an, wie wir unter dem Papsttum sein göttliches Wort aus den Augen verloren[267] hatten und stattdessen Menschenlehre ergriffen. Welche dichte[268] Finsternis, welche Lügen und Gräuel haben wir da angebetet mit Messen, Fegefeuer, Heiligendienst, Möncherei und eigenen Werken usw. Nun haben die Juden kein Wort Gottes. Darum muss ganz und gar Finsternis da sein, weil die →Beschneidung und das Gesetz Moses nur bis zur Zeit des

264 Die Formulierung lässt an Römer 1,24 denken.

265 WA: Es muss köstlich Ding sein.

266 WA: und sie werens auch wol werd.

267 WA: aus den augen gethan.

268 WA: dicke.

Messias gilt. Der sollte sie etwas anderes lehren (Deuteronomium 18,18), wie er [auch] getan hat. Das wollten sie nicht annehmen. Sie müssen es ja so machen, dass sie nicht tun, was Gott will, sondern Gott zu tun vorschreiben wollen, was sie wollen. Als Moses Gesetz ihnen geboten war, wollten sie es nicht tun [und] schlugen alle Propheten deshalb tot.[269] Jetzt, wo es ihnen nicht mehr geboten ist, wollen sie es tun und schlagen darüber den Mes//261//sias und alle seine Christen tot, damals mit der Tat, jetzt mit vollem Willen, mit der Begierde und dem Wunsch ihres Herzens.

Es ist der Zorn Gottes
Über sie gekommen, wie
sie verdient haben.[270] {610}

---

269 Vgl. die Erzählungen von den Mordversuchen am Propheten Jeremia in Jeremia 2,30 (»euer Schwert frisst eure Propheten«) und Jeremia 26,20–23 sowie die Berichte von der Verfolgung Elias (1. Könige 18); vgl. auch Nehemia 9,26; 2. Chronik 24,20–21; 36,16 sowie im Neuen Testament Matthäus 5,12; 23,31 und Apostelgeschichte 7,52. In der biblischen Geschichtsschreibung wird die Verfolgung und Ermordung von Propheten in selbstkritischer Absicht geschildert, um den eigenen Mangel an Glaubensgehorsam und Gottesfurcht sinnfällig zu machen. In der judenfeindlichen Polemik wird dieser Topos (»alle Propheten«) zu einem Stereotyp.

270 In der WA, die dem Wittenberger Erstdruck folgt, soll der graphisch als Dreizahler hervorgehobene Schluss dieses Absatzes offenbar die Endgültigkeit des Urteils über »die Juden« kennzeichnen und zugleich den Übergang zum folgenden Abschnitt markieren. Dieser Satz erinnert an Römer 1,18 (»es ist der Zorn Gottes über sie gekommen […]«) und schließt an die obige Anspielung auf Römer 1,24 an (vgl. oben Anm. 264),

3. Vom Geschlecht Christi

Vom Anfang des Evangeliums an, das der Heilige Matthäus und der Heilige Lukas geschrieben haben, stellt sich die Frage, warum beide Evangelisten die Personen oder Glieder des Geschlechts unseres HErrn Jesus Christus so ungleich (oder wie viele es gedeutet haben) widersprüchlich aufzählen. Besonders [verwundert es], dass beide die Linie oder Reihe der Personen übereinstimmend genealogisch mit Josef und nicht mit →Maria und Christus enden lassen. Daraus wollten die Klugen gern schließen, damit sei bewiesen, dass Christus nicht vom Stamm Davids sei[271], weil er nicht von Josef kommt, den die Evangelisten nach der genealogischen Linie ganz passend von David abstammen lassen. Plötzlich [am Ende ihrer Genealogie] lassen [die Evangelisten aber] diesen Josef [außer Acht und] setzen für [ihn] Maria ein.[272]

Hieran machen sich alle zu schaffen[273], besonders die →Juden[274], danach [auch] Kaiser Julian mit seinen Heiden[275] [und]

271 WA: Es sey damit nicht beweiset, das Christus vom Stam Davids sey.

272 Vgl. Matthäus 1,1–16 (hier Vers 16); Lukas 3,23–28; in der rückwärts verlaufenden Genealogie bei Lukas steht der Verweis auf Josef am Anfang (Lukas 3,23).

273 WA: haben sie alle zu thun.

274 Bereits in seiner Schrift *Dass Jesus Christus ein geborener Jude sei* (1523) hatte Luther sich mit dem Stammbaum Jesu auseinandergesetzt. Dabei ging es ihm darum, dem offenbar umlaufenden Gerücht entgegenzutreten, er leugne die Jungfrauengeburt und damit auch die Gottessohnschaft Jesu, womit er sich einer typisch jüdischen Irrlehre schuldig mache.

275 Kaiser Julian (331–363), ein Neffe des Kaisers Konstantin (ca. 285–337), wurde *Apostata* (»der Abtrünnige«) genannt, weil er – im christlichen Glauben erzogen – zum Kult des Sonnengottes zurückkehrte. Er verfasste im Winter 362 die antichristliche und heute nur fragmentarisch rekonstruierbare Schrift *Gegen die Galiläer*, in der er Argumente gegen die Botschaft der Bibel zusammenstellte. Unter anderem wird dort auf die Widersprüche zwischen den Genealogien Jesu im Matthäus- und Lukasevangelium verwiesen; demzufolge sei Je-

ebenso viele alte und auch nicht wenige neue Lehrer.[276] Die einen wollen hier etwas verbessern[277], die andern wundern sich, als wäre unser christlicher Glaube hierin falsch, ungewiss oder ganz dunkel. Darum wollen auch wir etwas davon reden, doch mit Bitte um Nachsicht[278], denn wir wollen es jedermann gern alles besser machen lassen.

Erstens [geht es mir darum], den Juden zu antworten, falls sich [noch] jemand mit ihnen auf ein Gespräch einlassen wollte, nachdem der Jude, der mich das letzte Mal bewegt hat[279], von den Juden zu schreiben, auch diesen Punkt berührte[280], es könne nicht bewiesen werden, dass Jesus vom Stamm Juda wäre, weil der Evangelist Matthäus [bei seiner Darstellung des Stammbaumes Jesu] den Stamm Juda [bis] auf Josef und nicht [bis] auf →Maria führte. Aus diesem Grund könne er nicht der dem Stamm Juda und [dem Haus] Davids [zugehörige] Messias sein.

---

sus nicht in den Stamm Juda hineingeboren worden; vgl. Julien, Contre les Galiléens, 59 f. (253E, 261E).

276 In seinem Kommentar zu Matthäus 1,16 verweist →Hieronymus: zur Erklärung auf die biblische Institution der Leviratsehe (oder Schwagerehe): »An dieser Stelle hält uns der Kaiser Julian einen Widerspruch der Evangelisten entgegen: Warum nennt Matthäus Josef einen Sohn des Jakob, während Lukas ihn Sohn des Eli nennt? Er erkennt dabei nicht die Gewohnheit der Schrift, dass es einerseits einen natürlichen, andererseits einen gesetzlichen Vater gibt. Wir kennen nämlich das auf Gottes Befehl durch Mose [verkündete] Gesetz (Deuteronomium 25,5 ff.), dass – wenn ein Bruder oder Verwandter kinderlos gestorben ist – der andere [Bruder] die [verwitwete] Ehefrau annimmt und den Samen seines Bruder oder Verwandten aufrichtet« (Hieronymus, Opera VIII,13).

277 WA: haben hier zu meistern.

278 WA: mit urlaube.

279 Luther spielt hier offenbar auf eine verschollene jüdische Schrift an, mit der er sich bereits in seinem Text *Wider die Sabather* auseinandergesetzt hatte. In dieser jüdische Schrift hatte es demnach geheißen, Jesus könne aufgrund der Abweichungen in den Geschlechterlisten bei Matthäus und Lukas nicht der Messias sein; vgl. Kaufmann, Luthers ›Judenschriften‹, 114 f.

280 WA: dis stück anstach.

Die →Schlangen sind stachelig und giftig[281] und geben sich alle Mühe[282], //262// unsere Bücher falsch zu machen. Denn es geht ihnen nicht darum, von uns zu lernen und die Wahrheit zu wissen. [Sie] reizen und ärgern uns[283] vielmehr mit solchen Fragen, um unseren Glauben zu verhöhnen und zu verspotten, als [ob] wir diesen nicht vernünftig darlegen[284] könnten. {611}

3.1. Alttestamentliche Beweise für die davidische Abstammung Jesu

Darum soll man den giftigen, stachligen →Schlangen auf den Kopf treten[285] und [ihnen] möglichst derb und rau, dem Teufel zum Trotz, folgendermaßen antworten: Dass Maria, die Mutter Jesu, vom Stamm Juda und aus der Familie Davids[286] sei, sagt nicht nur der Evangelist Matthäus (den sie auslachen), sondern [das verkünden] einvernehmlich auch Mose, der allererste [Prophet], [und] danach alle [anderen] Propheten. Und wenn wir Christen vom Alten Testament sonst nichts außer Mose hätten, so hätten wir genug und reichlich genug, um zu beweisen, dass →Maria vom Stamm Judas und aus der Familie Davids sein muss, sodass dies auch alle →Teufel und die ganze Welt (geschweige die elenden, rasenden Juden) nicht umstoßen sollen.

281 Vgl. Matthäus 23,33.

282 WA: suchens genaw.

283 WA: Sondern stackern und stacheln uns. – Im Hintergrund steht im Sinne von 1. Korinther 15,56 (dort ist vom »Stachel des Todes« die Rede) ein giftiger Schlangenbiss, der zum Tode führt.

284 WA: beweisen. – Zum Vernunftbegriff Luthers vgl. das Glossar (→Vernunft).

285 Zu diesem Bild vgl. Genesis 3,15. Luther spielt auf das *Protoevangelium* von Genesis 3,15 an, das die Feindschaft zwischen Eva und der →Schlange als Andeutung der bevorstehenden Feindschaft zwischen der Schlange und dem »Samen« Marias (Jesus Christus) versteht, der der Schlange auf den Kopf treten soll.

286 WA: Hause Davids.

Das Zepter von Juda und das Kommen des Silo (Genesis 49,10)

So spricht nämlich Mose (Genesis 49,10): »Es soll das Zepter von Juda nicht weggetan werden, bis dass Silo komme«.[287] Hier ist es beschlossen, dass Silo oder der Messias vom Stamm Judas kommen soll, wie das auch bei den →Schlangen, wie giftig sie [auch] sind, keinen Zweifel hat. Ebenso spricht er im Buch Deuteronomium 18,15 folgendermaßen: »Gott wird dir einen Propheten erwecken aus deinen Brüdern wie mich, den sollst du hören.« Danach heißt es (Deuteronomium 18,18–19): »Ich will (spricht Gott) ihnen einen Propheten erwecken aus ihren Brüdern wie dich« und »will meine Worte in seinen Mund legen, dass er mit ihnen rede alles, was ich ihm gebieten werde, und wer ihn nicht hören wird, das will ich selbst rächen.«[288]

Hier steht es geschrieben, dass Maria vom Stamm Juda und [aus der Familie] Davids ist. [Es] bedarf keines Beweises mehr. Diesem Silo und Propheten sind die Juden vor [allem] andern zu gehorchen schuldig, wie Moses es hier befiehlt und [wie] Gott selbst [es] androht. Nun hat dieser Silo[289] und Prophet gesagt, seine Mutter Maria sei vom Stamm Juda und [aus der Familie] Davids. Seinem Evangelisten Matthäus hat [er] befohlen, es so

287 Vgl. Luthers Ausführungen zu dieser Prophezeiung des Erzvaters Jakob in *Von den Juden und ihren Lügen* (WA 53,450–461 = JL, 61–79); bereits Reuchlin (De arte cabalistica I = Sämtliche Werke, Band II, 1, 98–101) hatte diesen Vers christologisch ausgelegt und seine Deutung mit Argumenten der christlichen Kabbala untermauert.

288 Die Verbform אדרש in Deuteronomium 18,19b ist eher mit »ich werde Rechenschaft fordern« zu übersetzen. Luther geht es aber um eine Strafandrohung. Dabei kommt es ihm darauf an, dass *Gott selbst* die Strafe androht. Der antijüdische Maßnahmenkatalog in *Von den Juden und ihren Lügen* (WA 53,522–542 = JL, 194–230) war daher nicht als »Strafe« sondern als Schutzmaßnahme und christliche Gegenwehr anzusehen: Luther befürchtete, dass Christen, die Juden in ihrer Mitte duldeten, von Gottes endzeitlicher Strafe mitbetroffen sein würden.

289 WA: Schilo.

aufzuschreiben. Darum haben die stachligen Juden hier ihre Antwort. Wenn sie Mose nicht glauben, dass er dies von Maria redet, so ist es nicht nötig [und] sind [sie] es auch //263// nicht wert, dass sie Matthäus oder irgendeinen [anderen] Christen hören noch an irgendeine Wahrheit glauben sollen. Sie sollen [vielmehr an den] Schem Hamephorasch, ja [dem] Scham Haperes[290] sollen sie glauben. Solch ein Glaube gehört diesen Heiligen.

Wir Christen wissen (und [es] kann kein →Teufel noch →Jude leugnen), dass der Messias oder Silo vom Stamme Juda und aus der Familie Davids kommen muss. [Wenn] er nun keinen Vater, sondern nur eine Mutter hat, so muss die Mutter gewiss auch Davids Tochter sein. Das kann keinen Zweifel haben, weil ihr Sohn, der Messias, aus der Familie Davids sein muss. Das bedeutet: Wer glaubt, dass Jesus, von der Jungfrau Maria geboren, der rechte Messias sei, der hat schon bekannt, versiegelt und bewiesen, dass seine Mutter Maria von der Familie Davids sein muss – so wohl und gewiss wie Josef, ihr Bräutigam, und [noch] viel gewisser. {612}

3.2. Der Widerstand der Juden

Ja, hier stößt man auf Widerstand bei den →Juden.[291] Sie wollen Jesus nicht zum Messias haben; darum reizen[292] sie uns dermaßen mit ihren giftigen, lästerlichen Stachelworten[293] über Josef und →Maria. Denn daran liegt ihnen nicht viel, ob Maria von der Familie Davids abstammt oder nicht. Und wenn sie es selbst gesehen hätten, dass sie von David geboren wäre wie Sa-

290 Zum Spottmidrasch (→Midrasch) Luthers (Scham Haperes = »hier ist der Mist« oder »hier ist der Kot«) vgl. oben (WA 53,601; in dieser Ausgabe S. 54 f.).

291 WA: hie stosset sichs mit den Juden.

292 Wa: stackern.

293 Vgl. 1. Korinther 15,55–56, wo vom »Stachel des Todes« die Rede ist; vgl. auch das Glossar (→Schlange).

lomo und seine anderen Kinder, würden sie dennoch nicht glauben, dass Jesus, ihr Sohn, [der] Messias wäre. Um den Sohn ist es ihnen zu tun, den wollen sie nicht. [Sie] wissen wohl, die Schälke und falschen Mäuler: Wenn Jesus [der] Messias ist, [stellt sich] die Frage nicht mehr, ob [auch] Maria von der Familie Davids abstammt.

Zweifel an der Abstammung Marias

Eben um denselben Sohn ist es auch uns Christen zu tun. Denn wenn er nicht Messias wäre, fragten wir nicht danach, wo seine Mutter Maria herkommt – so wenig, wie [wir fragen], wo Sara (Isaaks Mutter) oder andere unbekannte Frauen herkommen.[294] Ist er aber [der] Messias, so spricht Gott durch Mose zu den Juden (Deuteronomium 18,15): »Den sollst du hören.« Und glauben wir Christen den Evangelisten und Aposteln das hohe, einzige, große Hauptstück [des Glaubens], dass Jesus [der] Christus oder Messias sei, warum sollten wir nicht auch alle anderen geringeren Stücke glauben? Denn wer nicht glaubt und nicht glauben will, dass Jesus [der] Messias sei, der braucht nicht zu wissen, wer oder wo seine Mutter sei. Es wäre ihm vielmehr gut, dass er nie ein Wort aus der ganzen //264// Schrift gehört hätte. Auch [wäre es ihm] wohl besser, wenn er nie geboren wä-

294 Nach Genesis 20,12 war Sara eine Halbschwester Abrahams väterlicherseits, also eine Tochter Terachs (vgl. Genesis 11,27). Vielleicht erklärt Luther ihre Herkunft für »unbekannt«, weil die Heirat einer Schwester nach Levitikus 18,9 streng verboten war. Das Verbot der Geschwisterehe spielt für Luthers Rekonstruktion der Familiengeschichte Jesu weiter unten eine Rolle (vgl. unten Anm. 411). Die jüdische Tradition, die sich in durchaus ähnlicher Weise um den Leumund der Erzmutter sorgt, wie der Reformator Maria schützen will, hält die Erzeltern jedenfalls vom Inzestverdacht fern und identifiziert Sara mit Jiska, der Tochter von Abrahams Bruder Haran (babylonischer Talmud, Traktat Megilla 14a und →Raschi zu Genesis 11,29). Abraham hätte demnach seine Nichte geheiratet.

re. Denn Gott hat auf diesen Mann alles gesetzt, alles gewiesen, alles gewandt, alles gerichtet, ihm alles in die Hand gegeben.[295] Wer den hat, der soll es alles haben; wer den nicht hat, der soll nichts haben, so heißt es.[296]

Und was wollten wir tun, wenn der Hl. Matthäus und der Hl. Lukas die genealogische Linie[297] nicht beschrieben hätten? Wie viele Dinge sind unbeschrieben [geblieben], wie der Hl. Johannes in seinem letzten [Kapitel] spricht (Johannes 20,30)? Und zum Beweis[298] schreibt er selbst viel, was Matthäus, Markus [und] Lukas ausgelassen haben. Welcher Christ wollte nicht gar zu gern wissen, was der Herr die dreißig Jahre vor seiner Taufe tat? Der Hl. Paulus allein hat Jesus, wie er Messias sei, viel herrlicher und reichlicher beschrieben als alle anderen. Dennoch geht er auf seine Mutter und sein Geschlecht nur kurz ein, dass er sie nur einmal nennt, [und] dann [auch] noch ohne Namen: »Er ist (spricht er) von einem Weibe geboren« (Galater 4,4).[299] Und: »Der geboren ist aus dem Samen Davids nach dem Fleisch« [Römer 1,3]. Er weiß, der liebe Apostel: Wenn dieses Hauptstück vorhanden ist, dass Jesus als Messias geglaubt wird, so muss sich alles [weitere], was die Wahrheit ist, finden – oder es muss unnötig sein, es zu finden. »Denn in ihm (spricht er) sind verborgen alle Schätze {613} der Weisheit und Erkenntnis« (Kolosser 2,3), sodass der Heilige Geist, [wenn diese Wahrheit bekannt wird], nichts Falsches mehr lehren oder glauben lässt.

Aber die →Juden, die beschnittenen Heiligen[300], haben einen stolzen Mut. [Sie] brüsten sich und halten den Kopf hoch gegen uns[301] verfluchte, elende Heiden und halten es für gewiss, dass nicht wir, sondern nur sie die Heilige Schrift haben. Darum

295 Vgl. 1. Korinther 15,25–27.

296 Vgl. 1. Johannes 5,12; Johannes 3,36 sowie Matthäus 13,12 und 25,29.

297 WA: solche Schnur der Geburt.

298 WA: zu warzeichen.

299 In der WA wird irrtümlich auf Galater 2 verwiesen.

300 Vgl. das Glossar (→Beschneidung).

301 WA: starren mit jrem hals steiff wider uns.

ist es ihnen lächerlich, was wir von der Taufe, dem Sakrament, den Schlüsseln [des Himmelreiches][302] und anderen Artikeln des Neuen Testaments lehren, weil sie es in ihrem Buch nicht finden. Sie meinen, es müsse alles nur in ihrem Buch stehen, oder es könne nicht recht sein. Weil sie in ihrem Buch die Worte →*Maria ist Davids Tochter, oder [Maria ist] aus der Familie Davids* nicht finden, maulen sie daher und begehren sie dagegen auf[303], als wären sie gewiss, es verhielte sich nicht so.

Luthers Replik: Sind die Juden eigentlich wahre Juden?

Wohlan, ich will [es] ihnen mit gleicher Münze heimzahlen und sagen, dass sie ebenfalls keine Juden sind. Denn von diesen [heutigen] Juden steht nicht ein //265// Buchstabe in der Heiligen Schrift, und sie können es aus ihrem Buch nicht beweisen, dass sie Juden oder →Israels Samen sind. Das traue ich [mir] wohl [zu], ihnen abzusprechen. Weiter sage ich mit rechtem Ernst und auf mein Gewissen: Wenn nicht mehr als das Alte Testament da wäre, so wollte ich schließen – und kein Mensch sollte mich eines anderen überzeugen –, dass diese jetzigen Juden in etwa die allerschlechtesten ruchlosen bösen Buben sind.[304] Sie sind aus aller Welt zusammengekommen, haben sich

302 Gemeint ist das in den gebräuchlichen Ausgaben des *Kleinen Katechismus* Luthers enthaltene Lehrstück vom Amt der Schlüssel, d. h. die besondere, von Christus seiner Kirche gegebene Gewalt, bußfertigen Sündern die Sünden zu vergeben – d. h. sie zu »lösen« – und unbußfertigen Sündern ihre Sünden zu belassen (vgl. Matthäus 16,19).

303 WA: meulen und rüsseln sie sich da kegen.

304 WA: müßten sein etwa eine Grundsuppe aller losen, bösen Buben. – Luther formuliert im Irrealis: Das Alte Testament, das Luther als Buch des Gerichts über das alte Gottesvolk liest, würde ausreichen, um die Juden der Übeltaten zu überführen, von denen im Folgenden die Rede ist. Nun ist bei Luther aber nicht nur vom Alten Testament, sondern vor allem von den nachbiblischen Überlieferungen der Juden die Rede (rabbinische →»Glossen«, Zauber und Magie mit dem Gottesnamen, →Gematrie). Der Autor legt nun einen *a minore ad*

zusammengerottet und wie die →Tataren[305] oder Zigeuner und dergleichen in den Ländern hin und her verstreut, um die Leute mit →Wucher[306] zu beschweren, die Länder auszukundschaften und zu verraten, Wasser zu vergiften[307], Brand zu stiften[308], Kinder zu stehlen[309] und vielen anderen geheimen Schaden an-

majus-Schluss nahe: Vor dem Hintergrund dieser (nach Luther) teuflischen Hinzufügungen sind die anschließend vorgebrachten Vorwürfe (Brunnenvergiftung, Ritualmord) *umso mehr* zu glauben. Hinzu kommt nach Luther die Frage der Identität der Juden: Haben diese sich im Laufe der Jahrhunderte ihres Exils nicht längst in »Tattern« und »Zigeuner« verwandelt? Das Alte Testament vermag nach Luther die Identität der Juden nicht zu sichern, es ist allein das Neue Testament, dessen Prophezeiung vom bleibenden Exil der Juden unter den Völkern (Lukas 21,24) Sicherheit gibt, dass es sich wirklich um Juden handelt (siehe dazu unten).

305 WA: Tattern. – Zum Tatarenbild in Deutschland seit dem Mittelalter vgl. Hotopp-Rieke, Der stigmatisierte Andere und das Glossar (→Tataren); Klopprogge (Ursprung und Ausprägung des abendländischen Mongolenbildes, 65–67) berichtet von spätmittelalterlichen Vorstellungen von bei den Mongolen lebenden bzw. bei ihnen »eingeschlossenen« Juden (»gentes inclusae«). Zum Schreckgespenst einer mongolisch-jüdischen Kollaboration, das im Zusammenhang mit dem »Mongolensturm« des 13. Jahrhunderts von sich reden machte, vgl. auch Yuval, Zwei Völker, 282–286. In christlichen Quellen ist u. a. davon die Rede, die Mongolen seien identisch mit den in der Bibel angedrohten Feindvölkern »Gog und Magog« und verwendeten die hebräische Schrift.

306 Zum Vorwurf des Wuchers gegen die Juden vgl. *Von den Juden und ihren Lügen* (WA 53,442 f.; 477 f.; 482 f.; 538 f. = JL, 47–49, 108; 116–117; 224–225) und das Glossar (→Wucher).

307 Zum Vorwurf der Brunnenvergiftung gegen die Juden vgl. *Von den Juden und ihren Lügen* (WA 53, 482, 520 und 530 = JL, 115, 189, 209) und das Glossar (→Brunnenvergiftung).

308 WA: zu brennen.

309 Wie in *Von den Juden und ihren Lügen* (WA 53,482 und 520 = JL, 115, 189) übernimmt Luther den Vorwurf des →Ritualmords; vgl. auch WA 49,373, 34–37 (Predigt Luthers vom 15. April 1544) und 487,35 (Predigt vom 24. Juni 1544). In der erstgenannten Predigt heißt es: »lestern sie [die Juden] Messiam gleich wie Caiphas, Hannas und die Schrifftgelerten, sie fluchen ihm und zuschenden ihn uber die maße, so sie doch beten: Meßias ist Davids Son, und fluchen ihm doch,

zurichten, wie Bruder Ricardus in der »Widerlegung des →Korans«[310] von den →Assassinen schreibt. Diese werden von den →Sarazenen in alle Welt geschickt, um die weltlichen Herren listig zu erwürgen und zu ermorden, was sie können, [um herauszufinden], ob sie die herrenlosen[311] Länder auf diese Weise einnehmen können. [Sie] heißen Ismaeliten. Davon kannst du im 10. Kapitel in der »Widerlegung des →Korans« lesen.[312]

Amulettenschwindel der Juden

Die Geschichten, die man von den Juden schreibt und täglich mehr und mehr auf der ganzen Welt erfährt, sollten mir diese Meinung stärken. Aus diesem Grund wurden sie oft vertrieben, verbrannt und erschlagen, wie es in jenem Buch heißt.[313] So sieht man auch, wie gern sie sich bei den Herren und Edelleuten eindrängen. [Sie] bieten auf betrügerische Weise Heilmittel an[314] und auch Tricks mit Zeichen und →Buchstaben [als →Zau-

heissen ihn ein hurnkind, bernhaut, wo sie auch unser kinder kriegen, pfrimen sie sie [...].« Im Juni 1544 predigte Luther, die Juden »sind uns bitter feind, stoltz, hoffertig auff den namen Abrahams geblut, haben niemandt fur menschen denn sich selbs, uns aber fur kroten, schlangen, haltens auch fur ein gottesdienst, einen Christen totenn. Drumb stelens auch unsere kinder.« Weitere Belegstellen bei Lewin, Luthers Stellung, 80.

310 Zur Schrift *Confutatio Alcorani* (1300) des Dominikaners →Ricoldus de Montecrucis, die Luther kurz zuvor (1542) ins Deutsche übersetzt hatte, vgl. das Glossar (→Koran).

311 WA: ledigen.

312 Vgl. WA 53,340–346. Der Verweis bei Falk (The Jew in Christian Theology, 194) auf Sure 10 (Jonas) ist abwegig, da Luthers Angabe sich auf das 10. Kapitel der Schrift des →Ricoldus de Montecrucis bezieht.

313 Vgl. *Von den Juden und ihren Lügen* (WA 53,526 ff. = JL, 202 ff.)

314 WA: geben Ertzney fur. – Zu den Vorurteilen und Vorbehalten gegenüber jüdischen Ärzten im mittelalterlichen Deutschland vgl. Theilhaber, Mediziner, 34–35; so wurde vom Leibarzt des Kaisers Karls des Kahlen, einem gewissen Zedekias (um 880 n. Chr.), berich-

bermittel] gegen viele Waffen und Eisen, mit denen sie die Christenheit erfüllt haben. Denn auch die Dorfpfarrer und Küster sind mit solchem Schwindel[315] umgegangen, bei denen wir {614} in der Visitation viele Bücher vom vierbuchstabigen →Gottesnamen[316], von Talismanen[317] und viele seltsame Gebete, Zeichen, Engelnamen und Teufel gefunden haben, die gewiss auf Hebräisch sind. So haben wir auch erfahren, wie sie die Edelfrauen reichlich von ihren Krankheiten ins Grab gebracht haben. Darüber haben sie sich zweifellos ins Fäustchen gelacht.

Ein Ba'al Schem bei Herzog Albrecht von Sachsen

Ich hörte vor etwa dreißig Jahren sagen, wie sich ein Jude bei Herzog Albrecht von Sachsen[318] eingedrängt hatte[319], der ihn //266// auch solche Tricks gegen allerlei Waffen lehrte, dass er

---

tet, dass er zugleich Zauberer und Magier gewesen sei. Verschiedene kirchliche Synoden schlossen Juden von der freien Ausübung der Heilkunde aus oder verboten Christen, sich von jüdischen Ärzten behandeln zu lassen. Zu den Schwierigkeiten der definitorischen Unterscheidung von Religion (mitsamt den in religiös-legitimer Weise hervorgebrachten und religiös legitimierten Wundertaten) auf der einen und Magie auf der anderen Seite vgl. Grözinger, Wundermann, Helfer und Fürsprecher, 170.

315 WA: solcher geucherey.

316 WA: von dem Namen Tetragrammaton.

317 WA: Ananisapta. – Auf jungfräulichem Pergament geschrieben, soll dieses Wort nach einer kabbalistischen Vorstellung Zauberkräfte entfalten (→Zauberei); vgl. Le triple vocabulaire infernal. Manuel du démonomane ou les ruses de l'enfer dévoilées, Paris (o. J.) ca. 1847, 16. (Quelle: http://www.biusante.parisdescartes.fr /histoire/medica/resultats/?cote=73618&p=10&do=page). Zum Gebrauch von Amuletten und Talismanen vgl. auch Dillinger, Hexen und Magie, 34.

318 Gemeint ist offenbar Herzog Albrecht III. von Sachsen, genannt Albrecht der Beherzte (1443–1500), der Begründer der albertinischen Linie der Wettiner; Luthers Schutzherr Friedrich der Weise (1463–1525) gehörte zur ernestinischen Linie der sächsischen Dynastie.

319 Zu dieser Stelle vgl. Lewin, Luthers Stellung zu den Juden, 80.

nicht gestochen, gehauen, erschossen usw. werden können sollte. O, es sind feine Tricks, die Herren so übers Ohr zu hauen, dass sie voller List umkommen sollen. Aber Herzog Albrecht war klug. Er wollte den Trick zuvor gut verstehen.[320] [Er] ritt mit dem Juden hinaus aufs Feld und sprach: »Jude, ich muss diesen Trick an dir versuchen.« [Er] zog [sein Schwert] und erstach den Juden, dass er tot dalag und ihm selbst sein →Schem Hamephorasch, [sein] *Tetragrammaton* und sein anderer Schwindel[321] nicht helfen konnte.[322] Das [für] dich (sprach der Herzog),

320 WA: wolt der kunst zuvor gewis sein. – Luther beschreibt eine der »weißen« oder »heilenden Magie« zuzurechnende Praxis des »Schutz- und Abwehrzaubers«, der zum »Schutz vor natürlich oder magisch bedingtem Unheil« angewandt wurde (Dorn-Haag, Hexerei und Magie, 22). Das zeitgenössische Strafrecht (in der Constitutio Criminalis Carolina Kaiser Karls V. aus dem Jahre 1532) ging davon aus, dass ein solcher Zauber prinzipiell wirksam sein konnte und im Schadensfall eine Strafe fällig war (»Schadensrealismus«); vgl. Dorn-Haag, a. a. O., 54.

321 WA: geucherey.

322 In der von Grözinger vorgeschlagenen Typologie jüdischer »Wundermänner« ist der →Ba'al Schem, von dem hier die Rede ist, offenbar dem Typus des Renaissancemagiers zuzuordnen, der seine übernatürlichen Kenntnisse und Fähigkeiten ganz ungeniert einsetzte und damit auch vor einer christlichen Öffentlichkeit und in Gegenwart von weltlichen und geistlichen Autoritäten wie Bischöfen und Fürsten oder sogar vor dem Kaiser auftrat (Grözinger, Wundermann, Helfer und Fürsprecher, 177–181). Grözinger vergleicht diesen Typus des Ba'al Schem, von dem im in jiddischer Sprache verfassten *Majse Buch* (Erstdruck: 1602 in Basel) die Rede ist, mit der Figur des Faust. In einer der jüdischen Erzählungen wird davon berichtet, dass ein solcher Wundermann vor Kaiser Maximilian II. auftrat und dessen Gunst erlangte. Das Auftreten solcher *Ba'alei Schemot* lässt sich im Spanien des 15. Jahrhunderts (Josef della Reina, 1418–1472) und im Italien der Renaissance (Jochanan Alemanno, ca. 1435 – nach 1504) nachweisen (Talabardon, Chassidismus, 34). Entsprechende Erzählungen waren nachweislich des *Majse Buches* auch im jiddischen Sprachraum der mitteleuropäischen Juden in Umlauf. Nach Grözinger war der »extrovertierte und prahlerische Ba'al Schem« der Renaissancezeit – in Abgrenzung zu früheren diskreteren Formen der Wundertätigkeit von *Ba'alei Schemot* zur Zeit des aschkenasischen Pie-

du Bube, wie solltest du mich um mein Leben betrogen haben! Ja, er hätte sich vielleicht gar sanft ins Fäustchen gelacht. Nun war es besser, dass der Herzog [es] am Juden versuchte, als dass der Jude [es] am Herzog versucht hätte. Ich habe auch noch einen Kristall bei mir, der Herzog Friedrich zu Sachsen[323] gehört hatte, den mir mein jetziger gnädigster Herr, Herzog Johann[324],

---

tismus im Hochmittelalter – eine »Reaktion« auf eine »geistige Situation in Deutschland [...], in der sich die christlichen Gelehrten immer stärker für die jüdischen Lehren vom kabbalistischen Gebrauch der Namen zu interessieren begannen, sie studierten und lobten [...] Dieses Interesse vieler Christen an jüdischen magischen Praktiken hatte höchstwahrscheinlich zur Folge, daß sich ein neues und gestiegenes jüdisches Selbstwertgefühl entwickelte und die Juden auf ihre Fähigkeiten stolz wurden« (Grözinger, Wundermann, Helfer und Fürsprecher, 180). Auch im Hinblick auf diesen Aspekt des jüdisch-christlichen Beziehungsgeflechts lässt sich Luthers späte Judenschrift *Vom Schem Hamephorasch* als Reaktion auf christlich-kabbalistische Entwürfe verstehen, wie sie von Pico della Mirandola (1463–1494), Johannes Reuchlin (1455–1522) oder auch Cornelius Agrippa von Nettesheim (1487–1535) vertreten und propagiert wurden. Anders als die christlichen Kabbalisten konnte der Reformator kabbalistischen Spekulationen und Praktiken, die im Übrigen ohnehin unter dem Verdacht der bei Strafe verbotenen →Zauberei standen, nichts abgewinnen, sondern hielt sie rundheraus für Betrug. Ungeachtet seines polemischen Charakters ist Luthers Bericht über den jüdischen Wundertäter bei Herzog Albrecht aufgrund des Belegs für das Auftreten eines Ba'al Schem im spätmittelalterlichen (oder frühneuzeitlichen) Sachsen aber auch eine Quelle für die *jüdische Geschichte*.

323 Kurfürst Friedrich III. von Sachsen, genannt Friedrich der Weise von Sachsen (1463–1525) war von 1486 bis zu seinem Tode Kurfürst von Sachsen.

324 Johann Friedrich I. von Sachsen, genannt der Großmütige (1503–1554), war von 1532–1547 Kurfürst und Herzog von Sachsen. Nach dem Verlust der Kurwürde 1547 in Folge des Schmalkaldischen Krieges war er nur noch Herzog des ernestinischen Landesteils Sachsens. Offenbar gehörte das Luther überlassene Stück zu einer frühen fürstlichen Kuriositätensammlung; zu den Anfängen der von Nichtjuden betriebenen Museologie des Jüdischen in Deutschland vgl. Hoppe, Die Greifswalder Lehrsynagoge, 577–582.

gegeben hat. Der ist mit goldenen hebräischen →Buchstaben und Zeichen [versehen und] zweifellos auch auf diese Weise[325] zugerichtet. Aber dieser Fürst war viel zu klug für solch einen Schwindel. Aber dennoch versuchen es die Buben.

Das Neue Testament als Garant der Identität der Juden

Ja, so sage ich, für solche ruchlosen bösen Buben und nicht für rechte →Israeliten[326] wollte ich diese Juden halten, wenn nicht mehr da wäre als das Alte Testament. Denn das erzählt uns von den Juden, die im Lande Kanaan gewesen sind und noch sein sollten. Und wenn sie wegen ihrer Sünde [ins →Exil] weggeführt wurden, sollten sie nach der Verheißung Moses (Deuteronomium 4,1; Levitikus 26,3 ff.) doch längst wieder heimgekommen sein. Weil das aber nicht geschehen ist, kann man nichts anderes denken, als dass sie (wie die Moabiter, Ammoniter und andere Völker mehr) mit der Zeit verschwunden[327] und ganz untergegangen sind[328] oder sich gar in ein anderes Volk verwandelt haben und nichts davon geblieben ist als ein schlechter Rest[329] von zugelaufenen, fremden Buben oder Zigeunern, die sich beschneiden und so tun, als {615} wären sie Juden. Denn sie halten auch nichts von Mose oder den Propheten. Dass sie

325 WA: auff den schlag.

326 Vgl. Johannes 1,47.

327 WA: versiegen.

328 Moabiter und Ammoniter waren östlich des Toten Meeres lebende Völker, die die biblische Tradition auf zwei Söhne Lots, des Neffen Abrahams, zurückführt. Da Lot diese beiden Nachkommen nach dem Untergang Sodoms und Gomorras im Rausch mit seinen eigenen Töchtern gezeugt haben soll (Genesis 19,30–38) und die Moabiter und Ammoniter, offenbar aufgrund dieses Inzests, nach mosaischem Recht (Deuteronomium 23,4) nicht zum Judentum konvertieren dürfen, ist Luthers Vergleich aus alttestamentlicher Perspektive alles andere als schmeichelhaft.

329 WA: eine faule Neige.

aber das Alte Testament rühmen – das haben wir besser als sie. Dass sie sich beschneiden, das tun die →Türken auch. Und es ist nichts mehr vorhanden[330], was auf jüdische Art oder Blut[331] hinwiese, sondern [es ist] eine rechte Mördergrube voller Bosheit //267// und Büberei, um Land und Leute zu beschädigen und zu beschweren. So findet man auch in dem Bettelbuch[332], dass sie Rotwelsch reden.[333] Zu [dieser Sprache] gehört viel hebräisch, zum Zeichen, dass sie [den Juden] nahestehen oder von den Juden herkommen.[334]

Aber weil das Neue Testament bezeugt, dass die →Juden unter alle Heiden zerstreut [bleiben] sollen und Jerusalem von den Heiden zertreten wird, »bis die Zeit der Heiden erfüllt ist« (das heißt: bis an das Ende der Welt), wie unser HERR spricht (Lukas 21,24) – denn Christus wird ewig [auf seinem Thron] sitzen bleiben, und [es wird] kein anderer Messias kommen –, darum muss ich glauben, dass noch einige, wenn auch nur wenige Reste[335] von den Juden in der Welt übrig bleiben müs-

330 WA: Und ist nichts mehr warzeichens da.

331 Vgl. MüA 565 (Anm.): »der Rassegedanke taucht in diesem Absatz auf, freilich in enger Verbindung mit dem religiösen.«

332 Vgl. Luthers Vorrede (1528) zum von ihm veranlassten Nachdruck des *Liber Vagatorum* (»Von der falschen Bettler Büberei«), einer frühneuzeitlichen Übersicht über unterschiedliche Bettlertypen und ihre »Arbeitstechniken« (WA 26,638–654). Dem Reformator kommt es in diesem Zusammenhang vor allem auf die hebräischen Bestandteile der Sprache der Bettler und Gauner an: »Es ist freylich solch rottwelsche Sprache von den Juden komen, denn viel Ebreischer wort drynnen sind, wie denn wol mercken werden, die sich auf Ebreisch verstehen« (WA 26,638,14–16); dementsprechend enthält der dritte Teil des Liber eine Art »Wörterbuch« des Rotwelschen (vgl. dazu die folgende Anmerkung).

333 Rotwelsch bezeichnet seit dem späten Mittelalter die Sprache sozialer Randgruppen wie Bettler, fahrendes Volk und Vertreter sogenannter unehrlicher Berufe; möglicherweise hatte Luther auch das Jiddische im Blick.

334 WA: das sie bey oder von den Juden her sind.

335 WA: etliche und gar wenig hefen.

sen.[336] Aber [sie] sollen doch keine eigene Herrschaft bekommen, sondern auf ungewissem Fuße sitzen, wie Psalm 59,11–12 im Geist und in der Person Christi und seines Volks weissagt: »Gott lässt mich meine Lust sehen an meinen Feinden, erwürge sie nicht, dass mein Volk nicht vergesse, zerstreue sie aber mit deiner Macht, HERR, unser Schild, und stoße sie hinunter.«[337] Und [es] muss ihnen gehen, wie Kain dem Brudermörder (Genesis 4,12): »Du sollst Nogvonod sein auf Erden, unstet und flüchtig«[338], das nennen wir nirgendwo daheim [sein], auf der Schaukel und Waage sitzen[339], keinen gewissen Fuß oder Raum haben.

---

336 Luther folgt weiterhin der Konzeption des Augustinus, der zufolge die Juden einen bleibenden Platz in der christlichen Gesellschaft haben sollten, ungeachtet ihrer Bestrafung durch Gott als Antwort darauf, dass sie sich geweigert hatten, Christus als Messias anzunehmen. Auf diese Weise sollten sie durch ihre Strafexistenz im Exil gegen ihren Willen ein Zeuge der Wahrheit des Evangeliums sein; zugleich sollte die Hoffnung auf ihre endzeitliche Bekehrung aufrecht erhalten werden; vgl. dazu Cohen, Friars and Jews, 19–22. Die Pointe dieser Argumentation ist, dass das Neue Testament, nicht das Alte Testament, die Fortexistenz der Juden garantiert.

337 Als Sprecher des Psalms identifiziert Luther Jesus Christus selbst; die im Psalm angesprochenen Feinde sollen demnach die Juden sein; zur Hermeneutik von Luthers Psalmenauslegung vgl. Osten-Sacken, Luther und die Juden, 47–74.

338 Der hebräische Text aus Genesis 4,12 und 14 [נע ונד, »na-we-nad«, »unstet und flüchtig«] mit hartem »Ayin« (als »g«) wird hier in der aschkenasischen Aussprache der europäischen Juden zitiert; dieser Text wurde im Mittelalter zur Rechtfertigung von Judenvertreibungen verwendet. Luther Interpretation erinnert an die im 13. Jahrhundert entstandene Volkssage vom »ewigen Juden«, dem als Strafe für seine Untaten verfluchten und auf ewig heimatlosen Gottesfeind, der im in Leiden 1602 gedruckten *Volksbuch vom ewigen Juden* den Namen Ahasver erhielt.

339 Dieses Bild spielt offenbar auf die Auf- und Ab-Bewegung eines Waagebalkens an.

Jüdische Missionstätigkeit und »Entartung« der Juden

Dennoch [können wir] aber [sagen]: Weil sie [die Juden] so begierig sind, die losen, abtrünnigen, abgefeimten Christen, an denen sie freilich nichts Gutes einsammeln, an sich zu ziehen und einzusammeln, und [weil] sie dies nun viele Jahre getrieben haben, wird das israelitische Blut gar vermischt, unrein, wässerig und entartet[340] geworden sein. Diese [ehemaligen Christen] haben sehr bald von ihnen gelernt, die Christen zu hassen und [sie] zu ermorden. Wiederum haben die Juden von ihnen auch nichts Gutes gelernt. So haben demnach Meister und Schüler sich untereinander geübt, gewetzt und gebessert, bis sie eine solche Mordgrube und Grundsuppe des →Teufels geworden sind. Denn ein abtrünniger Christ wird ein [ganz und] gar bitterer Feind der Christen.

Das sei [mit Blick] auf den Stolz gesagt, mit dem sich die elenden Juden ihrer Heiligen Schrift brüsten, als habe sonst niemand die Heilige Schrift. Dabei müssen sie sich doch unser Neues Testament zu Nutze machen, wenn [sie wollen, dass] man sie für Juden halten soll – haben sie sonst doch nichts, //268// womit sie es beweisen [können].[341] Auch ist nie{616}-mand, der die heilige Schrift weniger hat, als die Juden. Das wollen wir sehen.

340 WA: wilde. – Zum Vorwurf der jüdischen Missionstätigkeit unter Christen vgl. das Glossar (→Proselytismus).

341 Luther bezieht sich auf die oben genannte Stelle Lukas 21,24, die nach seiner Meinung – angesichts der von ihm beklagten Vermischung des jüdischen Bluts mit fremdem Blut – die jüdische Identität der zeitgenössischen Juden »beweisen« kann.

3.3. Weitere alttestamentliche Beweise für die Abstammung Jesu

Prophezeiungen Christi im Buch Deuteronomium

Wenn die Juden Ohren oder Augen hätten, um zu hören und zu sehen[342], wäre ihnen leicht gesagt und gezeigt, dass die Heilige Schrift mehr als *ein* Buch enthalten muss und es nicht nur das Alte Testament sein kann, das sich eingehend mit Mose und den Propheten befasst und das sie doch nicht verstehen. Denn sie müssen ja bekennen, dass in der Heiligen Schrift der Messias verheißen ist. Nun, wenn der kommt, so wird er nicht stumm und lahm sein, sondern wird reden und handeln und dies besser als Moses, David, Salomo und alle Propheten getan haben. Aus dieser Rede und [aus diesem] Tun wird ein Buch werden. Denn er wird es schreiben lassen, wie Mose – und Jesaja und so weiter – ihre Predigt und [ihr] Tun aufgeschrieben haben. Dieses Buch des Messias muss nun besser, heiliger und herrlicher sein als Moses Buch und das ganze Alte Testament. Denn der Messias muss nicht nur heilig sein wie Mose und die Propheten, sondern [er] muss der Allerheiligste und Prophet über alle Propheten sein. Demnach muss sein Buch auch das Allerheiligste über alle heiligen Bücher der Bibel sein.

Das erfinden wir verfluchten →Gojim[343] ja nicht. Mose hat es seinem Volk vielmehr klar und deutlich verkündigt, nämlich, dass noch ein Buch der Heiligen Schrift kommen sollte; das sollten sie annehmen. Denn so spricht er in Deuteronomium 18,15 (wie gesagt): »Einen Propheten aus deinen Brüdern wird dir Gott erwecken wie mich, den sollst du hören«. Ich hoffe, die Ju-

342 Luther argumentiert mit dem biblischen Verstockungsmotiv (vgl. Deuteronomium 29,3; Jesaja 69,10–13; 29,10–14 und Römer 11,8), das davon ausgeht, dass Gott selbst die Herzen der Juden verschlossen hat und sie keine Ohren mehr haben, um zu hören, und keine Augen, um zu sehen.

343 Vgl. das Glossar (→Fluchen).

den, wie giftige, böse Würmer[344] sie [auch] sind, werden sicherlich nicht sagen können, dass wir diesen Spruch erfunden haben. Nun, lasst uns die Worte hören! Wir wollen nichts aus eigenem Kopf hineintragen, wie sie ihre rasenden, wahnsinnigen →Glossen in die Schrift hineinzutragen pflegen.

Mose redet an dieser Stelle nicht von seiner Person, wie er von seinem Vater geboren wurde, sondern von seinem Amt, wie er von Gott zum Propheten berufen oder erweckt wurde. [Das] will sagen: Wie mich Gott aus deinen Brüdern zum Propheten erweckt hat, so wird er auch einen andern Propheten aus deinen Brüdern erwecken. Dieser andere Prophet kann nicht //269// Samuel, David, Elia, Elisa, Jesaja oder ein anderer derer sein, die im Alten Testament gewesen sind. Denn sie sind alle unter Mose gewesen, haben gelehrt, was Mose (als Prophet Gottes) geboten und verheißen oder verkündigt hat, nämlich: die →Beschneidung, die zehn Gebote, die Gesetze vom Priestertum, [vom] Fürstentum, [vom] Gottesdienst, [vom] Tempel, und was im ganzen Stand und in der [staatlichen] Ordnung[345] im Volk und im Alten Testament zu lehren gewesen ist. Keiner hat etwas anderes lehren oder verheißen dürfen, außer was Mose geboten und verheißen hat. {617}

Wenn dieser andere Prophet nun mit seiner Prophetie tun soll, *wie* Mose getan hat, so muss er *andere* Gebote, Gesetze und Rechte stiften, ein anderes Priestertum, [ein anderes] Fürstentum, [einen anderen] Gottesdienst, [einen anderen] Tempel und eine [andere] Ordnung[346]. Lehrte er aber nichts anders, als was

344 Zur Verwendung von Tiermetaphern in der judenfeindlichen Polemik vgl. das Glossar (→Schlangen).

345 WA: Regiment.

346 Zu denken ist im Sinne Luthers an das »neue Gebot« Christi (Johannes 13,34), das »Gesetz Christi« (Galater 6,2), das Priestertum Christi (Hebräer 7) sowie an Christus als den »Tempel des Leibes Christi« (Johannes 2,19–21). Die durch das Erscheinen Christi gestiftete staatlich-gesellschaftliche Ordnung (»Regiment«) besteht nach Luther aus den beiden Herrschaftsbereichen Gottes zur Rechten und zur Linken: im Bereich des geistlichen Regiments, das »fromm

Mose gelehrt hat, so wäre es eben Mose selbst oder einer der alten Propheten, die unter [der Ordnung des] Mose gewesen sind, und [er] wäre [dann] nicht, *wie* Mose ist [Deuteronomium 18,15]. Was macht denn Mose [nach jüdischer Meinung], dass er mit unnützen Worten verheißt, Gott werde einen anderen Propheten erwecken, *wie* er ist, den sollen sie hören? Ebenso gut hätte er [dann doch auch] sagen können: Wenn dieser Prophet kommt, sollst du mich (das heißt: meine Prophetie) hören. Aber nun gibt er seine Meisterschaft, [sein] Amt und [seine] Prophetie auf und verweist auf jenen Propheten und spricht (Deuteronomium 18,15): »DEN sollst du hören.« Denn dass sie Mose und seine Propheten hören sollten, hatte er zuvor [und] haben danach auch alle [anderen alttestamentlichen] Propheten bis zum Überdruss deutlich genug gesagt.

Eben dasselbe bezeugt auch, wenn er dort im Anschluss Gott selbst anführt, der spricht (Deuteronomium 18,18): »Ich will ihnen einen Propheten erwecken aus ihren Brüdern wie dich und will meine Worte in seinen Mund legen, dass er predigen soll, was ich ihn heißen werde usw.« Diese Worte und [diese] Predigt des »anderen Propheten« müssen andere Worte und [eine andere] Predigt sein als Moses Worte und [Moses] Predigt. Denn es sollen künftige und noch nicht gegebene Worte sein, weil Moses Worte wohl 40 Jahre zuvor auf dem Berge Sinai in den Mund Moses gelegt [worden waren] und damals auch durch Mose aufgeschrieben worden sind. Darum hat sich Mose wohl

---

macht«, geht es um den Glauben, der durch das Predigtamt der Kirche in Wort und Sakrament geweckt wird. Das weltliche Regiment wird durch das »Schwertamt« der Obrigkeit ausgeübt, das die Bösen in Schach halten und damit Frieden schaffen soll. Diese Unterscheidung in zwei Herrschaftsbereiche (»Zwei-Reiche-Lehre«) war nach Luther zur Zeit des Alten Testaments noch nicht gegeben; durch ihre Ablehnung Jesu Christi als ihres rechtmäßigen davidischen Königs erfüllten die Juden demnach den Tatbestand einer doppelten Widersetzlichkeit oder Rebellion: Seitdem agieren sie im Gegensatz zur Herrschaft Gottes sowohl »zur Rechten« als auch »zur Linken«.

gegen die ungehorsamen[347] →Juden verwahrt, dass er ihnen hiermit deutlich genug verkündigt hat, es müsste durch den anderen Propheten ein anderes Buch kommen, //270// das heiliger als seins ist. Und ebenso [müsste] auch ein anderes Priestertum, [ein anderer] Gottesdienst, [ein anderes] Volk und Recht gestiftet werden.

Prophezeiungen Christi bei den Propheten Jesaja, Micha und Sacharja

Demnach schreien nun alle [alttestamentlichen] Propheten mit Mose einträchtig, dass der Messias ein Prophet und Priester sein soll, der eine andere und neue Predigt führt, wie Mose hier verkündigt. Jesaia 2,3 [und] Micha 4,1–2: »Viele Heiden werden sagen: Lasst uns hinaufgehen zum Hause des Herrn, dass er uns lehre seine Wege. Denn von Zion wird ein Gesetz ausgehen und von Jerusalem das Wort des HErrn.«[348] Hörst du hier, dass dieses [Gesetz und Wort] nicht wie Moses Gesetz und Wort ausgegangen ist? Sondern es soll künftig ausgehen und ein neues, anderes Wort sein. Jesaia 61,1: »Der Geist des HErrn ist auf mir; darum hat er mich gesalbt (zum Messias oder zum Gesalbten gemacht), dass ich den Elenden das Evangelium predigen soll, zu heilen die betrübten Herzen usw.« Psalm 110,4: »Du bist ein Priester ewiglich nach der Weise Melchizedeks.«[349] Sacharja 9,10: »Er wird Friede predigen von einem Meer zum andern bis

347 WA: unartigen.

348 Vgl. diese Textstelle in *Von den Juden und ihren Lügen* (WA 53,480 = JL, 112–113).

349 Vgl. diese Textstelle in *Von den Juden und ihren Lügen* (WA 53,473 = JL, 101). Psalm 110, vor allem Vers 1 mit der gelegentlich hebräisch zitierten Wendung שבלמני (scheblimini – »sitze zu meiner Rechten«), ist ein Lieblingstext Luthers, mit dem der Reformator sein messianisches Verständnis des Alten Testaments erläutert; vgl. WABR 9,560,38.

an das Ende der Welt.«[350] Jesaja 9,5: »Er wird ein Friedefürst sein«[351] (das heißt, wie auch Sacharja 9,10 sagt, »Ross und Wagen wegtun« und ohne [das] Schwert regieren (Jesaja 11,4). {618}

---

350 Vgl. diese Textstelle in *Von den Juden und ihren Lügen* (WA 53,546 = JL, 238).

351 Vgl. die Auslegung dieser Stelle bei Reuchlin, De arte cabbalistica III (Sämtliche Werk, Band II, 1, 106–107). – Der Babylonische Talmud (Traktat Sanhedrin 94a) schließt aus einer orthographischen Unregelmäßigkeit des hebräischen Textes, dass diese Stelle *nicht* messianisch zu deuten sei: In der hebräischen Fassung von Jesaja 9,6 (»auf dass seine Herrschaft groß werde«) steht zu Beginn regelwidrig nicht der gewöhnliche Buchstabe Mem (מ), sondern der Finalbuchstabe, das Mem finalis (ם). Dazu heißt es: »Bar Qappara trug hierüber in Sepphoris vor. Weshalb ist das Mem in der Mitte eines Wortes überall offen, dieses Mem [in Jesaja 9,6] aber geschlossen? Der Heilige, gepriesen sei Er, wollte [den judäischen König Hiskia] zum Messias und Sanherib zu Gog und Magog machen. Da sprach das Maß der Gerechtigkeit [hebr. middat hadin, d. h. Gottes personifizierte Eigenschaft der strengen Gerechtigkeit] vor dem Heiligen, gepriesen sei Er: Herr der Welt! Wenn Du David, den König Israels, der so viele Lieder und Lobgesänge vor Dir angestimmt hat, nicht zum Messias gemacht hast, wie willst Du nun König Hiskia, dem Du so viele Wundertaten erwiesen hast, ohne dass er vor Dir ein Lied angestimmt hätte, zum Messias machen? Deshalb blieb es [der Buchstabe Mem in Jesaja 9,6] geschlossen.« Diese Auslegung, die die messianische Perspektive auf diesen Text »schließt«, setzt die Inspiriertheit der Hebräischen Bibel bis hin zu den graphischen Einzelheiten der Zeichen voraus – eine Vorstellung, die Luther natürlich nicht teilt, sondern im Hinblick auf die masoretische Vokalisation des Textes und die Kantillationszeichen in dieser Schrift ausdrücklich bestreitet (vgl. dazu unten S. 172-173). Der Talmud gibt hier deutlich zu erkennen, dass die Rabbinen bereits in der Spätantike auf die christlich-messianische Deutung Jesajas reagierten, was Luthers Verständnis der rabbinischen »→Glossen« als eines nachträglichen und antichristlichen Gegen-Kommentars indirekt im Grunde bestätigt; vgl. dazu (mit einer freilich entgegengesetzten Deutung) Schöttler, Re-Visionen, 108. Vgl. auch die Bezüge auf Jesaja 9,5–6 in Luthers *Von den Juden und ihren Lügen* (WA 53,454; 470; 473 und 546 = JL, 67, 96, 101 und 238); zur Auslegung von Jesaja 9 bei Nikolaus von →Lyra vgl. Klepper, The Insight, 98–99.

Ein König, der ohne das Schwert regiert (Jesaja 11,4)

Soll er ohne das Schwert regieren und doch [den] Frieden lehren und halten, so wird er ein *anderer* König sein müssen als David und alle anderen [alttestamentlichen] Könige (die nicht ohne [das] Schwert regieren konnten), [und er wird] nicht von ihrem weltlichen Recht lehren.[352] Sein Königreich muss also ein ganz anderes sein als ein weltliches Königreich, das ohne das Schwert und das Recht [des Schwertes] ein lauter Nichts ist und keinen Frieden haben kann. Auch als Priester, Prediger und Prophet, der im Frieden regieren soll – wie kann er eine solche Herrschaft haben[353], die keinen Frieden und kein geltendes Recht, besonders keinen ewigen Frieden kennt, wo [ihm] die Propheten doch [Recht und Frieden] zuschreiben? Israel hatte [wohl] Frieden unter Salomo, doch so oberflächlich[354], dass sie auch selbst über ihn schreien, er habe sie zu hoch besteuert (1. Könige 12,4)[355] und ausgesaugt. Es war eben doch kein ewiger Friede. Summa, es muss mit diesem anderen Propheten anders //271// sein als es mit Mose, allen [alttestamentlichen] Propheten, Königen und aller Welt gewesen ist und weiterhin ist – sonst stehen Mose und alle seine Propheten als Lügner da. Er soll

352 Luther nennt das »Recht« der biblischen Könige, das nach dem biblischen Zusammenhang ja auf dem mosaischen Recht gründete, »weltliches Recht« und »der Juden Sachsenspiegel« Zu diesem Ausdruck vgl. Luthers Schrift gegen den täuferischen Theologen Andreas Rudolf Bodenstein (Karlstadt) *Wider die himmlischen Propheten, von den Bildern und Sakrament*, in: WA 18,81, 7–12: »Darumb ist bilderey und sabbath und alles, was Mose mehr und uber das naturlich gesetze [d. h. über das Naturgesetz hinaus] hat gesetzt, weyl es naturlich gesetz nicht hat, frey, ledig [...] und ist alleyne dem Judischen volck ynn sonderheyt gegeben, nicht anders, als wenn eyn Keyser odder konig ynn seym lande sonderliche gesetze und ordenunge machte, wie der Sachssen spiegel ynn Sachssen.«.

353 WA: wie kann er solchs regiments warten.

354 WA: doch so hin. – Der hebräische Name Salomo (שלמה) lässt sich übersetzen mit »Friedenskönig«.

355 WA: uberschetzet.

nicht wie andere Propheten oder Könige sein. Das will die Heilige Schrift des Alten Testaments. Darum muss *sein* Buch, das Neue Testament, auch ein anderes und höheres sein als das Alte Testament.

Der »neue Bund« nach Jeremia 31,31

Aber keiner ist so töricht und unsinnig, dies alles in [den Büchern] Moses und den Propheten zu bestätigen wie [der Prophet] Jeremia. Der verachtet diese hochgelehrten, beschissenen (beschnittenen[356]) Heiligen doch zu sehr und wagt es – oh, dass ihm [dafür] das Schlimmste widerfahre! – daherzukommen, ohne alle →Talmudisten und Rabbinen um Erlaubnis zu fragen, und zu sagen: »Siehe, es kommt die Zeit, spricht der HERR, da will ich mit dem Hause Israel und Juda einen neuen Bund machen« (Jeremia 31,31). Oh Jeremia, nur sachte, worauf willst du hinaus? Du weißt nicht, wie die Rabbinen dir nach 2000 Jahren eine lange Nase zeigen[357] werden mit ihren →Glossen, die besser sind als dein heller Text. Es soll ein neuer Bund und [ein neues] Testament kommen? Wo soll dann das alte [Testament] bleiben? Wo sollen die beschnittenen Heiligen bleiben, die – auch bei den Christen, den verfluchten →Gojim – nichts anderes wissen oder dulden wollen als nur das Alte? Solltest du so kühn sein, Mose wegzuwerfen mit der ganzen heiligen alten Schrift, dazu die Talmudisten und die so hoch- und tiefgelehrten Heiligen, dass du es wagst, vor ihrer Nase von einem neuen Buch und [Neuem] Testament zu weissagen?

Und was noch viel schlimmer ist: Du unverschämter Ketzer wagst dies zu sagen (Jeremia 31,32): »Nicht wie der Bund gewesen ist, den ich mit ihren Vätern machte, als ich sie {619} aus Ägypten führte usw.« Ach, Herr Gott, gnade dir Gott, du armer

356 Zu den von Luther verwandten sprachlichen Mitteln (Assonanzen und Reime) vgl. Ehmann, Luther, Türken und Islam, 110.

357 WA: die nasen drehen [= spitzfindige Erklärungen vorbringen].

Jeremia! Wie bist du so verrückt geworden, dass du den alten Bund ganz und gar aufhebst, der doch gewiss von Gott selbst gemacht ist, wie du selbst bekennst und sprichst »den ich mit ihren Vätern gemacht habe.« Du gibst dazu die Zeit an, als wärest du nicht verrückt: »Als ich sie bei der Hand nahm und aus Ägypten führte.« Wohlan, dir ist nicht zu helfen. Du willst von den beschnittenen Heiligen verdammt sein, so will ich auch nicht für dich bitten und deine Worte auch nicht anders deuten (ich kann es auch nicht), //272// denn die beschnittenen Heiligen könnten es doch nicht ertragen; es würde das Übel [nur noch] ärger machen.

3.4. Das neutestamentliche Zeugnis von Jesus

Was bedeutet »kein Tüpfelchen vom Gesetz wird vergehen«?

Aber hier finden die hochgelehrten Juden für uns verfluchte →Gojim eine gute Widerlegung[358], wenn sie schreiben, unser Jesus habe selbst gesagt, »er sei nicht gekommen, das Gesetz und die Propheten aufzuheben, sondern zu erfüllen, und es solle kein Buchstabe oder Tüpfelchen vergehen, es müsse alles geschehen, eher müssten Himmel und Erde vergehen« usw. (Matthäus 5,17–18).[359] Da hast du es, du verfluchter →Goj![360] Wohl-

358 WA: geben die hochgelarten Juden uns verfluchten Goijm recht harab.

359 Es ist nicht deutlich, welche jüdische Bezugnahme auf Matthäus 5,17 Luther hier im Blick hat; vielleicht ist an die Diskussion dieser Stelle bei Nikolaus von →Lyra zu denken (Klepper, The Insight, 99 und 187: »quod Christus erat impleturus legem et servaturus secundum quod ipsemet dicit expresse Matthäus 5, ›non veni salvere legem sed ad implere‹« – »dass Christus das Gesetz erfüllen und ihm dienen musste, wie er selbst Matthäus 5 sagt: ›Ich bin nicht gekommen, das Gesetz aufzuheben, sondern es zu erfüllen.‹«

360 WA: Goijm.

an, welcher Mensch hätte sich je vorstellen können, dass die Juden so hochgelehrt geworden wären, uns Christen auch das Neue Testament zu lehren? Es wird sie sicher ein eherner Hund in Jerusalem mit Bellen so klug gemacht[361] oder ein frischer Scham Haperes mit großem Rauch (Geist wollte ich sagen) erfüllt haben[362], dass sie so gut verstehen, was »Gesetz erfüllen« heißt.

Gottes Gerechtigkeit nach Paulus

Ah, du lieber Gott, die elenden Juden haben ihr Leben lang nie gewusst, was das geringste Gesetz sei, viel weniger, was die Erfüllung des Gesetzes sei. [Sie] können es auch (so lange sie solche →Juden sind) niemals verstehen. Dazu gehören andere Leute, wie der Hl. Paulus [schreibt]: »Gottes Gerechtigkeit ist offenbart, durch das Gesetz und Propheten bezeugt« (Römer 3,21), und Johannes 1,17: »Das Gesetz ist durch Mose gegeben, aber Gnade und Wahrheit [sind] durch Jesus Christus geschehen.« Der Hl. Petrus [sagt in der] Apostelgeschichte 15,10–11: »Das ist die Last, die weder wir noch unsere Väter haben tragen können. Wir glauben aber, durch die Gnade des HErrn Jesus Christus selig zu werden ebenso wie auch sie.« Lieber, sage mir: Wie ist es möglich, dass diese Rangen[363] (Rabbinen wollte ich sagen) und →Saujuden in ihrer Sauschule solche hohe Worte verstehen können? Sie haben doch ihr Leben lang nichts getan und nichts anderes zu tun, als mit ihrem Rüssel im Scham Haperes zu wühlen.

361 Vgl. oben WA 53,581 (in diesem Band S. 9).
362 Vgl. oben WA 53,601 ff. (in diesem Band S. 53 ff.).
363 Zu Luthers Sprachtechnik der Verwendung von Assonanzen und Reimen (»Rangen« = Schurken) vgl. Ehmann, Luther, Türken und Islam, 110.

Das Gesetz und die Propheten nach Matthäus 7,12

Ich will wohl [etwas] Einfacheres[364] sagen. Wie kann [es] ein Jude verstehen, wenn es in Matthäus 7,12 heißt: »Was ihr wollt, das euch die Leute tun, das tut auch ihr ihnen. Das ist das Gesetz und die Propheten.« Das schließt fast alle Gesetze Moses in sich ein. Ebenso Matthäus 22,37–40: »Liebe deinen Nächsten //273// wie dich selbst. Dieses Gebot gleicht dem ersten: Du sollst Gott lieben von ganzem Herzen. In diesen beiden Geboten hängt das ganze Gesetz und die Propheten.«[365] {620}

Moses hat es wohl verstanden, wenn er sagt: »HERR, Herr, barmherziger Gott, der du die Sünde vergibst, und vor dir ist niemand unschuldig« (Exodus 34,6–7). Und David [sagt] (Psalm 130,3): »HERR, wo du Sünden ansehen willst, wer kann vor dir bleiben?«[366] Ebenso Psalm 51,8: »Siehe, du liebst die Wahrheit im Verborgenen und lehrst mich die heimliche Weisheit.« Ebenso spricht hier auch Jeremia: Er wolle den neuen Bund nicht auf steinerne Tafeln schreiben wie jenen Bund, der nie in das fleischliche Herz eines Juden gekommen ist, der diesen auch nie verstanden, geschweige denn gehalten hat, wie Jeremia sagt: »Sie haben jenen Bund nicht gehalten« (Jeremia 31,32). Er wolle den neuen Bund [vielmehr] auf lebendige Tafeln schreiben, in die Herzen, damit es lebendige, brennende →Buchstaben sein sollen und so der Wille Gottes geschehe.[367]

Nun, von einer solchen lebendigen, in das Herz geschriebenen Schrift wird man freilich äußerlich reden und ein Buch schreiben müssen, wie Moses von der Schrift auf den steinernen Tafeln ein Buch hat schreiben müssen. Denn es wird so wenig und viel weniger heimlich zugehen, was dieses Neue Testament

364 WA: Geringers.

365 Vgl. Deuteronomium 6,5 und Römer 13,10. Der Hinweis, dass das Gebot der Nächstenliebe – entgegen einem verbreiteten Vorurteil – im Alten Testament zu finden ist (Levitikus 19,18), sollte nicht unterbleiben.

366 Luther zitiert nach dem Septuagintatext (Psalm 131,3).

367 Vgl. 2. Korinther 3,3–6.

oder [die] Schrift in den Herzen tun würde, als jenes Testament, das auf steinernen Tafeln und nicht ins Herz geschrieben ist. Aber hiervon reden und wissen wir, die wir rechte Christen sind. Denn auch der Papst mit seiner Kirche weiß hiervon nichts. [Er] achtet auch nicht darauf. Die Juden wissen ebenso viel davon wie eine →Sau vom Psalter.

Die Zusammengehörigkeit von Altem und Neuem Testament

Hieraus ist es sicherlich bewiesen, dass nach dem Alten [Testament][368] ein Neues Testament hat kommen sollen, dass also der Stolz und Ruhm der Juden nichts ist als ein Peres.[369] Und es ist ein Pfui[370], dass sie kein Testament und keine Heilige Schrift außer dem Alten [Testament][371] sein lassen wollen. Aber es hilft ihnen nichts. Ihr eigenes Altes Testament spricht gegen sie, [es] verdammt sie mit ihrem Ruhm, weil es so ohne Umschweife weissagt, dass der alte Bund es nicht vollbringen kann.

---

368 WA: uber das alte.

369 Vgl. Levitikus 4,11 und 8,17 (פרש [peres] = Mist); zu diesem Wortspiel Luthers vgl. oben WA 53,601 ff. (in diesem Band S. 53 f.).

370 WA: pfu dich an. – Zu archaischen Vorstellungen von der heilsamen und Unheil bannenden Wirkung des Speichels vgl. das Glossar (→Judaskuss) sowie das Beispiel in Luthers *Von den letzten Worten Davids* (WA 54,48,5–49,2: »Solcher art hochverstendige Leute sind auch die Juden, Mahmet, Türcken und Tattern, die können das unbegreiffliche wesen Gottes in den Leffel oder Nusschalen jrer Vernunfft fassen und sagen, Gott habe kein Weib, darumb könne er keinen son haben, Pfu, Pfu, Pfu, dich an, Teuffel mit Juden und Mahmet, und alle die, so der Blinden, Torichten, elenden Vernunfft schuler sind [...]« Vgl. auch Ehmann, (Luther, Türken und Islam, 82) mit weiteren Beispielen aus Texten Luthers, die zeigen, dass der Reformator nicht nur andere, sondern auch sich selbst anspucken wollte, z. B. WATR 4,446,23–24: »Ich habe mich offte selbst angespeiet, wan ich vom predigtstuel komen bin: Pfue dich an, wie hastu gepredigt?«

371 WA: on das alte.

Die Ordnung Moses muss ein Ende haben[372], der Messias soll nicht danach regieren, sondern das Neue Testament muss es tun. Wie auch Mose sein //274// Amt übergibt und dem neuen Propheten weicht und Raum gibt. Darum müssen die Juden das Neue Testament, [die] Taufe und unseren Glauben annehmen, oder [sie] sind ewig verloren. Das Alte Testament, Mose selbst und alle Propheten werden ihnen nicht helfen, sondern [sie] stehen gegen sie und verurteilen sie zur Hölle.

Die jüdische Exilsgeschichte und die Erwartung des Weltendes

Hier kommt es aber wieder auf die Frage [an], ob der Messias gekommen sei.[373] Ist er gekommen, so müssen die →Juden, die Heiden und alle Welt das Neue Testament annehmen, nicht nur als eine heilige Schrift, sondern als die allerheiligste Schrift [noch] über die alte heilige Schrift. Nun ist es genug bewiesen, dass der Messias vor 1500 Jahren gekommen ist. Damals haben wir Christen, zuerst viele tausend Kinder →Israel[374], danach wir Heiden, dieses Neue Testament angenommen. [Es ist] auch {621} etwa 1500 Jahre her, und [wir] werden es annehmen bis an das Ende der Welt.[375] Aber der [schlechte] Rest[376], die anderen Israeliten, die wollten es nicht annehmen. [Sie] verachteten dieses geringe Ding, haben so durch ihr Zürnen das Essen verdorben und aus großem Hochmut und Starrsinn die Freude versäumt.[377] Da-

372 WA: Mose Regiment solle aus sein.

373 Diese Frage war von Nikolaus von →Lyra in seiner Abhandlung *Quaestio de adventu Christi* (1309) behandelt worden; vgl. Klepper, The Insight, 111; Sophie Delmas, Nicolas de Lyre franciscain, 19.

374 Vgl. Apostelgeschichte 2,41.

375 Zur theologischen Geschichtstheorie (Apokalyptik), die für Luther offenbar hinter der Zahl 1500 steht, vgl. das Glossar (→Exil und →Weltende) sowie WA 60,163.

376 WA: die Hefen.

377 WA: haben also das essen verzurnet und die freude vermeulet. – Das Bild will offenbar besagen, die Juden (als »Hefe«) hätten die Fest-

nach wollten sie schmollen und grunzen, weil sie in ihrem Hunger nichts gefunden haben. So geht es denn, dass sie sich stolz brüsten und rühmen, sie allein hätten vor aller Welt die Heilige Schrift. Sie haben [aber noch] nicht [einmal] ein [einziges] Blatt oder [einen] →Buchstaben davon, sofern es das Verständnis [der Schrift] anbetrifft, das der Seele zugutekommen soll. Vom Leib und vom Nutzen des Leibes reden wir nicht. Denn was sie in der Schrift suchen, das finden sie [darin] nimmer mehr. Es ist nicht darin und nie darin gewesen, so wenig wie in dem wertlosesten Buch, das je auf Erden gemacht wurde. Der Messias ist darin verheißen, aber nicht der Messias, den sie wollen und erträumen.

Wir Christen aber haben beide Bücher der Heiligen Schrift, das Alte und heilige und das Neue und allerheiligste. Das Alte [Testament] verheißt den Messias und sagt, dass er gewiss kommen soll und gegeben werde. Das Neue [Testament] ruft und spricht, dass er gewiss [bereits] gekommen und gegeben ist. Wenn nun die Juden das neue Buch, die allerheiligste Schrift, annähmen wie viele [von ihnen] vor 1400 Jahren, so würden sie wohl verstehen, dass die →Beschneidung und die ganze alte Heiligkeit vor der Taufe und der neuen Heiligkeit, die über jener Heiligkeit steht, //275// weichen sollten. Denn als der Messias mit seinem Buch noch im alten Buch – das heißt in der Verheißung – steckte, gab es natürlich [noch] keine heilige Schrift außer dem alten Buch, durch dessen Verheißung alle Heiligen selig geworden sind, die auf diesen verheißenen Messias hofften. Denn er ist eben derselbe und der einzige Messias, der ihnen verheißen wurde. Zu uns aber [ist er bereits] gekommen, und uns ist er erschienen, sodass kein anderer [Messias] mehr zu erhoffen ist oder noch kommen kann.

---

speise und damit die Freude über die Ankunft des Messias verdorben. Möglicherweise steht das Bild von einem Teig (hier in Umkehrung nicht als »Erstlingsgabe«, sondern als »schlechter Rest«) nach Römer 11,16 im Hintergrund. Zum Bild des »Hungers« nach Gottes Wort vgl. Amos 8,9.

Nachdem aber der Messias mit seinem Buch herausgekommen und uns gegeben ist, ist keine [weitere] Verheißung mehr zu erwarten. Wenn uns nun das alte Buch ein gewisser Zeuge Gottes ist, dass der Messias für uns kommen musste, so ist das neue Buch ein noch viel gewisserer Zeuge Gottes, dass der Messias [tatsächlich] gekommen ist. So schauen sich die beiden Cheruben auf dem Gnadenstuhl mit ihren Gesichtern an.[378] Das heißt: das Alte und das Neue Testament sagen, Jesus Christus, der Sohn der →Maria, sei der Heiland der Welt und der rechte Gnadenstuhl vor Gott gegen unsere Sünde, [gegen den] Tod, [gegen den] →Teufel und [gegen die] Hölle. So ist erfüllt, wenn es heißt: »Israel soll sicher wohnen« (Jeremia 23,6), was die →letzten Juden vom Rest dieses Lebens[379] verstanden haben wollen.

Die Verfluchung der Juden

Da nun aber die Juden dies nicht annehmen, haben sie weder das alte noch {622} das neue Buch, weder Gott den [Geber der]

---

378 Vgl. Exodus 25,17–22 und Römer 3,25. Nach allegorischer Deutung der Kirchenväter ist Christus selbst der »Gnadenstuhl«, so Origenes und Cyrill von Jerusalem; dafür spricht die hebräische Bezeichnung כפורת (kapporet), die Sündenvergebung evoziert. Die Cheruben im Heiligtum – sie sind Gegenbild der Engel, die nach Genesis 3,24 den Eingang zum Paradies versperren – bezeugen, so diese Deutung, dass Christus trotz seiner Fleischwerdung das ewige eingeborene Wort Gottes geblieben sei. Nach Clemens von Alexandria und Origenes sowie den Kirchvätern Johannes Chrysostomos und Augustinus deutet das Wort »Cheruben« etymologisch auf den immensen Reichtum an Wissen hin, den die Engel hatten; vgl. Le Boulluec/Sandevoir, L'Exode, 257–258.

379 WA: welchs die Hefen-Juden wollen von den Hefen dieses lebens verstanden haben. – Die Juden, so Luther, beziehen den Text auf ihr letztendliches materielles Wohlergehen im Diesseits, während er doch theologisch (im Hinblick auf das Heil bei Gott) verstanden werden müsse.

Verheißung noch den Gesandten, den Messias. [Sie] schweben zwischen Himmel und Erde und kommen nirgendwo an.[380] Sie treffen weder das alte noch das neue Buch, wie Sacharja 5,1 den fliegenden Brief zeigt, den er *maledictio*, Fluch, nennt.[381] Denn ihr Lehren ist ganz und gar Fluchen, sonst wissen sie doch wahrlich nichts in der Schrift. Denn *erstens* ist ja das gewiss, dass sie die Verheißungen vom Messias nicht verstehen. *Zweitens* verstehen sie die zehn Gebote nicht, weil die ohne den Messias nicht verstan-

380 Offenbar spielt Luther hier auf die Motive der →Himmelsreise und des →Himmelskampfes in den *Toledot Jeschu* an.

381 Vgl. Sacharja 5,3. Diesen Vers versteht Luther in einer von ihm als Hilfsmittel für seine exegetischen Vorlesungen (vor allem für die Genesisvorlesung) erstellten Geschichtstabelle – *Supputatio annorum mundi* (1541/1545) – als Weissagung, die auf die Entstehung des Babylonischen Talmuds gerichtet ist: »Nascitur volumen volans, id est maledictio, Thalmud Babylonicum quo maxime utuntur Iudaei.« Nach dieser Deutung, für die Luther sich auf Paul von →Burgos beruft, entstand der Babylonische Talmud zu Beginn des fünften Jahrtausends nach Erschaffung der Welt, d. h. etwa zur Zeit des jüdischen Bar Kochba-Aufstandes gegen die Römer (132–135 n. Chr.). Etwas mehr als fünfzig Jahre zuvor, auf die Zeit des römischen Kaisers Nero, ist nach Luther die Entstehungszeit des Jerusalemer Talmuds zu datieren; vgl. WA 53,127: »Circa hoc tempus nascitur volumen Volans, Zachariae 5. Thalmud Ierosolymitanum.« Paul von Burgos (Biblia sacra IV, 2145 ff.) spricht freilich nicht von der Entstehungszeit beider Talmude, sondern möchte mit dem Sacharjazitat eine Charakterisierung der von ihm diffamierten rabbinischen Literatur geben. Die Frühdatierung Luthers (die heutige Judaistik datiert den Jerusalemer Talmud auf das 4.–5., den Babylonischen Talmud auf das 6.–7. Jahrhundert n. Chr.) fußt auf einer theologischen Einschätzung, die die rabbinischen Texte in einen nahen zeitlichen Zusammenhang mit der jüdischen Ablehnung Jesu bringen soll. Der Herausgeber von Luthers *Supputatio annorum mundi* bemerkt, dass der Autor wohl enttäuscht gewesen wäre, wenn er erfahren hätte, dass das seiner Weltchronik zugrundeliegende Schema »zuletzt aus dem →Talmud stammt« (WA 53,13). Zum talmudischen Weltalter-Schema, das von einem sechstausendjährigen Bestehen der Welt ausgeht, vgl. Babylonischer Talmud, Traktat Sanhedrin 97a und Barr, Luther and Biblical Chronology, 53.

den werden können.[382] *Drittens* können sie nicht verstehen, was die Zeremonien meinen. Weil nun das Priestertum hinfällig geworden ist, haben sie zudem auch kein gutes Verständnis vom wahren Sinn der Zeremonien.[383] *Viertens* versteht kein Jude die edlen köstlichen Beispiele oder [das] Leben der [biblischen] Urväter [und Erzväter] Adam, Noah, Abraham, //276// Isaak, Jakob, Josef, David, ja insgesamt des ganzen Volkes Israel. Denn sie wissen nicht, was rechter Glaube [und was] rechte gute Werke sind. Das beweisen ihre blinden, tollen, elenden →Glossen im →Talmud, [ihre] Kommentare, zuletzt auch ihre →Grammatik. Darum haben sie nichts mehr am Alten Testament. Es heißt (Johannes 8,12): »Ich bin das Licht« (spricht der Messias). Wo das [Licht] nicht ist, was kann da anderes sein als ganz und gar Finsternis?

3.5. Das neutestamentliche Zeugnis vom Stammbaum Jesu

Soviel von der derben und rauen Antwort, die man den halsstarrigen Juden auf ihre stachlige[384], giftige Frage geben soll, nämlich dass Mose in Genesis 49,10 und Deuteronomium 18,18 gewaltig bezeugt, dass →Maria, die Mutter des Messias, aus dem Stamm Juda und [aus] der Familie Davids ist und sein muss[385] –

382 Zur Deutung des Dekalogs bei den Kirchenvätern vgl. Le Boulluec/Sandevoir, L'Exode, 206. So findet sich bei Origenes die Mahnung, die Gebote geistlich zu verstehen und ihren buchstäblichen Sinn hinter sich zu lassen. Zu denken ist auch an Luthers christliche Erklärung der Zehn Gebote im Großen Katechismus (WA 30/1,130–182) und an die von Luther allen Einzelgeboten vorangestellte Formulierung »wir sollen Gott fürchten und lieben«, die in seinem Sinne nicht ohne einen Bezug auf Jesus Christus zu verstehen ist.

383 WA: verstehen sie auch nicht wol die weise oder larve der Ceremonien.

384 Zum Bild des »Stachels« vgl. 1. Korinther 15,55–56 und Luthers Rede von den »stachligen →Schlangen«.

385 Zur Diskussion über Genesis 49,10 vgl. *Von den Juden und ihren Lügen* (WA 53,450–462 = JL, 61–82). Den biblischen Text (»es wird das Zepter

und mit ihm [bezeugen dies] alle Propheten übereinstimmend und ausreichend. Glauben sie Mose nicht, so glauben sie noch viel weniger den Evangelisten.[386] Auch reicht uns Christen, wie gesagt, diese Antwort gut und gerne aus. Weil der Sohn des Messias von David kommen muss und wir dazu glauben, dass seine Mutter eine Jungfrau ist, muss sie natürlich auch Davids Fleisch und Blut und [seine] natürliche Tochter sein. Sonst wäre ihr Sohn, der Messias, nicht aus der Familie Davids, sondern aus der eines anderen, weil seine Mutter eine andere Abstammung hätte.[387] Dies besonders, weil sie als eine Jungfrau gebären sollte, ohne das Fleisch und Blut eines Mannes.

Jesus als Abrahamssohn und Davidssohn (Matthäus 1,1)

Über dieses Zeugnis des Alten Testaments [hinaus] wollen wir nun [auf] das Neue Testament sehen, wie [es] eben dies reichlich und überzeugend darlegt, dass Maria Davids Tochter sein muss. *Erstens* fängt der Hl. Matthäus sein Buch [folgendermaßen] an: »Dies ist das Buch von der Geburt Jesu Christi, des Sohnes Davids, des Sohnes Abrahams« (Matthäus 1,1). Hier hörst du, dass Jesus Christus oder der Messias Davids Sohn und Abrahams Sohn ist. Seine Mutter muss dann zunächst einmal Davids und Abrahams Tochter sein, weil sie eine Jungfrau ist, die ohne einen Mann geboren hat, wie der Evangelist danach beweist. Und wenn der Hl. Matthäus kein Wort mehr hiervon geschrieben

von Juda nicht weichen«) versteht Luther, im Einklang mit der traditionellen christlichen Auslegung, nicht nur *grundsätzlich* als messianische Weissagung; er will ihm auch den *spezifischen* Beweis dafür entnehmen, das Jesus von Nazareth der Messias sein müsse, da die Herrschaft des davidischen Königshauses gerade zum Zeitpunkt der Ankunft Christi (des »Silo«) »gewichen« sei. Zur Auslegung dieses Verses in der mittelalterlichen christlichen Gelehrsamkeit vgl. Klepper, The Insight, 65 und 86.

386 Vgl. Lukas 16,31.

387 WA: eins andern bluts were.

hätte als diesen Anfang seines Buchs, so wäre damit genug bewiesen, dass Maria von der Familie Davids abstammt. Denn der Sohn, [der] Messias {623} beweist, woher die Mutter ist – nicht die Mutter (wie die //277// verrückten Juden es wollen), woher der Sohn ist oder dass er vom Stamm Juda ist. Nun tut der Evangelist ein Übriges und zählt wohl dreimal vierzehn Generationen, das sind 42 Generationen, von Abraham her auf.[388] Da kann man bei jedem Glied sagen: →Maria ist dessen Tochter und Jesus ist sein Sohn, weil er Davids und Abrahams Sohn ist. In seinem Geschlechtsregister bekennt Matthäus also wohl allein 42 Mal, dass Maria vom Stamm Juda und aus der Familie Davids sei. Alles in allem: Sooft Jesus im Alten und Neuen Testament Christus oder Messias genannt wird, so oft wird dort auch seine Mutter als Davids Tochter erwiesen.

War Jesus ein Sohn Josefs?

Wenn aber einige bekümmert sind, warum der Evangelist in den letzten Gliedern die Worte so wendet, [dass] er nach Josef Maria setzt, die er in seinem Stammbaum eben nicht wie Josef auf David zurückführt[389] – hier sollten wir (wenn wir schon nichts anderes wüssten) dem Heiligen Geist die Ehre geben und denken, dass Matthäus die Verwandten Marias[390] in Nazareth sehr wohl kannte, weil er Josef, ihren Mann, mit seiner Verwandtschaft ebenso gut kennt. [Es] ist auch nicht zu glauben, dass er allein in diesem Stammbaum wohl 42 Mal bezeugte, dass Christus Davids Sohn sei, und dabei die Mutter auf einen fremden Stammbaum zurückführte, als wäre er im letzten Glied verrückt und töricht geworden.

388 Vgl. Matthäus 1,1–17.
389 Vgl. Matthäus 1,16.
390 WA: freundschafft Marias.

Die Widersprüche zwischen den Evangelisten Matthäus und Lukas

Doch wollen wir die Worte des Evangelisten ansehen, ob er Maria ebenso wie Josef auf David zurückführen kann. Gewiss ist, dass der Hl. Matthäus die Linie über Salomo führt (Matthäus 1,6) und der Hl. Lukas über seinen Bruder Nathan (Lukas 3,31). Das sind zwei Linien, doch von zwei Brüdern einer Familie, von David. Aber im König Joas kommen sie zusammen und müssen sie zu einer Linie zusammenkommen, weil in 2. Chronik 22,9–10 steht, dass Athalja alle Königskinder[391] tötete bis auf Joas, wie es im Text heißt: »Es war niemand mehr aus dem Hause Ahasjas, der König wurde.« Hier geht Salomos Linie unter, so dass Christus nach der Linie der Brüder und Väter wohl von seinem Blut kommt, aber nicht von den Nachkommen seines Leibes, sondern, wie Lukas sagt, von Nathan, seinem Bruder (Lukas 3,31). *//278//*

Mathan als Urgroßvater Jesu

Ob nun die beiden Evangelisten danach mit ihren Stammbäumen wieder auseinandergehen, lasse ich jetzt unerörtert, sie bleiben [mit ihren Stammbäumen aber] jedenfalls in der Familie Davids, das ist gewiss. Aber im Großvater Josefs sind sie ja einig. Beide stimmen überein in Mathan[392] oder, wie ihn Lukas

391 WA: allen königlichen Samen. – Nach dem biblischen Bericht war Athalja, die Mutter des judäischen Königs Ahasja, eine Enkelin des israelitischen Königs Omri (2. Chronik 22,2). Nach dem Tod Ahasjas wurde Athalja Alleinherrscherin und ließ die gesamte königliche Familie töten; einzig Joas entkam dem Massaker in der Obhut des Priestes Jojada. Nach Luther entstammte Joas aber nicht der salomonischen Linie der Familie, sondern stammte von Nathan ab (2. Samuel 5,13–14;1. Chronik 3,5 und 14,4); vgl. unten Anm. 423.

392 Vgl. Matthäus 1,15. Der Name ist wohl eine Kurzform von Mattathyahu (»Gottesgeschenk«).

nennt, Matthes (Lukas 3,24). Ich vermute, dass er sprachlich korrekt[393] Mathan und in gemeiner Laiensprache Matthes heißt, wie wir Deutschen aus dem einem Namen Johannes Hans, Hänsel, Henno machen [und] ebenso Nikolaus, Nickel, Klaus usw. Wir Deutschen {624} sprechen den Namen Matthes dürr und recht aus, wie er hebräisch geschrieben wird: »Mattath«, *Taf raphato et a puro vel Italico.*[394]

Diesen Matthes lasst uns wohl merken, an ihn kommt alles an. Hier ist Abraham und Davids Blut nahe an den Messias herangekommen, fast [bis] in das letzte Haus. Denn bis in das Haus dieses Matthes ist [der] Messias nun von oben herab gekommen, und wir haben ihn in diesem Haus sicher. Aus diesem Hause allein muss er kommen – ohne Rücksicht darauf, was in den Seitenlinien der Brüder- oder Vetternhäuser geschieht, die gehen uns nichts an. [Aber] im Hause des Matthes, da ist er. Wenn wir nun nichts mehr hätten als diesen Matthes, so hätten wir reichlich genug, denen zu antworten, die so bekümmert sind, wie →Maria und Josef aus einem Stamm und einer Familie[395] wären. Denn weil der Messias im Hause des Matthes ist und aus dem Hause des Matthes kommen muss, hat der Evangelist klar und hell genug bewiesen, dass beide, Maria und Josef, nicht nur aus dem Stamm Juda und aus der Familie Davids kommen, sondern auch aus einem Hause, dem des Matthes, des Großvaters Josefs, weil der Messias aus dem Hause des Matthes kommen muss. Ist aber der Messias im Haus des Matthes, so ist seine Mutter, die den Messias aus dem Hause des Matthes, aus Davids, Abrahams Haus, als Jungfrau gebären soll, gewiss ebenso darin.

393 WA: nach der Grammatica.

394 Der hebräische →Buchstabe Taf (ת) wird »mit dem (hebräischen Akzent) Raphe versehen und mit dem reinen oder Italischen (= hellem) ›a‹ vokalisiert«. – Luther bezieht sich auf die aschkenasische Aussprache des Hebräischen, die den Konsonanten »t« aspiriert (vergleichbar dem englischen »th«) und den Vokal abschwächt (aus »Sabbath« – sefardisch-hebräisch »Schabbáth« – wird aschkenasisch »Schábbes« und entsprechend aus »Mattath« »Matthes«).

395 WA: eines Stammes und Hauses.

Denn wenn der Messias in einer väterlichen Linie oder in einem Hause ist, dann muss (wie oben gesagt) in diesem Haus sicher zuvor ebenso seine Mutter →Maria gewesen sein. Das ergibt sich daraus, dass sie Jungfrau ist [und] keinen Mann hat. Die Jungfernschaft [der Maria] tut es; sie führt den Messias mit seiner Mutter durch alle Väter bis auf sich selbst. //279//

Die genealogische Linie Marias

Woran hat es nun gemangelt, dass uns der Hl. Matthäus nicht beweisen konnte, wie →Maria und Josef zu einem Stamm [und] zu einer Familie gehören und einen Vater haben? Daran hat es gemangelt, dass wir nicht gemerkt haben, dass die [Linie der] Mutter auf denselben Vater zurückgehen muss, auf den sich auch [die Linie] des Messias zurückführt, weil sie eine Jungfrau sein soll und [weil sie] ihr Kind keinem [anderen] Menschen geben kann als sich selbst und ihrem Vater. Denn was →Hieronymus[396], [Nikolaus von] →Lyra[397] und andere [zu diesem Thema] schreiben, [nämlich dass] Josef und Maria aus dem Grunde als [Teil] einer Familie gelten, weil er sie nach dem Gesetz Moses (Numeri 36,6–7) zur Ehe genommen habe, damit die Güter

396 Vgl. →Hieronymus zu Matthäus 1,18: »ex una tribu fuisse Ioseph et Mariam, unde ex lege eam accipere cogebatur ut propinquam [...]« (»Josef und Maria waren aus einem Stamm, denn er war nach dem Gesetz gezwungen, sie als eine Verwandte anzunehmen [...]«). Nach dem Babylonischen Talmud (Traktat Taanit 30b und Traktat Baba Batra 121a) galt das Verbot des Connubiums zwischen den Stämmen nur für die Generation der Töchter Zelofhads (vgl. Numeri 27,1–11; 36,1–13). Nach einer anderen Tradition sind Eheschließungen zwischen Mitgliedern unterschiedlicher Stämme am 15. Tag des jüdischen Monats Ab (im Hochsommer) gestattet.

397 Vgl. Nikolaus von →Lyra (Bibel sacra V, Sp. 41 f.) zu Matthäus 1,18: »mulier non poterat nubere cum viro alterius tribus, quando ad ipsam pertinebat haereditas paterna ut patet Num. 36 cap.« (»die Frau konnte den Mann eines anderen Stammes nicht heiraten, wenn das väterliche Erbe ihr zustehen sollte, wie sich aus Numeri 36 ergibt«).

nicht auf fremde Linien aufgeteilt würden, das ist viel zu belanglos und unbedeutend[398], auch zu weit rückwärts[399] {625} über David zurückgesucht. Und [es] hilft auch nichts, wie Paul von →Burgos an dieser Stelle auch Widerspruch erhebt. Warum haben wir diesen Matthes nicht angesehen? Da wären wir näher zu [einer Lösung] gekommen, und so nahe, dass es nicht näher sein kann.

Denn weil [der] Messias aus dem Haus des Matthes und sonst nirgends herkommen muss, so lasst uns sehen, was aus diesem Hause kommt. *Erstens* kommt sein Sohn Jakob heraus, wie Matthäus 1,15 schreibt. Aus dem Haus dieses Jakob kommt der Messias nicht, er ist auch nicht hineingekommen, sondern Josef, sein Sohn, kommt heraus. Nun müssen wir wieder auf das Haus des Matthes sehen, was andererseits herauskommt. →Maria kann noch nicht herauskommen, [sie kann auch] nicht seine Tochter sein, obwohl sie mit ihrem Sohn Messias drinnen ist. Sonst würde Josef seine Tante väterlicherseits oder die natürliche Tochter seines Großvaters [zur Frau] genommen haben, was Gott durch Mose verboten hat (Levitikus 18,12). Viel weniger kann es eine andere Tochter des Matthes sein, die [dazu bestimmt war], die Mutter des Messias zu werden – denn das muss allein Maria sein. Denn die Töchter scheiden aus dem Vaterhause aus und gehen in andere Häuser. Darum zählt die Schrift keine weibliche Linie. So muss nun Matthes (wenigstens) noch einen [weiteren] Sohn haben, durch den der Messias kommt. Dieser [Sohn] ist Eli, wie Lukas schreibt (Lukas 3,23). Dieser zeugte eine Tochter, Maria Jacobi – die ist es nicht –, und danach eine jüngere Tochter, Maria: Die ist es. Es bleibe dahingestellt, ob er [noch] mehr Söhne oder Töchter hatte. Denn der Messias muss [jedenfalls] von einer Jungfrau, der Tochter des Eli, kommen. //280//

398 WA: kalt und zu faul.

399 WA: zu hoch droben.

Maria als Cousine Josefs

Hier haben wir nun die Mutter des Messias. Sie ist eine Cousine Josefs, und beide sind Enkel[400] ihres Großvaters Matthes. Auf diesem Wege, meine ich, ist überzeugend genug bewiesen, dass →Maria und Josef zu einem Stamm und zu einer Familie gehören, weil sie Enkel eines Großvaters [und] Kinder zweier Brüder sind und einander nicht näher sein können, außer sie wären leiblich Bruder und Schwester. Die Heirat von Cousins und Cousinen[401] war aber durch Mose in diesem Volk zugelassen. Das heißt: Ein Großvater konnte seine zwei Enkel[402] oder zwei Brüder konnten ihre Kinder in diesem Volk [ehelich] verbinden. Deshalb nennt der Evangelist auch Josef Marias Mann, und Maria Josefs Braut, als wollte er sagen: Wenn ihr hört, dass Josef Marias Mann ist, so kennt ihr sie ja wohl, dass sie in üblicher Weise[403] zu einer Familie gehören und Geschwisterkinder sind.

Ebenso hat der Evangelist den Messias [und] seine Mutter mit ihm von oben an durch die Häuser aller Väter bis zum Haus des Matthes, danach in Elis Haus und von dort in Josefs Haus gebracht, in dem er geboren und erzogen wurde. [Er kam] nicht von seinem Leibe, sondern von dem Leib seiner ehelichen Braut oder in seinem Ehestande, und [daher] ist der Messias sein ehelicher Sohn, und Josef sein ehelicher Vater, doch allein von {626} der Jungfrau Maria. Weil wir nun wissen[404], dass Josef und Maria Enkel ihres Großvaters Matthes sind, wissen wir genug, und [es] ist sicher, dass →Maria zusammen mit Josef aus der Familie Davids stammt. Wer nun über die beiden Brüder Jakob und Eli weiter klügeln will, ob Jakob die Tochter seines

400 WA: Nisstel.

401 WA: Es war aber durch Mose ynn diesem Volck zugelassen, das geschwister Kinder sich zur Ehe nemen mochten.

402 WA: Nisstel.

403 WA: nach gemeiner weise.

404 WA: Weil wir nu so viel haben.

Bruders [mit Namen] Maria zu sich genommen und seinem Sohn Josef gegeben oder ob Eli den Sohn seines Bruders [mit Namen] Josef zu sich genommen und seiner Tochter Maria gegeben habe, der mag es tun. Uns ist es hiermit genug, dass sie, die beiden Väter Josefs und Marias, Söhne des Matthes gewesen sind.

Die Erklärungen des Hieronymus und des Eusebius

Was →Hieronymus schreibt, gefällt mir gut: Jakob[405] war Josefs natürlicher Vater nach der Linie des Hl. Matthäus. Aber Eli[406], den er auch Eljakim und Joakim nennt[407] (denn diese drei sollen ein Name sein wie bei uns: Nikolaus, Nickel [und] Klaus), war sein Vater nach der Linie des Lukas, das heißt: sein Schwagervater oder Vetter, //281// wie der Mann der Tochter auch [sein] Sohn und wie die Frau des Sohnes auch [seine] Tochter heißt und nach dem Gesetz, dass ein Bruder die Vaterstelle der Kinder seines verstorbenen Bruders einnehmen muss.[408] Das gefällt mir besser, als [was] Eusebius[409] [zusammen] mit [Nikolaus

---

405 Die Rede ist von dem Sohn Mathans nach Matthäus 1,16.

406 Vgl. Lukas 3,23.

407 Gemeint ist der in der kirchlichen Tradition als heiliger Joachim bekannte Großvater Jesu, von dem vor allem im nicht-kanonischen Protoevangelium Jacobi die Rede ist. Der mit der (im Neuen Testament nicht erwähnten) heiligen Anna verheiratete Joachim war demnach der Vater Marias (und Schwiegervater Josefs). Der in Lukas 3,23 erwähnte Name Eli soll demnach die Kurzform des Namens Eljakim (Joakim, Joachim) gewesen sein. Zur Heiligen Anna vgl. unten Anm. 429 und 435.

408 WA: da ein Bruder mus sich seines verstorbenen Bruders kinder Vater lassen nennen und sein. – Gemeint ist offenbar die Schwagerehe (Leviratsehe) nach Deuteronomium 25,5–10.

409 Die Auslegung des Eusebius war Luther offenbar durch ein Zitat bei →Hieronymus zugänglich (vgl. WA 53,610, Anm. 4 und 626, Anm. 3).

von] →Lyra[410] meint: Jakob habe die Witwe seines [kinderlos verstorbenen] Bruders Eli [zur Frau] genommen und mit ihr Josef gezeugt. In diesem Fall wären →Maria (Joakims oder Elis Tochter]) und Josef Kinder einer Mutter und natürliche Geschwister. Das ist [nach dem Gesetz des] Mose [aber] nicht möglich (Levitikus 18,9).[411]

---

410 Bei Nicolaus von →Lyra heißt es zu Matthäus 1,15 (Bibel sacra V, Sp. 40 f.): Contrarium dicitur Lucae 3, ubi dicitur, quod Mathat genuit Heli, et Heli genuit Ioseph: Dicendum, quod Mathat et Mathan descenderunt a David, sed Mathat per Nathan, qui fuit filius David adoptivus, Mathan autem per Salomonem. Et isti duo, Mathan et Mathat, habuerunt unam uxorem successive, et dicta est Hesta, et Hesta a Mathan concepit Iacob et a Mathat Heli, ita quod Heli et Iacob fuerunt fratres uterini, sed de duobus fratribus a David diversimode descendentibus. Heli autem accepta uxore mortuus est sine semine, et ideo Iacob, frater eius, accepit uxorem fratris sui, et ei suscitaret semen, et genuit Ioseph, ita quod Ioseph fuit filius naturalis ipsius Iacob, et sic accepit eum hic Matthaeus. Fuit autem filius Heli legalis, et sic accepit eum in genealogie Lucas. (»Anders heißt es in Lukas 3 [Vers 23–24], wo gesagt wird, dass Mathat Eli gezeugt hat, und Eli zeugte Josef: Das bedeutet, dass Mathat und Mathan [beide] von David abstammen, aber Mathat über Nathan, den Adoptivsohn Davids, Mathan aber über Salomo. Und diese beiden, Mathan und Mathat, hatten nacheinander eine Ehefrau, die Hesta hieß. Hesta empfing Jacob von Mathan und Eli von Mathat, sodass Eli und Jacob Halbbrüder mütterlicherseits waren, die von zwei unterschiedlichen Davidssöhnen abstammten. Nach seiner Heirat starb Eli kinderlos, und sein Bruder Jacob nahm die Frau seines Bruders [in die Ehe], um ihm Samen zu erwecken und zeugte [so] Josef, sodass Josef der natürliche Sohn des Jakob war, und so stellt ihn Matthäus hier dar. Er war aber in rechtlicher Hinsicht ein Sohn des Eli, und so stellt ihn die Genealogie des Lukas dar.«)

411 Der Fall der Eltern Jesu wäre dann mit Abrahams Ehe mit Sara vergleichbar, die nach Genesis 20,12 seine Halbschwester war (vgl. dazu oben Anm. 296). Luther denkt vielleicht auch daran, dass Paulus den Witwen empfohlen hatte, nicht wieder zu heiraten (1. Korinther 7,8).

Die »väterliche« Linie Jesu

Hier erhebt sich die alte Frage, welcher Evangelist von beiden, Matthäus oder Lukas, die väterliche Linie beschreibt, weil offensichtlich ist, dass Matthäus von Salomo bis auf Ahasja die brüderliche Linie führt, wie oben gezeigt wurde.[412] Zum ersten muss man hier →Lyra und seine {627} Anhänger[413] mit ihrer Meinung bei Seite lassen, denn sie entfernen sich zu sehr vom [rechten] Wege. [Nicolaus von Lyra] vertritt die Meinung[414], Nathan sei nicht Davids natürlicher Sohn, sondern der Prophet [Nathan] gewesen[415] (der wohl so alt war wie David selbst), und [er] sei mit seinen beiden anderen Brüdern Schammua und Schobab (1. Chronik 3,5) von Uria und Bathseba hergekommen, die David später zu seinen Adoptivkindern gemacht habe. Salomo sei der einzige Sohn, den Bathseba von David [bekommen habe]. Daraufhin deutet er den Spruch Proverbien 4,3: »Ich war

412 Luther argumentiert unklar, denn der judäische König Ahasja, ein Urenkel des Königs Asa, wird in Matthäus 1,8 gerade übergangen; Matthäus 1,8 bezieht sich vielmehr ganz summarisch auf den Zeitraum der davidischen Könige von Asa bis Usia (2. Chronik 16–26). Zu Ahasja vgl. 2. Könige 8,24 und 2. Chronik 22,9–10; zur Rekonstruktion des genealogischen Zusammenhangs vgl. 1. Könige 22,41–51; 2. Könige 8,16 und 24–26.

413 WA: und sein theil.

414 WA: also das er auch helt.

415 Nikolaus von →Lyra zitiert die Auslegung, David habe den Propheten Nathan nach dem Tode von dessen leiblichem Vater aufgrund seiner großen Heiligkeit adoptiert (»propter eminentiam sanctitatis David adoptavit in filium mortuo eius patre naturali«). Diese Auslegung geht möglicherweise auf ein Manuskript der aramäischen Übersetzung (Targum) zu Sacharja 12,12 zurück, wo von dem »Propheten Nathan, dem Sohn Davids« die Rede ist. Zu dieser Tradition vgl. Bauckham, Jude, 327 und 347–350. Lyras Verweis auf Proverbien 4,3 (»ego fui unigenitus«) – demnach sei Salomo der einzige Sohn gewesen, den Bathseba dem David geboren habe – fußt auf der Annahme, König Salomo selbst sei der Verfasser dieses biblischen Buches gewesen.

ein einziger Sohn meiner Mutter usw.« Diese [Deutung] ist [aber] nicht [richtig]. Auf diese Weise würde Christus zum Sohn des Uria. Der [aber] war ein Hethiter, ein Heide, obwohl [er] frömmer [war] als viele tausend Israeliten.

Zum andern ist es einem Christen genug, dass beide Evangelisten nur Kinder Davids anführen, sei es auf väterlicher oder brüderlicher Linie. Und beide bleiben im Hause Davids [und] zählen keine Adoptivkinder oder fremdes Geblüt auf. Von welcher [Linie] Christus nun [auch] herkommt, er kommt [jedenfalls] von David her. Ich halte es mit denen, die Lukas bis zu Eli die väterliche Linie zuschreiben. Denn weil sich die Linie von Matthes, dem Großvater, an gabelt[416] – ein Teil auf Jakob, der andere Teil auf Eli –, muss [Lukas] wohl Josef als Elis] Sohn bezeichnen, das heißt, als seinen Schwiegersohn, weil, wie er selbst sagt, Josef der vermeintliche Vater[417] Christi war[418], nicht sein natürlicher Vater, wie es die Linie wohl gefordert hätte, wenn //282// →Maria, seine Braut, nicht als Jungfrau Mutter gewesen wäre. Der Sprachgebrauch der Schrift lässt es [aber] nicht zu, die Frauenlinie anzugeben. Dennoch ist er putativ, vermeintlich, ein Leib mit seiner Braut Maria, wie er auch vermeintlich Vater Christi ist. Summa, wie gesagt, der Großvater Matthes macht es ganz klar, dass Maria und Jesus Kinder einer Familie und eines Vaters sind.

Der Sprachgebrauch in Matthäus 1

Es bewegt jene, dass Matthäus immer sagt: »genuit, genuit« (Matthäus 1,2–16), er hat den gezeugt oder geboren.[419] Darum

---

416 WA: zwiselt.

417 WA: putativus pater. – Vgl. Lukas 3,23.

418 Vgl. Lukas 3,23.

419 Während Matthäus den genealogischen Zusammenhang *verbal* benennt (»genuit« [Vulgata] – »er hat gezeugt«), reiht Lukas die Glieder des Stammbaumes in bloßen *Genitivverbindungen* aneinander.

sind sie der Meinung, Matthäus rede immer von der natürlichen Linie, die aus der Geburt folgt, vom Vater auf den Sohn, Lukas aber von der brüderlichen oder väterlichen Linie, die sie rechtliche Linie nennen, nicht Adoptiv-Linie, wie [Nikolaus von] →Lyra meint.[420] Ein Bruder muss sich [ja] nach dem {628} Gesetz (wie es heißt) der Kinder seines verstorbenen Bruders annehmen, als wäre er ihr Vater (Deuteronomium 25,5–6). [Dass] dies [hier zutreffend sei], glaube ich [aber] nicht. Der Hl. Matthäus glaubt es selber [auch] nicht und hält nichts davon. Denn er lässt wissentlich unter den Königen wohl drei Glieder aus[421] und sagt (Matthäus 1,8): »Joram zeugte Usia«, was [wörtlich verstanden] unmöglich ist, weil Usia im vierten Glied von Joram, etwa 100 Jahre nach Jorams Tod, geboren ist.[422] Dazu kommt er [Usia] in der brüderlichen Linie von Nathan, nicht von Salomo, her, von dem doch Joram hergekommen ist.[423] Ebenso verfährt er mit den Fürsten nach der babylonischen Gefangenschaft. Von ihnen lässt er viele unerwähnt [und] zählt nur 14 [Glieder], während Lukas wohl 22 [Glieder] zählt (Lukas

---

420 Vgl. Nicolaus von Lyra, in: Biblia sacra V, Sp. 741 f.: Secundum veritatem discendit [Christus] per utrumque, aliter tamen, quia per Salomonem discendit secundum lineam naturalis generationis, per Nathan vero secundum lineam legalis generationis, quia Nathan filius David adoptivus (»Nach der Wahrheit kam Christus in beiden Fällen auf unterschiedliche Weise herab, weil er über Salomo die natürliche Abstammung hatte, über Nathan, der ein Adoptivsohn Davids war, aber die rechtliche Abstammung«).

421 Die Zwischenglieder sind die judäischen Könige Ahasja, Joas und Amazja; vgl. 2. Könige 8,16–29; 11–12 und 14.

422 Usia, genannt auch Asarja, regierte in den Jahren 773–736, sein Urgroßvater Joram, der mit der Nordreichs-Prinzessin Atalja verheiratet war (2. Könige 8,18), in den Jahren ca. 852/847–845.

423 Da während der Alleinherrschaft der Königinmutter Athalja das gesamte judäische Königshaus ermordet wurde, war die salomonische Linie (so versteht Luther 2. Chronik 22) ausgelöscht; unter Joas, der ein Nachkomme des Davidssohnes Nathan war und dann zum Großvater des Königs Usia wurde, sei die davidische Linie neu begründet worden (vgl. oben Anm. 391).

3,23–27). [Nach wörtlichem Verständnis] könnte es auch nicht heißen, »Asar zeugte Zadok« (Matthäus 1,14), wenn dazwischen vielleicht zwei oder drei [Glieder] ausgelassen sind. Darum ändert das »genuit« [»er hat gezeugt«] nichts daran, dass Matthäus den väterlichen Stammbaum verfolgen will.

Es entspricht seinem Sprachgebrauch [zu sagen]: »genuit«, »er zeugte ihn« usw. Damit will er nichts anderes [sagen] als: er ist von ihm her oder aus seinem Geblüt geboren. Wie wir auf Deutsch auch so reden: Carolus ist von Maximilian her gekommen oder geboren.[424] Das zeigt er auch mit den Worten im Titel [des Evangeliums] (Matthäus 1,1): »Dies ist das Buch von der Geburt Jesu Christi, des Sohnes Davids, des Sohnes Abrahams.« Christus ist ja nicht [direkt] von David geboren oder gezeugt worden und ist auch nicht sein [direkter] Sohn. Er //283// kommt aber nach dem Geblüt von ihm her. So kann Geburt hier ja nicht nur die persönliche Geburt Christi bezeichnen, da er wohl vierzig Geburten seiner Vorfahren aufzählt. Lukas aber verfolgt die väterliche Linie, denn er rühmt sich zu Beginn [seines Evangeliums], er habe alles sorgfältig erkundet und wolle es ordentlich aufschreiben.[425] Dem müssen wir glauben, weil wir das Größere und alles andere [ebenfalls] glauben. Denn solche Register sind bei den Juden wohl bekannt gewesen, sie haben [es] alles (wie [es] ihre Weise gewesen ist) fleißig aufgeschrieben, wie die beiden Beispiele 1. Chronik 1–5 [und] Esra 2 zeigen. Auch hat Mose Jakobs und Esaus Geschlecht sorgfältig aufgeschrieben (Genesis 36; 46,8–25).[426]

424 Luther vergleicht die Dynastie Davids mit den Habsburgern: Karl V. (1500–1558) war ein Enkel von Maximilian I. von Habsburg (1459–1519), dem er 1519 (bis 1556) als Kaiser des Heiligen Römischen Reichs nachfolgte.

425 Vgl. Lukas 1,1–4.

426 Im Midrasch Genesis Rabba 98,8 (zu Genesis 49,10) heißt es, im Jerusalemer Tempel sei ein Genealogienverzeichnis gefunden worden, das die davidische Abstammung Hillels bezeugt – offenbar eine spätantike Konstruktion, mit der die Rabbinen christlichen Behauptun-

Die Konstruktion der drei Mal vierzehn Glieder bei Matthäus

Matthäus aber sagt frei heraus, dass er nicht alles so ordentlich erzählen wolle. Er sagt nämlich, er wolle drei Tessaradecadas, drei Mal vierzehn [Glieder] aufzählen, von Abraham bis auf Christus.[427] Und weil er vierzehn Patriarchen fand, wollte er nicht mehr als vierzehn Könige und vierzehn Fürsten nehmen. Immerhin wurde durch die Schreiber, ohne des Evangelisten Schuld, ein König ausgelassen, Jojakim, der Vater des Jechonja [Jojachin][428], sodass nur dreizehn Könige dastehen, wie der Hl. →Hieronymus in den griechischen Büchern diesen Mangel auch aufzeigt.[429] Lukas aber nennt wohl vier Mal vierzehn [Glie-

---

gen der Messianität Jesu eine eigenen Davidslinie entgegensetzen wollen (Krupp, Der Midrasch Bereschit Rabba, Band II, 485).

427 Vgl. Matthäus 1,17: »Alle Glieder von Abraham bis zu David sind vierzehn (δεκατέσσαρες) Glieder. Von David bis zur babylonischen Gefangenschaft sind vierzehn Glieder. Von der babylonischen Gefangenschaft bis zu Christus sind vierzehn Glieder.« Vielleicht ist diese Zahl so zu erklären, dass der hebräisch geschriebene Name Davids (דוד) nach den Regeln der →Gematrie die Zahl 14 ergibt. Der Evangelist Matthäus hätte sich dann der von Luther so gescholtenen →»Zauberei« und eines »Schwindels« schuldig gemacht.

428 Dieser Mangel wird bereits bei Augustinus dadurch behoben, dass er die dritte Reihe (vom Babylonischen Exil bis Christus) erneut mit dem (dann doppelt gezählten) letzten König Jojachin (Jechonja) beginnen lässt (De Consensu evangelistarum 2,4,10/CSEL 43 Wien 1904, 91); vgl. Fiedler, Matthäusevangelium 44. Eine andere Möglichkeit ist, den König David doppelt zu zählen (Schweizer, Matthäus, 9). Nach dem textkritischen Apparat des *Novum Testamentum Graece* (Nestle-Aland) wurde in einigen Handschriften des Matthäus-Evangeliums der Name des historischen Vaters Jojachins (vgl. 2. Könige 23,34–24,6) eingefügt: »Jojakim (Ιωακιμ) zeugte den Jojachin.« Offensichtlich handelt es sich hier um eine nachträgliche Einfügung, die die genealogische Lücke schließen und den Text auf das Vierzehner-Schema bringen will (lectio facilior).

429 Vgl. →Hieronymus, Commentarium super Matthaeum, zu Matthäus 1,12: »Si voluerimus Iechoniam in fine primae tessaradecadis ponere, in sequenti non erunt quatuordecim, sed tredecim« (»wenn

der]. [Er] nimmt sie alle, auch diejenigen wie Nathan und seine Nachkommen, die keine Könige gewesen sind. Dem [Stammbaum] des Lukas ist durch die Schreiber auch [noch] das vierte Glied nach Noah {629} hinzugefügt worden, nämlich Kenan, was doch nicht sein kann.[430] Darum halte ich es für eine vergebliche Mühe, alle Namen miteinander vergleichen zu wollen, weil wir die [ursprünglichen] Register nicht haben. [Diese Listen] sind in erster Linie auch nicht für uns Heiden (sondern für die Juden) geschrieben worden, die [die Verhältnisse] gut gekannt haben. Es ist genug, dass wir davon so viel vergleichen, wie wir können. Darum magst du [Flavius] →Josephus[431] und Philo [von Alexandria][432] fragen.

Ich will die ganze Verwandtschaft nach meiner Idee oder meiner Vorstellung [in folgende Skizze] bringen. Wer es besser machen [kann], der soll Recht haben.[433]

---

wir Jojachin an das Ende des ersten Vierzehner-Abschnitts setzen, ergeben sich im folgenden Abschnitt nicht vierzehn, sondern nur dreizehn Glieder«).

430 Vgl. Lukas 3,36. Lukas folgt hier dem griechischen Text des Alten Testaments (Septuaginta), wo in Genesis 10,24 und 11,12 (vgl. auch 1. Chronik 1,18) zwischen Arpachschad und Schelach der Name Kenan eingefügt ist, der im hebräischen Text des Alten Testaments (den Luther für ursprünglich hält) fehlt. Vgl. auch das Jubiläenbuch 8,1–5.

431 Texte des →Josephus lagen Luther in einer Edition des Erasmus vor: vgl. WA 53,9 Anm. 2. Der griechische Text des *Bellum Judaicum* wurde erstmals 1544 in Basel gedruckt.

432 Luther verwendete den Philo zugeschriebenen Text *Breviarium de temporibus* vgl. WA 53,9 und Barr, Luther and Biblical Chronology.

433 WA: habe Dank. – Vorbild für die folgende Skizze (WA 53,629) war vielleicht eine genealogische Tafel bei Nikolaus von →Lyra, Biblia sacra V, Sp. 41/42.

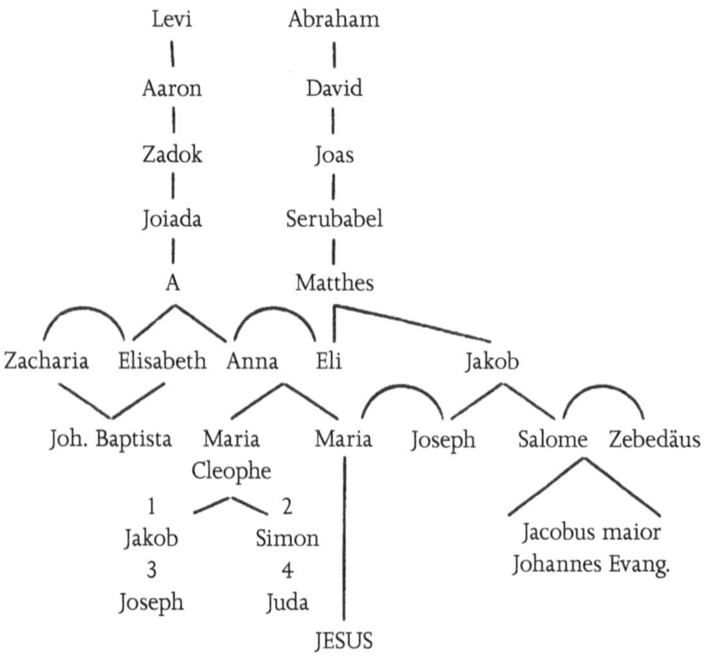

Maria und Maria Jacobi (Maria Cleophae)

Diese Maria, die Schwester der Mutter unseres Herrn oder seine Tante[434], heißt in den Evangelien mit Bezug auf ihren Sohn Maria, [die Mutter des] Jakobus.[435] [Sie] heißt auch Maria des

434 WA: Mume.

435 Vgl. Matthäus 27,56 und Markus 15,40. Dort wird die genannte Maria (Maria Jacobi) als Mutter Joses und des Jakobus (des »jüngeren Jacobus«, d. h. des Jacobus minor) bezeichnet – gemeint ist nach kirchlicher Tradition der »Herrenbruder« Jakobus, »Jakobus der Gerechte«; vgl. dazu auch Matthäus 13,55 und Markus 6,3. Gegen die Theorie Luthers spricht freilich die Überlegung, dass die Eltern (die Großeltern Jesu: Joachim [Eli] und Anna) ihren beiden Töchtern in diesem Falle den gleichen Namen (Maria) gegeben hätten. Man könnte freilich erwägen, dass beide Marias keine wirklichen Schwestern, sondern in anderer Weise nahe Verwandte waren.

Kleophas von einem anderen Mann[436], der //284// am Ostertag Christi noch lebte (Lukas 24,18).[437] Ebenso wird Judas auch [Sohn des] Jakobus genannt[438], vielleicht weil er der Bruder des Jakobus ist, von Alphäus, dem ersten Mann dieser Maria, [der Mutter] des Jakobus.[439] Diese [d. h. Judas und Jakobus] werden Brüder unseres HErrn genannt, weil sie die Kinder der Schwester seiner Mutter [d. h. der Maria Cleophae] sind.[440]

Elisabeth als Verwandte Marias

Auch sagt der Engel Gabriel, Elisabeth sei Marias Tante oder Verwandte gewesen (Lukas 1,36). Das kann wohl nicht anders sein,

436 Vgl. Johannes 19,25. Nach Luther war Kleophas der zweite Ehemann, der die genannte Maria nach dem Tod des Alphäus heiratete. Zu den familiären Verhältnissen der Sippe Jesu in der neueren Forschungsdiskussion vgl. Bauckham, Jesus and the Eyewitnesses; Neidhardt, Die »Brüder Jesu«, 401; Bauckham, Jude and the Relatives of Jesus; Riesner: Die Rückkehr der Augenzeugen, 337–352.

437 Luthers Hinweis, dass Marias Ehemann Kleophas noch lebte, ist offenbar gegen die Annahme gerichtet, die genannte Maria sei als Witwe in das Haus ihres Schwagers, des Zimmermannes Josef, gekommen und von ihm nach Deuteronomium 25,5–10 geheiratet worden – eine Annahme, die die Jungfernschaft Marias sehr unwahrscheinlich machen würde. Nach der Rekonstruktion Luthers bestand das Verwandtschaftsverhältnis dieses Familienzweiges zur Familie Jesu nicht über den Vater (Kleophas), sondern über die Mutter, die eine Tante Jesu (und Schwester von dessen Mutter Maria) gewesen sei. Auch nach dem judenchristlichen Geschichtsschreiber Hegesipp war Kleophas ein Onkel und dessen Sohn Simeon ein Vetter Jesu (Eusebius, Kirchengeschichte III, 32, 6); vgl. Hengel, Jakobus der Herrenbruder – der erste »Papst«, 568.

438 Vgl. Lukas 6,16. Dieser Judas ist nach Matthäus 10,3 und Markus 3,18 entweder mit Taddäus oder mit Jakobus, dem Sohn des Alphäus, zu identifizieren; Alphäus könnte als griechische Namensform von Kleophas gelten – nach Luther handelte es sich aber um zwei unterschiedliche Personen.

439 Vgl. Judasbrief 1,1.

440 Vgl. Matthäus 13,55; Markus 6,3.

als dass die Mutter der Maria eine Schwester der Elisabeth gewesen sei. Diese [Mutter] wollen wir Anna sein lassen, wie sie überall genannt wird.[441] Weil aber Elisabeth aus dem Priesterstamm ist, wie der Engel sagt »aus den Töchtern Aaron« (Lukas 1,5), setze ich die beiden Schwestern Anna und Elisabeth in den Stammbaum Aarons. So nimmt Joachim [Eli] aus dem Stamm Davids {630} Anna, die eine Schwester [zur Frau], und Zacharias aus dem Priesterstamm, [heiratet] die andere [Schwester]. //285// So ist →Maria von ihrer Mutter her Aarons Tochter aus priesterlichem Stamm und vom Vater her Davids Tochter aus königlichem Stamm. Ebenso ist es Christus auch – beide sind königlichen und priesterlichen Blutes.[442] Und [wenn] Elisabeth ihre [d. h. Marias] Tante und die Großtante des HErrn ist, so wären Maria und Johannes der Täufer Cousin und Cousine[443], und er wäre im dritten Glied ein naher Vetter unsers HErrn Jesus Christus.

---

441 Die im Protoevangelium Jacobi genannte Mutter Marias hatte Luther im Juli 1505 angerufen, als er am 2. Juli 1505 auf einer Straße in der Nähe von Stotternheim unerwartet in ein Gewitter geraten war: »Hilff, du, S. Anna, ich will ein monch werden!« (Brecht, Martin Luther, 57). Dieser Tag war der Festtag der Heimsuchung Marias gewesen, ein von Bonaventura im Franziskanerorden auf den 2. Juli festgelegtes Datum. Mit der heiligen Anna, der in der Mansfelder Georgskirche 1503 ein Altar geweiht worden war, war Luther sei seiner Jugend in besonderer Weise vertraut: »St. Anna war mein Abgott« (Brecht, a. a. O., 57). Es ist bemerkenswert, mit welcher Distanz Luther in diesem späten Text der früheren »Modeheiligen« (Brecht, a. a. O., 22) gegenübersteht.

442 Dieser Konstruktion steht die Annahme gegenüber, dass man im Alten Israel offenbar nur einem einzigen Stamm angehören und daher nicht gleichzeitig als Judäer und als Levit oder Priester (Cohen) gelten konnte. Aus diesem Grunde gilt Jesus dem Hebräerbrief (7,14) ausdrücklich als nichtlevitischer Priester. An dieser Tatsache kann auch das zweimalige Auftauchen des Namens Levi im lukanischen Stammbaum (Lukas 3,24 und 29) nichts ändern. Vorstellungen über einen priesterlichen Anteil im Stammbaum Jesu gehen in der patristischen Literatur auf Gregor von Nazianz zurück; vgl. Reichardt, Die Briefe des Sextus Julius Africanus, 25 und 55–60.

443 WA: geschwister kind.

Salome als Schwester Josefs

Nun will die Salome etwas Besonderes sein. Sie erwartet eine Bevorzugung[444] bei dem HErrn, indem sie ihn bittet, er solle ihre beiden Söhne in seinem Reich einen zur Rechten, den andern zur Linken setzen.[445] Daher bin ich der Meinung, dass sie ihm sehr nahe gestanden haben muss. Darum vermute ich, sie sei die Schwester Josefs. Sie hat gedacht: »Maria Jacobi ist die Schwester der Mutter, ich aber bin die Schwester des Vaters, darum gebührt mir mit meinen Kindern der Vortritt gegenüber der Schwester der Mutter mit ihren Kindern. Denn weil Josef keine Kinder mehr hat, sind meine beiden Söhne die nächsten Verwandten Jesu.« Und sie denkt, Jesus sei Josefs [leiblicher] Sohn, wie das jeder zu dieser Zeit für [selbstverständlich] hielt (Lukas 3,23). Dagegen begehrten die andern auf, ohne Zweifel die Kinder der Schwester der Mutter und vielleicht einige mehr mit ihnen, die auch gern die größten sein wollten, wie wir im Evangelium lesen (Matthäus 20,24–27). Demnach sind Jakobus der Ältere[446] und der Evangelist Johannes ebenfalls Vettern des HErrn, nominell so nahe wie Jakobus und Simon, Judas und Josef, aber [in der Realität] nach der blutsmäßigen Verwandtschaft ein Glied weiter, denn Josef war nicht der natürliche Vater des HErrn, nur seine Mutter Maria und Salome sind Töchter zweier Brüder usw.

Hier sieht man, wie die nächsten Verwandten des HErrn sich ihm in menschlicher Weise aufgedrängt haben.[447] Und er wiederum benimmt sich wie ein anderer Mensch und verhält sich auch freundlich und brüderlich zu ihnen. Hier leuchtet kein

444 WA: vermisset sich eines vorteils bey dem HErrn.

445 Matthäus 20,20–21; Markus 10,35–45. Zur Interpretation dieser Texte vgl. Bauckham, Jude, 126.

446 WA: Jacobus der grosse. – Gemeint ist der Bruder des Evangelisten Johannes, genannt Jacobus major oder Jacobus, der Sohn des Zebedäus.

447 WA: wie sich des HErrn nehesten freundlin zu jhm gethan haben.

Glanz der Majestät, sondern die ganz äußerliche Knechtsgestalt (Philipper 2,7).

Maria Magdalena und Johannes

Einige wie Bonaventura haben hier ihre Überzeugung[448], doch ohne dies als Glaubenssatz zu betrachten[449], dass der Evangelist Johannes und Maria //286// Magdalena in der Hochzeit zu Kana Bräutigam und Braut gewesen sind, wie die Sequenz des Hl. Evangelisten Johannes lautet. Demgegenüber mag ein anderer wieder eine andere (aber freie) Überzeugung haben, der Bräutigam sei Simon oder Judas und die Braut eine nahe Tante im zweiten oder dritten Glied gewesen, denn die Evangelien sprechen von Simon von Kana und von Judas dem Zeloten, das heißt von Kana (Matthäus 10,4, vgl. Lukas 6,15).[450] Und [es] ist wohl anzunehmen, dass die Braut und der Bräutigam nahe Verwandte Marias, der Mutter [Jesu], gewesen sind, {631} weil sie selbst da ist und beim Organisieren [des Festes] hilft.[451] Denn sie würde sich nicht so leichtfertig in die Hochzeit einer fremden und [nur] weitläufig verwandten Familie eingemischt haben, da [in einem solchen Fall] wohl andere näher verwandte Frauen dagewesen wären.

448 WA: jr andacht. – Die Belegstelle bei dem scholastischen Theologen Bonaventura (Giovanni di Fidanza, ca. 1221–1274), auf die Luther sich bezieht, war nicht zu ermitteln.

449 WA: doch mit freiem Gewissen.

450 Gemeint ist offenbar »Simon der Zelot« bzw. »der Eiferer« (Apostelgeschichte 1,13), der in Matthäus 10,4 »Simon Kananäus« genannt wird.

451 WA: hilfft regirn.

3.6. Die Messianität Jesu

Die Jungfrauengeburt – von der Schrift bestätigt, doch schwer zu glauben

Aber die Absicht der Evangelisten, besonders des Matthäus, ist letztendlich[452], mit diesen Stammbäumen die unwissenden, schwachen Juden zu unterrichten und zu stärken, den halsstarrigen aber mit diesen beiden Artikeln das Maul zu stopfen: Jesus ist der Messias! Und: →Maria ist eine Jungfrau! Denn diese Artikel waren für die Frommen sehr schwer zu glauben, für die Halsstarrigen aber unmöglich zu glauben. Denn er [Jesus] war in Nazareth mit [seinem] Vater, [seiner] Mutter und [der] ganzen Verwandtschaft sehr wohl bekannt. Volle dreißig Jahre lang wurde er dort erzogen und hat er gelebt. [Er hat] mit seinem Vater Josef wie ein Handwerksgeselle gezimmert, [ist] nicht in die Schule gegangen [und hat] nichts gelernt. Ebenso hat er sich nach dem Tod seines Vaters[453] mit seiner armen Mutter weiter ernährt [und] sich nichts Besonderes anmerken lassen, sondern hat sich einfach ganz und gar still wie ein anderer Geselle seinesgleichen verhalten, dass sie wohl ganz an ihn gewöhnt waren und sich nicht vorstellen konnten[454], der ungelehrte, grobe [und] arme Zimmermann könnte in seinem Leben noch einmal gelehrt, geschweige denn ein Prediger werden.

452 WA: die endliche meinung der Evangelisten.

453 Luther schließt aus der Tatsache, dass Josef nach dem zwölften Lebensjahr Jesu biblisch nicht mehr erwähnt wird (Lukas 2,41–51), dass Jesu Vater früh verstorben sei.

454 WA: jnn jr hertz nicht fallen kond.

Der Lebensweg Jesu[455]

Plötzlich, als die dreißig Jahre um sind, lässt er das Handwerk [liegen], läuft davon, lässt sich mit andern auch von dem Hl. Johannes taufen, fängt an zu predigen, die Schrift zu deuten und lehren und Wunder zu tun, sodass sich alle Welt entsetzt, dass im Vergleich mit ihm alle Priester und Lehrer für unnütze, unbedeutende Schwätzer[456] gehalten wurden. Das war in ihren Augen und Ohren ein seltsames unbegreifliches Ding. Noch viel seltsamer //287// war es, dass er nicht nur ein Prophet, sondern der Messias selbst sein sollte. Oh, wie seltsame verächtliche Reden sind darüber gefallen: »Lieber, schweig still, sollte Jesus predigen? Meinst du, ich kenne ihn nicht? Ich habe dreißig Jahre mit ihm und bei ihm gelebt. [Ich] weiß wohl, wer er ist und was er kann.«

Nimm dich selbst zum Beispiel. Wenn du mit Hans N., dem Sohn eines armen Bürgers, von Jugend auf bis zum [Alter von] dreißig Jahren gelebt, gearbeitet, gegessen, getrunken usw. hättest und du ihn so gut kenntest wie dich selbst, [wenn Du wüsstest], dass er nie einen →Buchstaben lesen konnte und im selben Jahr in ein anderes Land wegwanderte – [wenn] du [dann] von ihm hörtest, dass er dort predigte und gelehrter wäre als alle Doktoren auf der ganzen Welt und auch Wunder täte, so würdest du dem Überbringer [dieser Botschaft] antworten: »Bist du töricht oder scherzst du? Meinst du, ich kenne Hans N. nicht, mit dem ich dreißig Jahre [lang] Brot gegessen habe?« Würde [dann] das Geschrei groß, dass einige begännen zu glauben und zu rühmen, er wäre König oder römischer Kaiser [geworden],

455 Der folgende Abschnitt wirkt wie eine Art Gegenerzählung zum von Luther übersetzten *Toledot Jeschu*-Text. Zur biographisch recht plausibel vorgetragenen Erklärung, weshalb es »den Juden« so schwer fiel, Zugang zur messianischen Botschaft und zum messianischen Anspruch Jesu zu finden, will hier freilich nicht passen, dass der Reformator den »Unglauben« der Juden so verdammen will.

456 WA: faule, kalte Lumpenprediger.

so würdest du sagen: »Wohlan, er ist töricht geworden, und die Welt ist verrückt und will verrückt sein. Mich wird man davon nicht überzeugen, dafür kenne ich ihn zu gut.« Ebenso geht es hier den Nazarenern auch mit Jesus. {632}

Jesu Auftritt und Selbstzeugnis in der Synagoge von Nazareth

Als er nach etwas mehr als einem halben Jahr wieder heimkommt, geht er in die Schule[457], tritt auf, nimmt das Buch Jesaja in die Hand, liest draus, setzt sich hin und hält eine schöne Predigt, sodass sie sich alle verwundern. Da sehen sie ihn alle selbst [an]. [Sie] können es nicht leugnen, dass es der Jesus ist, den sie so gut kennen. [Sie] fangen an und sagen: »Woher hat er solche Weisheit und Kraft? Ist er nicht der Sohn eines Zimmermannes? Heißt nicht seine Mutter →Maria? Und seine Brüder Jakob und Josef, Simon und Judas? Und seine Schwestern, sind sie nicht alle bei uns? Woher hat er das denn alles?« Und sie ärgerten sich über ihn?« (Matthäus 13,54–57) Warum ärgerten sie sich? Sie konnten nicht glauben, dass von Gott wäre, was sie hörten und sahen. Die Person kannten sie zu gut und hielten sie für zu gering. Darum dachten sie, er hätte sich dem Teufel ergeben, der müsste solche unerhörten Dinge durch ihn tun. Und als er sie mit einem Wort angriff, nahmen sie ihn zu dieser //288// Stunde, führten ihn aus der Stadt hinaus [und] wollten ihn als einem schädlichen Menschen Hals über Kopf den Fels hinunterstürzen.[458]

Denn er hatte sich in der Rede über Jesaja anmerken lassen, er wäre der Messias, als er sagte (Lukas 4,21), dieser Spruch wä-

---

457 Luther bezeichnet die Synagoge in Nazareth (Matthäus 15,54 und Lukas 4,16), der Heimatstadt Jesu, hier anachronistisch wie im Jiddischen als »Schule«.

458 WA: wolten jm den hals den fels hinunter absturtzen als einem schedlichen menschen. – Vgl. Lukas 4,28–30.

re in ihm erfüllt: »Der Geist des HErrn ist auf mir, darum hat mich der HErr gesalbt« (Jesaja 61,1), das heißt: zum Messias gemacht. Und [er] war doch ein Bettler, wie sie ihn kannten. Dazu tadelte er sie, als wären sie seiner Wundertaten nicht wert, wie Lukas sagt (Lukas 4,23). Da wurden sie zornig und dachten: »Weg mit einem solchen Messias, der wird Unglück anrichten! Wir wissen, dass er ein Bettler ist, und [er] will [der] Messias sein?! Fort[459] mit dem Buben! Der hat neulich geholfen, ein Haus aufzurichten und mit uns Späne gelesen und ist nun plötzlich Messias geworden, das heißt König aller Könige, und verachtet auch unser heiliges Volk →Israel, dass er nicht tun will, was uns gefällt usw.«

Das Ärgernis der Auferstehung Jesu

Aber da ärgerten sie sich erst recht, als er vom Tode auferstand und in den Himmel fuhr (während sie gemeint hatten, er wäre nun tot, wie er es als →Verführer verdient hätte), dass sie diesen Jesus, mit dem sie (wie man so sagt) Kinderspiele gespielt hatten[460], nun nicht nur für den rechten Messias halten, sondern nach dem Tod auch als HErrn des Himmels und der Erde annehmen sollten. Das war für sie eine ganz und gar unerträgliche Predigt.[461] Daran haben sie sich gestoßen und ist der größere Haufe von ihnen gefallen bis zum heutigen Tag. Denn ihre [eigenen] Gedanken sollten Recht haben. Gott musste [in ihren Augen] lügen und Unrecht haben, wie sie weiterhin meinen. Deshalb haben sie bis heute mit allen Kräften gegen Jesus gelogen und gemurrt[462], dass es nicht zu sagen noch zu beschreiben ist. {633}

459 WA: Aus mit dem Buben.

460 WA: Koten (wie man spricht) gespielet hatten. – Gemeint sind offenbar Kinderspiele aus Würfeln und Gelenkknochen.

461 WA: ein unleidliche und untregliche Predigt.

462 WA: haben sich bis da her zelogen und zumurret wider den Jhesum.

Das Ziel der Evangelisten: Die Bekehrung der Juden

Ja, das ist (wie ich oben gesagt habe) das wichtigste, eigentliche Ziel des Evangelisten[463], dass er den Juden Jesus gern vor Augen stellen wollte, damit sie ihn als Messias annähmen und alle Ärgernisse fahren und sich nicht [daran] hindern ließen, dass er bei ihnen dreißig Jahre [lang] so verächtlich gelebt hatte und danach so schändlich gekreuzigt wurde. Denn er sei nach seinem Stammbaum der Sohn Abrahams, Davids und aller [biblischen] Väter – über seine Mutter →Maria, die von Jesaja und dem heiligen Geist als //289// Jungfrau bezeugt wäre. [Er sei aber] nicht ein gewöhnlicher Sohn Davids und der [biblischen] Väter wie andere mehr, wie Josef, Simon, Judas [und] Jakob[464], sondern der einzige, besondere, wunderbare Sohn, in dem die Weissagungen und Verheißungen erfüllt wären, die Abraham und David und alle Propheten erhielten. Wenn sie diesen Sohn, das heißt die Erfüllung der Weissagungen und Verheißungen, annehmen würden, so hätten sie den rechten Messias ergriffen. Dann würden sie das Alte Testament mit [der] →Beschneidung, [dem] Priestertum, [dem] Fürstentum, [dem] Tempel, Jerusalem und allen Gesetzen, die dazu gehören[465], wohl fahren lassen. Denn sie brauchten es nicht mehr. Dagegen würden sie das Neue Testament, [die] Taufe, [das] Sakrament und alles, was der Messias gelehrt und angeordnet hat, fröhlich annehmen. [Sie würden es] auch für viel viel heiliger halten, als das Alte Testament gewesen ist, und nicht weiterhin darauf bestehen, es gebe außer dem Alten Testament keine weitere heilige Schrift oder kein heiliges Buch mehr, wie sie träumen.

Umsonst und vergeblich hat der Evangelist mit den anderen Aposteln und Evangelisten nicht gearbeitet. Viele haben sich bekehrt, die Jesus mit großen Freuden angenommen haben [und] sich nicht genug [darüber] wundern können, dass Gott so wun-

463 WA: des Evangelisten furnemliche endliche erbeit.

464 Vgl. Matthäus 13,55.

465 WA: die hierauff gehen und gehoren.

derbar und doch so lieblich und freundlich seine Verheißungen erfüllt hat, ehe sie es verstehen konnten. Die anderen haben sich an den Spruch Jesajas gehalten und halten sich noch daran: »Wir sahen ihn, aber da war keine Gestalt, die uns gefallen hätte. Er war der Allerverachtetste und Unwerteste, voller Schmerzen und Krankheit. Er war so verachtet, dass man das Angesicht vor ihm verbarg. Darum haben wir ihn für nichts geachtet usw.« (Jesaja 53,2–3).[466] Wer aber der →Kochab oder Messias der Juden sein will, der darf nicht so gestaltet oder anzusehen sein. Sie verachten ihn gewiss, sagt hier Jesaja.

Dass wir zum Ende kommen: Die Juden glauben, wie gesagt, leicht, dass der Stammbaum, den Matthäus anführt, von Abraham bis auf Jesus echt sei. Und insofern stehen sie wohl still und hören zu. Denn ebenso wie Josef, →Maria und ihr Sohn Jesus kamen damals alle Männer und Frauen des ganzen Stammes Juda, von denen es viele tausend gab, sowohl von Juda als auch der größere Teil von der Familie Davids. //290// Das ficht sie aber nicht an. Aber wenn der Evangelist Wert darauf legt, von welcher [Frau] Jesus, der Messias, geboren ist, da prallen sie zurück, als wären sie vom Donner gerührt.[467] Da ist kein Hören {634} mehr, obwohl der Evangelist so viele Glieder in den Stammbaum eingeführt hat, die er auch hätte auslassen können, wie er denn [auch] einige [Glieder] auslässt, um zu zeigen, dass es unnötig ist, alle zu nennen (denn sie[468] hörten es gern, wenn ihr Geschlecht gerühmt wurde), damit ihnen dieser heilsame Artikel[469] zugleich freundlich und sanft eingehen sollte.

466 Vgl. das Glossar zu →Jesaja 53.

467 WA: als schlüge sie der donner darnider.

468 D. h. die Juden, die es – so jedenfalls Luther – offenbar vorgezogen hätten, wenn Matthäus sämtliche Glieder des Stammbaumes genannt hätte.

469 Matthäus wollte den Juden demnach den (schwer zu glaubenden) Glaubensartikel der Jungfrauengeburt Marias durch die Hervorhebung des »jüdischen« Anteils in der Genealogie Josefs schmackhaft machen.

3.7. Maria, die jungfräuliche Mutter Jesu

Dazu will der Hl. Matthäus nicht nur aufgrund [eigenen] Wissens[470] (obwohl er doch die Vollmacht, [das] Recht und [den] Befehl [dazu] hatte) sagen, dass →Maria als eine Jungfrau geboren habe. Er führt vielmehr auch den Propheten Jesaja [Jesaja 7,14] mit an (Matthäus 1,22–23), um sie durch ihre eigene Schrift freundlich zu locken. Aber was hilft es bei den störrischen, widerspenstigen, halsstarrigen, verdammten Juden? Sie wollen diesen Spruch immer wieder martern[471], wie sie auch alle anderen haben [martern] wollen. Und [sie] können [es] doch nicht schaffen, sondern suchen immer nur Ausflüchte[472] und wollten eine Lüge mit sieben [anderen] Lügen gern wahrmachen. Aber, wie oben gesagt, man soll die Juden fahren lassen und nicht danach fragen, was der →Teufel durch sie tobt. Ist etwa ein Menschenherz unter ihnen, so wird Gott das wohl finden. Mit den anderen heißt es nach dem Sprichwort: »Verloren wie die Seele eines Juden.« Darum wollen wir sehen, wie lächerlich ([und] doch giftig) der Teufel durch sie diesen Spruch gegen den Hl. Matthäus behandelt – [dies nicht, um sie zu bekehren, sondern nur], um unseren Glauben zu stärken und zu schmücken.

Jesaja 7,14: Die schwangere Jungfrau

Erstens [heißt es]: »Siehe die Jungfrau ist schwanger usw.« (sagt Jesaja 7,14). Hier steht das [hebräische] Wort »Alma« [עלמה]. Da-

470 WA: nicht allein aus seinem Geist.

471 WA: Sie haben hie viel marterns jnn diesem Spruch. – Die von den Bearbeitern F. Cohrs und O. Brenner vorgeschlagene Übertragung (»bemühen sich schmerzlich mit ihm [um ihn in ihrem Sinn zu deuten]«) macht den Aspekt der »Marterung« des Gotteswortes unsichtbar, der bei Luther mitschwingt – offenbar im Sinne einer typologischen Deutung mit Blick auf die jüdische Verantwortung für den Kreuzestod Jesu (→Marterung des Gotteswortes).

472 WA: on das sie jmer am schlegel flicken.

von haben viele andere [und] auch ich selbst geschrieben[473], dass dieses [Wort] eine Jungfrau oder Magd bezeichnet, die noch in Haaren und im Kranze geht[474] und [noch] keine Frau geworden ist. Wenn mir ein Jude oder →Hebraist[475] beweisen kann, dass »Alma« in der Schrift irgendwo[476] [auch] eine [verheiratete] Frau heiße, der soll hundert Gulden von mir haben. Gott gebe, wo ich sie finde. Denn vier Mal und nicht mehr steht das Wort »Alma« in der Heiligen Schrift.[477] Erstens in Genesis 24,43 von der Rebekka, die Mose hier mit vielen Worten beschreibt, dass sie sich mit keinem Manne vergangen hatte.[478] Zum an//291//deren Ex-

473 In *Dass Jesus Christus ein geborener Jude sei* (WA 11,322,15 ff.). Bereits im April 1521 hatte Luther mit zwei Juden, die ihn während seines Aufenthaltes in Worms in der Herberge aufgesucht hatten, über das Verständnis dieses Verses disputiert (Lewin, Luthers Stellung, 15–16).

474 D. h. ein junges Mädchen, das noch die Zeichen der Jungfräulichkeit hat; vgl. WA 41,479,5 (Predigt vom 25.12.1535); vgl. auch WA 11,323,7–20. – Das von Luther genannten Zeichen erinnert an die Merkmale der Jungfernschaft nach dem →Talmud; in der Mischna (Ketubbot 2,11) gilt das Tragen des offenen Haares und des Brautschleiers (Luthers »Kranz«) während der Hochzeitsfeier als Zeichen der Jungfräulichkeit der Braut; vgl. Morgenstern, Ketubbot, 102.

475 Luther hatte mit akademischen Hebräischlehrern nicht nur gute Erfahrungen gemacht. Der erste Hebräischdozent an der Wittenberger Universität, Johann Böschenstein (1472–1540), offenbar ein zum Christentum konvertierter Jude, wurde auf sein Betreiben hin entlassen, weil Luther zwar seine Sprachkenntnisse anerkannte, ihm aber vorwarf, nicht nur langweilig und nur an trockener Philologie interessiert zu sein, sondern auch »wie ein Jude« zu lehren. Auch den Basler Humanisten und Hebraisten Sebastian →Münster beschuldigte Luther, sich zu sehr auf die rabbinischen Auslegungsprinzipien zu verlassen.

476 WA: etwa.

477 Luther zählt nur die Stellen auf, in denen dieses Wort im Singular erscheint.

478 WA: das sie keins Mans schuldig sey. – In der WA ist als Belegtext fälschlich Genesis 24,16 angegeben; dort ist im Hebräischen aber nicht von einer »alma«, sondern von einer »bethula« (בתולה), »Jungfrau« die Rede. Die Frage der Jungfräulichkeit Rebekkas wird in einem rabbinischen →Midrasch aus dem 4.–5. nachchristlichen Jahrhundert (Genesis Rabba 60,5 zu Genesis 24,15) ausführlich disku-

odus 2,8 von Moses Schwester Mirjam: »Da ging die Alma hin und rief ihrer Mutter usw.« Mirjam konnte aber zu diesem Zeitpunkt, wie die Juden selbst bekennen müssen, noch nicht einmal zehn Jahre alt sein. Drittens hier in Jesaja 7,14: »Siehe, die Alma ist schwanger.« An diesen drei Stellen steht [im Hebräischen] ein Artikel[479], der bedeutet *singulariter unam*.[480] Und keine andere. Viertens {635} Proverbien 30,18–20: »Drei Dinge sind mir zu wunderlich, und das vierte weiß ich nicht: Des Adlers Weg am Himmel, des Schiffes [Weg] im Meer, der →Schlangen Weg auf dem Felsen und eines Mannes Weg bei einem Mädchen. Ebenso ist der Weg einer Ehebrecherin, die verschlingt und wischt ihr Maul[481] und spricht: ›Ich habe nichts Böses getan.‹«

---

tiert, obwohl der biblische Zusammenhang keinen Anlass dazu gibt, diese Angabe in Frage zu stellen. (Ganz im Gegenteil: Die Unberührtheit Rebekkas in Zweifel zu ziehen, bedeutete ja, die rechtmäßige Genealogie Jakobs, d. h. Israels, in Frage zu stellen!) Offenbar war den Rabbinen aber bewusst, dass das Beispiel der Erzmutter von Seiten der christlichen Theologie in einem mariologischen Zusammenhang diskutiert wurde. Im Midrasch steht daher bei der Nachzeichnung des Bildes Rebekkas ein gewisses Konkurrenzverhältnis zur Mutter Jesu im Hintergrund: Rebekka, das wird eigens betont, musste ebenso »Jungfrau« sein wie die Mutter des christlichen Erlösers. Dementsprechend werden im Midrasch auch die wunderhaften Umstände der Niederkunft Rebekkas – d. h. der Geburt Jakobs und seines Zwillingsbruders Esau (vgl. Genesis 25,16–19) – besonders herausgestellt. Vgl. dazu Teugels, The Story of the Wooing of Rebekah, 193–212; Morgenstern, Neukonfiguration der Erzvätergeschichte im rabbinischen Midrasch, 37–53.

479 Es heißt העלמה (ha-alma – wörtlich: »die Jungfrau«) und nicht nur עלמה (alma/»eine Jungfrau«). Das Substantiv ist nach den Regeln der hebräischen Grammatik determiniert (generelle Determination), auch wenn in der Übersetzung unter Umständen der Artikel fehlen kann. Gemeint ist jedenfalls »eine bestimmte« (wenn auch zum damaligen Zeitpunkt noch nicht bekannte) Jungfrau.

480 Lateinisch: eine außerordentliche [Jungfrau].

481 D. h. sie tut so, als ob nichts geschehen wäre.

»Alma« – verheiratete Frau oder Jungfrau?

Hier, hier steht (sprechen sie) »Alma« bei einem Mann.[482] Ich *frage* nicht, ob »Alma« da bei einem Mann stehe. Denn ich *sehe* es, Gottlob, selber sehr gut und brauche keinen Juden, der es mir zeigt. Ich sage, man solle mir beweisen, dass »Alma« hier eine [verheiratete] Frau und nicht eine Jungfrau heiße. Den Meister wollte ich gern hören und [ihm] hundert Gulden dafür geben.[483] Redet Salomo (wie es der verfluchte →Goj, Doktor Lu-

---

482 Gemeint sei – so der mittelalterliche jüdische Kommentator David Kimchi (1160–1235), der Jesaja 7,14 von Proverbien 30,19 her auslegt (הנה דרך גבר בעלמה היא בעולה) – »der Weg eines Mannes bei einem Mädchen, das [bereits] beschlafen wurde«; ähnlich David Altschuler in seinem Kommentar *Metzudat Zion* z. St.; aus diesem Grund könne »alma« (עלמה) an der genannten Stelle (Jesaja 7,14) nicht »Jungfrau« bedeuten. Offenbar fiel von dieser Erklärung her ein Schatten auf Genesis 24,43, wo die spätere Erzmutter Rebekka (vor ihrer Eheschließung mit Isaak!) ebenfalls als »alma« bezeichnet wird. Der Midrasch Genesis Rabba interpretiert daher die Doppelformulierung in Genesis 24,16 (»das Mädchen war »eine Jungfrau, die noch kein Mann berührt hatte«) als Betonung einer besonderen Jungfernschaft der späteren Erzmutter: Nicht nur war sie noch nicht beschlafen (und entjungfert) worden, sondern sie hatte – anders als die Töchter der Götzendiener rings umher – noch mit überhaupt keinem Manne Kontakt gehabt; sie war sozusagen eine »double virgin« (Teugels, The Story of the Wooing of Rebekah, 204).

483 Die rabbinischen Auslegungen zu Jesaja 7 – vor allem aber die in der Tat auffälligen und gezwungenen Ausführungen im Midrasch zu Genesis 24 (vgl. oben Anm. 478) – zeigen deutlich, dass die jüdischen Exegeten sich von ihren Verstehensvoraussetzungen her überraschend schwer taten, die christliche Deutung überzeugend zurückzuweisen. Nicht zufällig wird Jesaja 7,14 in der synagogalen Leseordnung ausgelassen – der Text gilt als »christlich zu sehr besetzt« (Schöttler, Re-Visionen, 102) und ist in der Reihe der Prophetenlesungen (Haftarot) nicht enthalten. In *dieser* Perspektive – im 16. Jahrhundert gab es weder auf jüdischer noch auf christlicher Seite eine im heutigen Sinne historische Auslegung – ist es durchaus fraglich, ob Ulrich Luz (Matthäus, Band 1, 152) mit seiner ironischen Bemerkung Recht hat, dass Luther den Juden die versprochenen 100 Gul-

ther, versteht und sich nicht leicht wird nehmen lassen, auch wenn es hundert Gulden kosten soll) an dieser Stelle von einem verdrießlichen Unglück in der Welt? Dass ein »Geber«[484], das heißt [im Hebräischen] ein »Ehemann«, die Frau in Gottes Namen nicht im Bett treffen kann und irgendeiner Magd oder Jungfrau nachschleicht, in Teufels Namen? [Dass] wiederum die »*Gebira*«[485] (die Frau) das Bett des Mannes in Gottes Namen nicht finden kann und [daher] in Teufels Namen zum Knecht oder [zu einem] anderen Gesellen kriecht, [dabei] ein weites Gewissen hat, den Ehebruch wie der Wolf eine Mücke verschlingt, sich danach das Maul wischt, und niemand es wagt, sie eine Hure zu schelten? Wer will es beweisen?[486]

Weil nun so etwas im Finstern gespielt und unbemerkt getan[487] sein muss, gehören wundersame Wege, [Kunst]griffe und Ränke dazu, die weder Salomo noch [ein anderer] Regent sich ausdenken oder mit Verboten verhindern oder nachweisen kann – so wenig, wie er dem Vogel in der Luft den Weg vorschreiben kann, weil der ganze Himmel sein Weg ist. Und für ein Schiff ist das ganze Meer der //292// Weg, und es geht, wohin der Wind will. Und die Schlange auf dem Felsen hält dir weder Schnur noch Richtscheit vor, sie kann sich immer wieder krümmen und winden.[488] Es ist ein Jammer dieses Lebens, dass man den heimlichen Ehebruch nicht verhindern kann, und dass (leider) dem Ehemann eine Magd besser gefällt als die Frau, und

---

den bis auf den heutigen Tag schuldig geblieben sei (vgl. auch Schöttler, Re-Visionen, 102).

484 Hebräisch גבר (in sefardischer Aussprache, mit dem aspirierten mittleren Vokal, »gever«).

485 Luther nennt die hebräischen Ausdrücke גבירה (sefardisch »gevira«, eigentlich »Herrin«) und גבר (»gever«, Mann bzw. Ehemann).

486 Ein solches Szenario wird mit Bezug auf Maria gerade in den Toledot Jeschu geschildert! Vgl. dazu das Glossar (→Maria) und den Anhang (Übersetzung der *Geschichte vom Fall Miriams und von der Geburt Jeschus* nach der Straßburger Handschrift BnU 3974).

487 WA: heimlich gemauset sein.

488 WA: sie kan des krummen zu viel. – Vgl. das Glossar (→Schlange).

ein Knecht der Frau lieber ist als der Herr, wie auch der Poet sagt: »Quod licet, ingratum est.«[489] »Nitimur in vetitum.«[490] »Lex occasio peccati.«[491] So wollte die Hure Potiphars mit dem frommen Josef tun (Genesis 39,12).[492]

»Alma« heißt hier eben doch ein Mädchen oder eine Jungfrau, der der Mann nachschleicht. Bringt er sie zu Fall, so ist sie kein Mädchen mehr. Ist sie standhaft, so bleibt sie eine »Alma«, wie ich einige solcher Geschichten wohl gehört habe, dass die {636} frommen Jungfrauen die geilen Männer ihren Ehefrauen mit List unter ihrem Namen zurückgebracht haben. Daher können die Juden nicht beweisen, dass »Alma« hier in Jesaja 7,14 eine [verheiratete] Frau heißt, weil das Wort »Alma« in der ganzen Schrift eine Jungfrau oder ein Mädchen heißt. Auch in der Pluralform »Alamot« können sie nicht beweisen, dass es etwas anderes als Jungfrauen oder Mädchen heißt. Beweise es anders, doch nur sachte[493], damit ich meine hundert Gulden nicht so schändlich verlieren muss. Und dass vor allem der Hl. Matthäus nicht zum Lügner werde! Sonst würde sich der Heilige Geist selbst beschneiden lassen müssen; das wäre schade um die schönen Federn[494], wenn sie jüdisch werden müssten.

Zum andern sagt Jesaja, dass diese »Alma« schwanger [geworden] sei. Das solle ein Wunder oder Zeichen sein. [Er] sagt nicht: Sie wird schwanger werden, wie etliche Raben[495] gern ge-

489 »Was erlaubt ist, macht keine Freude« (Ovid, Amores II,19,3); zu diesem Zitat vgl. WATR 4,109,8.

490 »Wir trachten gern nach dem Verbotenen« (Ovid, Amores III,4,17); zu diesem Zitat vgl. WA 47,323,34 und WATR 3,338,18.

491 Römer 7,8: »Die Sünde nahm Anlass am Gebot.«

492 In WA ist als Belegstelle irrtümlich Genesis 14 angegeben.

493 WA: fahr schön.

494 Luther verwendet das gleiche Bild von den Federn (»feddern«) des Heiligen Geistes in seiner gegen Karlstadt gerichteten Schrift des Jahres 1525 *Wider die himmlischen Propheten, von den Bildern und Sakrament* (WA 18,152,11–12).

495 Luther spricht entwürdigend von den »Rabbinen«. Zum Sprachstil Luthers vgl. Ehmann, Luther, Türken und Islam, 110.

deutet hätten.[496] Sie müssten sich schämen für ihre eigene →Grammatik, denn [hebräisch] »Hara« [הרה] heißt [lateinisch] concepit, est pregnans, sie ist schwanger, sie hat empfangen.[497] Aber doch wollen sie sich hinauswinden, dass der Prophet sich in seinem Alter ein junges Mädchen genommen und sie geschwängert habe.[498] Diesbezüglich fange er an und spreche: »Siehe, die Alma ist schwanger und wird einen Sohn gebären.« Die Auslegung sei also folgendermaßen: Nicht das ist das Zeichen, dass die »Alma« schwanger ist – das hat der Prophet [Jesaja], der ihr Mann ist, schon besorgt[499]–, sondern, dass sie einen Sohn gebiert und nicht ein Mädchen.[500] //293//

Wem wollen wir nun glauben? Gott spricht: »Das soll ein Zeichen sein, dass die ›Alma‹ schwanger ist.« Der Jude spricht: »O nein, Gott lügt, das ist kein Zeichen, weil der *Prophet* die ›Alma‹ geschwängert hat.«[501] Also haben wir zwei Texte. Der Text Jesajas steht hell und klar da (Jesaja 7,14): »Gott wird euch ein Zeichen geben, siehe, die Alma ist schwanger usw.« Aber der Text der Juden ist dieser: »Siehe, die ›Alma‹ hat einen Mann und ist schwanger vom Propheten; da wird euch Gott ein Zeichen

496 So →Raschi zu Jesaja 7,14 (הרה ל' עתיד הוא); ähnlich David Altschuler (und sein Sohn Jechiel Hillel Altschuler) in ihrem populären Kommentar *Metzudat David* aus dem 18. Jahrhundert, der in den klassischen Rabbinerbibeln abgedruckt ist. »Hara« (הרה) ist freilich ein hebräisches Perfekt, das in der Regel mit der Vergangenheitsform zu übersetzen ist.

497 Mit seinen hebräischen Sprachkenntnissen stellt Luther sich der Vulgata entgegen, die in der Zukunftsform übersetzt: »propter hoc dabit Dominus ipse vobis signum ecce virgo concipiet et pariet filium.«

498 So →Raschi zu Jesaja 7,14.

499 WA: schon ausgericht.

500 So die Auslegung bei Mose Alscheich (ca. 1508–1593), dessen allegorisch-mystischer Talmudkommentar weite Verbreitung gefunden hat; vgl. Freimann, Mose ben Chajim Alscheich, Sp. 247.

501 Vgl. David Kimchi, nach dessen Auslegung die »Alma« die Ehefrau des Propheten (אשת הנביא) oder aber die Ehefrau des Königs war. Auch spätere Kommentatoren identifizieren die »junge Frau« als Ehefrau des Ahas (אשת אחז) – so der Kommentar *Metzudat David* (von David Altschuler) – oder als Prophetengattin (Malbim, 1809–1876).

geben, dass sie einen Sohn gebären wird und nicht eine Tochter.« Möchtest du vielleicht fragen, woher die hohe Kunst in die Juden gekommen ist, dass sie den Text und Gottes Wort so meisterlich durcheinander würfeln können, als wären sie bei einem betrügerischen Glücksspiel[502] und das Hinterste an die erste [Stelle] setzen? Auch geben [sie] der »Alma« einen Mann, wovon Jesaja nichts schreibt. [Er] sagt nur, die »Alma« sei schwanger [und] sagt nicht, der Prophet habe es getan.[503]

»Judaspisse«

Ich verfluchter →Goj kann nicht verstehen, woher sie diese hohe Kunst haben, außer dass ich daran denken muss, dass →Judas Ischariot sich erhängte[504], dass ihm die Gedärme zerrissen und, wie den Erhängten geschieht, die Blase barst. Da haben die Juden vielleicht ihre Diener mit goldenen Kannen und silbernen Schüsseln dabeigehabt, die Judaspisse (wie man es nennt[505]) mit

502 WA: auffm toppel spiel.

503 Luther stellt die beiden Möglichkeiten der »Besamung« der Jungfrau durch Gott oder durch einen Menschen (gar durch den Teufel?) antithetisch gegeneinander. Das Bild einer von einem männlichen Wesen ausgehenden Flüssigkeit changiert im folgenden Abschnitt – möglicherweise unter dem Einfluss des entsprechenden Motivs in der *Toledot Jeschu*-Erzählung (s. dazu unten Anm. 497) – zu dem der →Judaspisse. Vgl. auch den Anhang (Übersetzung der *Geschichte vom Himmelskampf zwischen Judas und Jeschu* nach der Straßburger Handschrift BnU 3974).

504 Vgl. Matthäus 27,5 und Apostelgeschichte 1,18. Vielleicht denkt Luther auch an Deuteronomium 21,23 (»ein Aufgehängter ist verflucht bei Gott«); es handelte sich dann um eine Replik auf die vom Reformator als beleidigend empfundene Beschimpfung Jesu als *Tola* (→Tola-Episode).

505 Nach F. Cohrs und O. Brenner, den Bearbeitern der WA, bezieht Luther sich auf ein Sprichwort, das aber nicht nachzuweisen ist. Die Vermutung liegt nahe, dass Luther sich an dieser Stelle, der vulgärsten der ganzen Schrift, auf ein Motiv in der →*Toledot Jeschu*-Tradition bezieht, das er gegen die Juden wendet: In diesen Texten heißt es im

den anderen Reliquien[506]{637} aufgefangen, danach untereinander die Merde[507] gefressen und gesoffen. Davon haben sie so scharfsichtige Augen bekommen, dass sie diese und ähnliche →Glossen in der Schrift sehen, die weder Matthäus noch Jesaja selbst und auch alle Engel nicht, geschweige [denn] wir verfluchten →Gojim sehen können. Oder [sie] haben ihrem Gott, dem Sched[508], in den Hintern geguckt und diese [Erklärung] in diesem Rauchloch[509] geschrieben gefunden. Es steht ja nicht in der Schrift, das ist gewiss, so lässt es sich [auch] nicht herauslesen.[510]

Darum müssen wir verfluchten →Gojim den allerheiligsten Juden ihre himmlische Weisheit lassen, die sie in Judaspisse und in ihrem Judenschweiß[511] außerhalb der Schrift gefunden haben, damit sie allein klug bleiben. Und seien wir unterdessen [gemeinsam] mit Jesaja und Matthäus Narren, indem wir in und bei dem armen, mageren, dürren Text bleiben, in dem, wenn die Judaspisse und der Judenschweiß heraus sind, keine solche Kunst [zu finden] ist. //294// Nämlich, dass diese »Alma« ohne das Zutun eines Mannes schwanger sei und ohne den Verlust ihrer Jungfrauschaft einen Sohn gebäre. Denn in der ganzen Schrift wird keiner Frau ein Kind zugesprochen, ohne dass der Mann oder Vater des Kindes genannt wird außer nur dieser »Al-

Zusammenhang mit dem →Himmelskampf zwischen Jeschu und Judas, Judas habe Jeschu verunreinigt und mit seinem Urin oder Sperma besudelt (Shenan, Jesus through Jewish Eyes, 71). Bereits der Talmud berichtet, dass Jesus zur Strafe für seine Missetaten im Jenseits in der Hölle in kochendem Sperma und in kochenden Exkrementen gequält werde (Babylonischer Talmud, Traktat Gittin 55b–56a); vgl. Schäfer, Jesus im Talmud, 168–172.

506 WA: sampt dem andern Heiligthumb.

507 D. h. den Kot.

508 D. h. dem Dämonen, hebräisch שד (sched).

509 D. h. an der dunklen, keine Aufklärung gebenden oder an einer unmöglichen Stelle (Cohrs/Brenner).

510 WA: heraus nemen.

511 Oder »Angstschweiß« (so die Bearbeiter des Textes in der WA, F. Cohrs und O. Brenner).

ma« – wie man [sprichwörtlich] auch sagt: das Kind muss einen Vater haben[512]. Hier wird kein Mann erwähnt, und doch [wird] ihr ein Sohn verheißen.

»Kinder leckt man nicht am Schnee«

[Überall sonst fragt man nach dem Vater, um] offenbar das böse, gefährliche Beispiel zu vermeiden, dass junge Mädchen und Witwen, wenn sie Kinder ohne Männer kriegen[513], sich brüsten können, es sei bei ihnen gegangen wie bei den und den Frauen in der Schrift, die auch keine Männer gehabt hätten. Denn das wäre eine ganz und gar merkwürdige Geschichte[514], wenn unsere Töchter, Jungfrauen und Witwen uns das Haus voller Kinder setzten und sagten, sie hätten es am Schnee geleckt[515] und [das Kind] hätte sonst keinen andern Vater. O nein, man leckt die Kinder nicht am Schnee. Moses sagt (Genesis 1,27), es gehört ein Mann und eine Frau dazu, Gott wollte auch den Segen nicht zur Leibesfrucht geben, bis er sie beide geschaffen und zusammengegeben hatte.

---

512 Zu diesem Sprichwort vgl. Wander, Deutsches Sprichwörter Lexikon, Band 2, 1274 (Nr. 80).

513 Möglicherweise ist an die Warnung in 1. Timotheus 5,14–15 gedacht, wonach eine Witwe, die ihre Begierde nicht beherrscht, dem Satan verfallen könnte, wobei vielleicht die Vorstellung eines incubus im Hintergrund steht; vgl. Angenendt, Ehe, Liebe und Sexualität. 73. Luther beharrt in einem solchen Fall natürlich darauf, nach dem menschlichen Vater zu fragen.

514 WA: ein seltzam wesen.

515 Zur Erzählung vom Schneekind, einem Schwank von einer schwäbischen Frau, die in Abwesenheit ihres Mannes durch den Genuss von Schnee schwanger wurde, vgl. Müllenhoff, Scherer, Denkmäler deutscher Poesie und Prosa, Band 1, 44–45; Band 2, 115 und https://de.wikisource.org/wiki/Das_Schneekind (12.8.2016).

Die Einzigartigkeit Marias

Aber diese →Maria hatte als einzige keinen Mann, dem sie das Kind zuschreiben konnte.[516] Sie muss da vielmehr ganz allein und ohne Mann stehen und hören, sie sei schwanger und werde einen Sohn gebären. Aber es soll etwas Besonderes, ein Zeichen und Wunder sein (spricht Gott) [und] nicht auf gewöhnliche Weise [geschehen]. »Ja, es soll Mein Zeichen sein. Ich will es geben und tun. Ich will Vater und Mann sein. Sie soll Mutter sein.« Nun weiß man wohl (es sollte schier eine Kuh wissen), dass es kein »Zeichen« ist, wenn eine junge Ehefrau schwanger wird. Was wollten oder sollten {638} sie sonst tun, die jungen Frauen bei ihren Ehemännern, als dass sie schwanger würden? Wozu sind sie sonst geschaffen?[517] Man hält es für kein Zeichen oder Wunder, sondern für ein gewöhnliches Ereignis, das sich immer wieder wiederholt.[518]

Also ist das auch kein »Zeichen« oder Wunder, dass eine schwangere Frau einen Sohn trägt und zur Welt bringt, weil dies die gewöhnliche von Gott angeordnete Weise ist, dass sie nicht nur Töchter tragen //295// sollen – nur dass die Juden Gott zu einem leichtfertigen Narren machen wollen, dass er das ein »Zeichen« nennte, was sie nach ihrer →Judaspisse als Zeichen erdichten. Dabei können doch die Frauen selbst und die Ärzte leicht raten, ob es ein Sohn oder eine Tochter sei.[519] Doch wenn

516 WA: dem sie das kind geben könne.

517 Luther denkt möglicherweise an 1. Timotheus 2,15 (eine Frau wird »dadurch gerettet, dass sie Kinder zu Welt bringt«) – ein Gedankengang, den Luther in seinem Traktat *Vom ehelichen Leben* (WA 10/2,302) noch weiter zuspitzt: »Ob sie sich aber auch muede und tzu letzt todt tragen, das schadt nicht, laß nur todt tragen, das schadt nicht, sie sind drumb da.«

518 WA: fur ein gemeiner weise und Exempel, das selten feilen mus.

519 Falls Luther an eine vorgeburtliche Geschlechtsbestimmung denken sollte, ist nicht deutlich, an welche Art von Diagnose er – aufgrund des Wissensstandes seiner Zeit – denken konnte. Nach der zu seiner Zeit noch in hohem Ansehen stehenden aristotelischen Theorie hing

dieses Zeichen bestehen bleibt, dass die »Alma« ohne einen Mann schwanger ist, so ist es schon mit der →Glosse der Juden nichts als →Judaspisse[520] und Judenschweiß. Das fühlen sie wohl selbst. Darum fechten sie das erste Stück von der Schwängerung der »Alma« an. Denn daran liegt es, dass die Mutter Jungfrau sei.

Wenn Jesaja kein Prophet und Matthäus kein Evangelist wären, denen man um Gottes willen glauben muss, sondern schlechte Historienschreiber, so sollte man ihnen doch ebenso glauben, wie man →Josephus[521] und Philo glaubt[522] – und [ih-

das Geschlecht der Leibesfrucht von den konkreten Umständen der Begegnung des männlichen Samens mit dem weiblichem Blut im Mutterleib ab. Im Moment der Empfängnis, so diese Theorie, entstand zwischen den weiblichen und männlichen Teilen (dem Samen und dem Blut) ein »Wettstreit«: Wenn der Same des Vaters über genügend »Wärme« verfügte, um den von der Mutter bereitgestellten Stoff zu bezwingen, entstand ein männliches Kind. Im andern Fall blieb es bei einer (als minderwertig gedachten) weiblichen Frucht. Nach einer im Babylonischen Talmud (Traktat Nidda 25b und 28a) vorgetragenen Lehre ließ sich das Resultat aus der Orgasmusfolge der Partner erkennen: ein Knabe entstand demnach, wenn die Frau als erste ihre Flüssigkeit abgab; zum Hintergrund vgl. Morgenstern, Nidda, 196.

520 Warum Luther in diesem Zusammenhang, in dem es um das Schwangerwerden einer Jungfrau ohne das Zutun eines Mannes geht, die »Judaspisse« wieder einführt, kann nur vermutet werden. Vielleicht denkt er an die Ejakulation des Judas in der *Toledot Jeschu*-Literatur? Da wir nicht sicher wissen, ob Luther dieses Motiv (etwa aus Thomas Ebendorfer *Falsitates Judeorum* aus dem Jahre 1420) kannte, muss es bei einer Vermutung bleiben. Immerhin wehrt der Reformator weiter unten im Text (vgl. Anm. 547) offenbar die Annahme ab, Maria könnte sich mit dem Teufel eingelassen haben.

521 Luther bezieht sich offenbar auf das sogenannte *Testimonium Flavianum*, das Zeugnis des antiken jüdischen Historikers Flavius →Josephus über Jesus von Nazareth in seinen um 93 n. Chr. veröffentlichten *Antiquitates* (18,3,3 [und 20,9,1 zu Jakobus]). Dieser Text, der in der modernen Forschung überwiegend oder teilweise als nachträgliche christliche Interpolation gilt, wurde vorkritisch für eine externe Bestätigung des Neuen Testaments gehalten. Zu dem hier verhandelten Problem macht Josephus aber keine Angaben; vielleicht denkt Luther aber an den kurzen Satz »er war der Christus« in *Antiquitates* 18,3,3.

522 Zur Beschäftigung Luthers mit Philo vgl. unten Anm. 530.

nen] mehr [glauben] als den verlogenen, lästerlichen, verstockten Juden, die sich mit der ganzen Schrift nun etwa zweitausend Jahre [lang] abgemüht haben[523], eine Lüge auf die andere zu erdichten, dass man ihnen eigentlich kein Wort glauben soll. Denn einem verlogenen Maul glaubt man nichts, auch wenn es die Wahrheit sagt (wie man spricht).[524] Wenn ihm Gott auch ein wahres Wort beschert, glaubt's ihm doch niemand [mehr]. Et illud: si mentiris, etiam quod verum dicis, mentiris.[525] Christus, unser Herr, wollte die →Teufel auch nicht reden lassen, obwohl sie die Wahrheit sagten.[526] Ebenso soll man die Juden wie die Teufel von vornherein für schlechterdings verlogen halten – wenn zwei fromme, ehrliche Männer oder Historiker [ihnen schon etwas] widersprechen, um wie viel mehr, wenn ein Prophet [wie Jesaja] und [der] Evangelist [Matthäus] es tun! Denn es taugt nicht, dass man die →Judaspisse und den Judenschweiß über die Salbe des Heiligen Geistes stelle.

Genesis 3,15: Das Protoevangelium

Auch ist es nicht Jesaja allein, der die Mutter Christi eine Jungfrau nennt. Am Anfang der Welt, nach dem Fall Adams, als Gott die erste Verheißung des Neuen Testaments oder des Evangeliums gab, hat er es verkündigt, als er sagte: »Ich will Feindschaft setzen zwischen dir und einem Weibe, zwischen deinem Samen und ihrem Samen. Derselbe soll dir den Kopf zertreten, und du

523 WA: nu schier bey zwey tausent Jaren sich gevlissen und geübt haben, eine lugen auff die andere zu ertichten.

524 Vgl. WADB 4,22,5: »Wer ein mal redt, dem gleubt man nimer mher« (zu Sprüche 21,24 und mit Belegstellen für dieses Sprichwort bei Aristoteles und →Hieronymus).

525 Lateinisch: Wenn du lügst, lügst du auch, wenn du die Wahrheit sprichst.

526 Vgl. Matthäus 4,1–11; Lukas 4,1–13.

wirst ihn in die Ferse stechen usw.« (Genesis 3,15).[527] Gott der Herr hätte natürlich ebenso gut //296// sagen können: »Der Samen eines Mannes soll dir den Kopf zertreten.« Oder [er hätte] doch den Mann nennen [können], dem die Frau gehörte. {639} Aber nun verschweigt er den Mann und spricht das Kind oder den Samen nur der Frau zu. Das kann nur →Maria sein, die Mutter Christi. Denn alle Kinder und Samen werden sonst den Männern zugeschrieben.

Obwohl nun alle Heiligen von Adam her und wir Christen bis ans Ende auch ein solcher Samen sind, der dem →Teufel den Kopf zertritt, sind wir es doch nicht von uns selbst, sondern vom Samen der Frau [her], an den wir glauben. Ebenso werden wir nach ihm Christen und Gottes Kinder genannt und sind es auch, weil wir in ihm, das heißt: in Christus und [in] Gottes Sohn, bleiben.[528] Wir müssen ihm gleich werden. Durch diesen Glauben an den verheißenen Samen haben sich zur selben Zeit Adam, Eva [und] Abel wieder von der Gewalt der →Schlange erholt[529] und sind ihre Kopftreter geworden. Was hier nun einige Väter in diesem Spruch mit Allegorien spielen, lassen wir beiseite.[530] Denn einige [dieser Allegorien] taugen gar nichts, wenn Adam portio superior rationis, Eva inferior

527 Zur messianologischen Auslegung dieses Verses vgl. Irenäus, Adversus Haereses III,23,7 und V,21,1. Mit der Auslegung dieses Verses nimmt Luther erneut ein Motiv auf, das ihn bereits in *Dass Jesus Christus ein geborener Jude sei* (WA 11,316) und in *Von den Juden und ihren Lügen* (WA 53,482 und 485 JL 116 und 118) beschäftigt hatte. Von einem »Samen« der Frau ist auch weiter unten im Zusammenhang mit der Auslegung von Levitikus 12,2 (»wenn eine Frau Samen gibt«) die Rede (vgl. WA 53,643 und unten S. 159 f.).

528 Zur paulinischen Wendung »in Christus sein« vgl. Römer 8,1.

529 WA: von der Schlangen gewalt wider auffkomen.

530 WA: lassen wir faren. – Vielleicht denkt Luther an Philo von Alexandrien, der in der Schlange eine Allegorie des »Verlangens« sieht; Theodor von Mopsuestia (ca. 350–428/29) entnimmt der Tatsache, dass die Schlange sich vom Staub der Erde ernähren muss, den Hinweis, dass ihr die himmlischen Dinge fremd- und fernbleiben; Harl, La Bible d'Alexandrie, 109.

p o r t i o sein soll.[531] Eine solche Philosophie gehört [aber] nicht hierher. Andere machen aus Eva die Kirche [und deuten] die Christen [als] ihren Samen. Aber das gehört zum richtigen Sinn[532] [dieses Verses], dass nämlich, wie gesagt, alle Heiligen durch den Glauben an den einzigen Samen dieser einzigen Frau auch ein solcher Same sind.[533] Und wenn jemand einwenden wollte, hiermit wäre noch nicht bewiesen, dass die Frau eine Jungfrau sein müsse, [sie] könnte wohl [auch] eine Witwe sein – [so erwidern wir:] wohlan, Gott hat nicht alles auf einmal mitteilen[534] wollen, sondern [wollte es] mit der Zeit klarer und klarer verkündigen. Jetzt[535] ist es genug, dass Christus der Samen einer Frau sein soll, ohne den Samen eines Mannes, damit ist die Jungfrauschaft angedeutet. Am Samen liegt alles. Danach soll Jesaja ausdrücklich sagen, dass es eine »Alma«, eine Jungfrau, sei [Jesaja 7,14]. Das Neue Testament soll [es dann] hell [und] frei heraus sagen: Es ist die Jungfrau Maria von Nazareth, Josefs Braut und die Mutter Christi.

---

531 Nach dieser auf dem Neuplatonismus (Plotin) fußenden Lehre, die ihre christliche Ausprägung bei dem Kirchenvater Augustinus (De Trinitate XII, 2/ PL 42, 999) und bei Bonaventura (1221–1274) fand, soll Adam den »höheren Vernunftanteil« des Menschen repräsentieren, der auf die ewigen Dinge gerichtet ist, während Eva für den »niedrigeren Vernunftanteil« steht, der sich mit den praktischen und materiellen Dingen des diesseitigen Lebens beschäftigt; vgl. Mulligan, Portio Superior and Portio Inferior Rationis. Diese Vorstellung, die im Mittelalter durch Vermittlung arabischer Philosophen (Avicenna, Al-Ghazali) in den Westen kam und auch bei Hugo von St. Victor eine Rolle spielt, war für Luther theologisch irrelevant, da für ihn nicht die →Vernunft, sondern der von Gott geschenkte Glaube für den Gottesbezug des Menschen zuständig ist.

532 WA: ist ein stücke vom rechten verstand.

533 Zum hier wörtlich verstandenen Bild der Wiedergeburt der Christen im Neuen Testament vgl. Johannes 3,3 und Titus 3,5; vgl. auch Römer 6,3–11. Im Hintergrund steht auch die Vorstellung von der »Gotteskindschaft« der Christen,

534 WA: heraus schütten.

535 D. h. zur Zeit der Genesis.

Genesis 49,10: Eine neue Deutung der Prophezeiung des Erzvaters Jakob

Dies schaut[536] (woran uns die hebräischen →Grammatiker erinnern) der Erzvater Jakob mit dem Wort »Silo« (Genesis 49,10): »Das Zepter Judas soll nicht wegkom//297//men, bis Silo kommt.«[537] Denn es ist sehr gut anzunehmen, dass sich die Väter nach dem Jammer und Fall Adams, von Adam her, die Verheißung vom Samen der Frau, der ihr Leben und [ihre] Seligkeit gewesen ist, täglich und gut eingeprägt haben.[538] [Das hebräische Wort] »Silo« [שילה] aber kommt von »Silva« oder »Silia« [שליה] (wie sie sagen[539]) und soll d e n M u t t e r k u c h e n bezeichnen[540], in dem das Kind im Mutterleib liegt. Oder [es bezeichnet nach der Regel] c o n t i n e n s p r o c o n t e n t o[541] d a s neu geborene Kind [selbst]. So scheint es [nach dem he-

536 WA: Hieher sihet.

537 Zur Deutung dieses Textes in *Dass Jesus Christus ein geborener Jude sei* vgl. WA 11,325–327; vgl. auch *Von den Juden und ihren Lügen* (WA 53,450–462 = JL 61–82).

538 WA: es seer gut zu rechen ist, das die Veter von Adam her die verheissung von des weibs Samen teglich und wol geubt haben, als der jhr leben und seligkeit gewest ist, nach dem jamer und fall Adam.

539 Zur Deutung dieser Stelle in der jüdischen Tradition vgl. Jacob, Genesis, 903–907. Luthers Interpretation wird im Anschluss an die aramäische Übertragung von Genesis 49,10 im Jerusalemer Targum I/ Pseudo-Jonathan (מלכא משיחה זעיר בנוי = der König Messias, jüngster Sohn) von folgenden jüdischen Exegeten vertreten bzw. erwähnt: Abraham Ibn Esra (ca. 1089/1092–ca. 1164/1167), David Kimchi (1160–1235), Gersonides (Levi ben Gerschon, 1288–1344) und Abrabanel (1437–1508). Zur Auslegung dieser Stelle vgl. auch McNamara, Targum Neofiti, 220 und Grossfeld, Targum Onqelos, 163.

540 WA: S e c u n d i n a m . – Luther meint die Plazenta, die nach der Entbindung als Nachgeburt abgeht und häufig als »zweite Geburt« bezeichnet wurde; vgl. Deuteronomium 28,57 (Vulgata): »et inluvie secundarum quae egrediuntur de medio feminum eius.« Die Plazenta galt häufig als eine Art »andere Hälfte« des Kindes, als sein Doppelgänger; vgl. Gélis, Geburt, 254.

541 Lateinisch: Die Umhüllung steht für den Inhalt.

bräischen Text in] Deuteronomium 28,57, wo er [Gott] den Juden solchen Jammer androht, dass eine Frau vor großem Hunger die von ihrem Leibe ausgehende »Siliah« [שליה] fressen werde, das heißt ihr neugeborenes Kind. [Dieses Verständnis ergibt sich] durch [die Figur] der Synekdoche[542], die allen Sprachen gemeinsam ist, wenn wir etwa sagen: »Der kann ein Fass aussaufen, einen Topf auffressen.« Dabei säuft und frisst man doch nicht [das] Fass oder [den] Topf [selbst], sondern was darin ist. Ebenso [als Synekdoche ist] Matthäus 23,37 [zu verstehen]: »Jerusalem, Jerusalem, du schlägst die Propheten tot« – es waren doch nicht die Steine und [das] Holz, [die] dies taten, {640} sondern die Leute, die in [der Stadt] sind. Ebenso [sagt man]: »Das ist ein böses Haus«, wenn böse Leute drinnen sind.

Maria war keine Witwe und hat auch nicht vom Teufel empfangen

Genauso will nun Jakob sagen: »Bis Silo kommt«, das heißt: Bis das Kind (der Frau, nicht des Mannes) kommt, das sie allein in ihrem Leibe empfangen, getragen und geboren hat: Von ihm wurde unserem Vater Adam gesagt »eines Weibes Samen usw.« (Genesis 3,15). Auf Deutsch [heißt das]: Bis der Sohn der Jungfrau kommt. Denn er sollte nicht wie andere Adamskinder in Sünden empfangen und geboren werden. Darum musste seine Mutter eine Jungfrau sein, die kein Mann berührt hatte, auch keine Witwe, die zuvor einen Mann gehabt und dazu beigetragen und geholfen hatte, die Erbsünde zu vermehren (Psalm 51,7).[543]

---

542 WA: per Synecdochen. – Es handelt sich hier um eine Wortfigur, bei der ein Wort durch einen Begriff weiterer oder engerer Bedeutung ersetzt wird: Demnach steht die Nachgeburt für die Geburt selbst.

543 Luther geht im Anschluss an Augustinus von der Übertragung der Erbsünde durch den Sexualakt aus. In seinem Traktat *Vom ehelichen Le-*

Und wenn der →Teufel hätte geltend machen können[544], dass →Maria eine Witwe [gewesen] wäre, hätte er uns so viele Christusse machen können, wie eine Witwe Kinder getragen haben kann.[545] Dann hätten wir nicht gewusst, welcher [Christus] es wäre und hätten damit unter so vielen Söhnen den rech-

ben heißt es (WA 10/2,304,7–9), »das fleysch und blutt, durch Adam verderbt, ynn sunden empfangen und geporn wirt, lautts des 50. psalm, Unnd das keyn ehepflicht on sund geschicht.« Vgl. Angenendt, Ehe, Liebe und Sexualität, 77–78 und 157–158. Er kann diese Einsicht auch auf seine eigenen Eltern übertragen (WA 37,55–56): »Meine mutter hat eitel sundlich fleisch und blut da zu gebracht und der Vater [...] ist auch nicht rein und also beide durch böse lüst und unreine natur zu samen gethan [...] Darumb kan auch nichts reines an mir sein.«

544 WA: diese Ursachen hette mögen haben.

545 Offenbar denkt Luther an besondere Gefährdungen für Witwen von Seiten des Teufels, vor denen der 1. Timotheusbrief (5,13–15) warnt. Vielleicht sollen auch Vorstellungen abgewehrt werden, wie sie die spätantike/frühmittelalterliche jüdische Apokalypse des *Sefer Serubbabel* (ca. frühes 7. Jahrhundert n. Chr.) schildert. Dort ist von einer →Zeugung und Geburt des »Antimessias« mit Namen Armilos durch den Beischlaf einer »sehr schönen Frau« mit dem Teufel die Rede. In der Forschung wird angenommen, dass diese Frau ein aggressiv-polemisches Zerrbild der Jungfrau →Maria darstellt. (Vgl. zu diesem Text unten Anhang 2.; weitere Midraschtexte zu dieser Thematik werden genannt bei Greisiger, Die Geburt des Armilos, 25). Möglicherweise verteidigt Luther in diesem Text daher nicht nur die Jungfrauengeburt Mariens, sondern wehrt die weitergehende Beschuldigung ihrer Teufelsbuhlschaft ab. Obgleich die im Anschluss genannten Irrlehrer Mani und Helvidius mit diesen Texten und Vorstellungen historisch und sachlich nichts zu tun haben, spricht deren Nennung durch Luther für diese Interpretation, da Luther dabei eine häretische Konzeption (»Christus als Gespenst«) erwähnt, die zu den dämonologischen Vorstellungen des *Sefer Serubbabel* passt. – Dass Luther sich im Laufe der Jahrzehnte immer wieder mit »teuflischen« Vorstellungen im Hinblick auf die Schwangerschaft Marias auseinandersetzte, zeigt sein (1541 niedergeschriebener) Bericht von seiner Auseinandersetzung mit dem Ablassprediger Johannes Tetzel, der gesagt habe, seine Ablassbriefe könnten auch demjenigen Vergebung verschaffen, der »die heilige Jungfraw Maria Gottes Mutter hette geschwecht oder geschwengert« (WA 51,539).

ten einzigen [Messias] verloren. Es hat ohnehin Mühe gekostet[546], dass wir den einzigen [Messias] behalten haben vor seinem Wüten.

Manichäische und andere Irrlehren: Jesus als Gespenst

Denn er fing durch seinen Manichäus[547] schon an, einen andern Christus zu machen, der nicht der natürliche Sohn //298// der →Maria, sondern als Gespenst von ihr gekommen wäre. Auch Helvidius, dieser Narr, wollte der Maria mehrere Söhne nach Christus geben – aus diesen Worten des Evangelisten (Matthäus 1,25): »Und Josef erkannte seine Braut Maria nicht, bis sie ihren ersten Sohn gebar.«[548] Das wollte er so verstehen, als hätte sie nach ihrem ersten Sohn mehrere Söhne gehabt, der grobe Narr. Ihm hat der Hl. →Hieronymus gut geantwortet. Summa, er[549] ist dem Samen des Weibes feind [und] wollte ihn gern zunichte oder doch ungewiss machen. Daher beschreiben die Evange-

546 WA: Es hat sonst mühe gehabt.

547 Der im persischen Sassanidenreich lebende Mani (216–276/277) war der Stifter der nach ihm benannten synkretistischen Religion des Manichäismus. Zur manichäischen Vorstellung von Jesus Christus, die seiner irdischen Erscheinung jede Realität absprach, vgl. Rose, Die manichäische Christologie, 121: »Für die Manichäer war der bloße Gedanke, der göttliche Erlöser habe sich mit dem befleckten Fleisch verbunden, eine massive Schändung ihres Jesusbildes.«

548 Helvidius, genannt auch Helvetius (ca. 340 – ca. 390), ein von Augustinus (*De Haeresibus*, 82 und 84, PL 42, 45–46) als häretisch bezeichneter arianisch beeinflusster italienischer Theologe, wird eine vor 383 verfasste Schrift zugeschrieben, die die fortdauernde Jungfräulichkeit Marias verneint. Demnach waren die in den Evangelien erwähnten Brüder und Schwestern Jesu seine leiblichen Geschwister sowohl väterlicher- als auch mütterlicherseits. Hieronymus (347–420) beantwortete diesen Text mit einer Widerlegung unter dem Titel »Adversus Helvidium«. Zu dieser Kontroverse vgl. Bauckham, Jude, 19–32 und Hengel, Jakobus der Herrenbruder – der erste »Papst«, 568,

549 D. h. der Teufel.

listen (wie [wir] gehört [haben]) seinen Stammbaum so ausführlich, dass die Juden nicht in die Irre gehen[550] und denken sollten, es müsste ein anderer Jesus sein, von dem diese großen Dinge gesagt würden, dieser (den sie wohl kennten), der Sohn der Maria, könnte es nicht sein. Ach ja (sprechen [die Evangelisten]): Es ist derselbe, der einzige Jesus, der Sohn der Maria, der Sohn Davids, [der Sohn] Abrahams und aller [anderen biblischen] Vorfahren.

Darum war es notwendig, dass seine Mutter eine Jungfrau war, eine junge Jungfrau, eine heilige Jungfrau. Von der Erbsünde erlöst und gereinigt, trug sie durch den heiligen Geist nicht mehr als einen Sohn, einen Jesus, ihre »Silia«-Frucht, ohne einen Vater, aus dem Samen ihres Leibes, einen einzigen Christus, der uns [deshalb] gewiss sein kann.

Aber hier ist nicht Zeit dazu, dies ausführlich zu behandeln. Denn ich müsste {641} predigen, wie der Same der Frau dazu bestimmt ist, ein Segen zu sein, [wie er] Abraham verheißen [wurde].[551] Das heißt: Wie er dazu bestimmt ist, Gott zu sein. Ich habe an anderer Stelle davon geschrieben und geredet[552], darum lasse ich es jetzt genug sein.

»Silo« als Nachgeburt nach Deuteronomium 28,57

Dass die Rabbinen auf dem [Vokal] »o«[553] [für den letzten →Buchstaben] He im [hebräischen Wort] Silo bestehen könnten, ficht mich nicht an. [Ich] kann den Vokal »o« wohl wegtun. Auch wenn Silo [שִׁילֹה] nicht im Femininum Sila [שִׁלְיָה] zu lesen sein sollte, handelte es sich dennoch nur um die Frucht ei-

550 WA: das die Juden nicht sollten ergern.

551 Zur Verheißung an den »Samen« Abrahams vgl. Genesis 12,7; 13,15; 15,18 und 17,8; vgl. auch Genesis 12,3 (»in deinem Namen werden gesegnet alle Geschlechter der Erde«).

552 Vgl. Luthers Text *Dass Jesus Christus ein geborener Jude sei* (WA 11,317,30 ff.).

553 WA: Holem.

ner Frau, weil kein Mann da ist. [Andernfalls] müsste es heißen: Der Sohn der Jungfrau von Juda oder des Juda. Aber in Deuteronomium 28,56–57 steht der Mann bei der Frau, die ihre Kinder frisst. Hier [Genesis 49,10] steht allein die Frucht der Frau, Silo, ohne Mann. Hiervon werden gar viele gute Predigten gehalten und Bücher geschrieben worden sein, die mit der Zeit vergessen und verloren sind, //299// wie wir jetzt sehen, dass ein gutes Buch oder [eine gute] Predigt kaum ein Jahr anhält. Und man sagt [ja], dass man ein neues Lied [nur] ein Jahr [lang] singt, abgesehen von wenigen Leuten, die es für ihre Nachkommen aufbewahren. Die meisten[554] lassen es vorüberlaufen und warten immer auf ein Neues. Damit behält der Teufel die Welt für immer im Irrtum. Die wenigsten bleiben bei dem, was sie empfangen haben (Johannes 2,22–25). So ist es geschehen, so geht es, vom Anfang bis zum Ende der Welt, dass große Dinge geschehen und doch [nur] wenige darauf achten. Die meisten lassen es fahren und vergessen es.

Demnach wäre nun Jesaja ein feiner Lexikograph[555], der uns als ein Meister das Wort »Silo« (Genesis 49,10) und »den Samen der Frau« (Genesis 3,15) ausgelegt hätte, als wollte er sagen: »Wollt ihr wissen, was ›Silo‹, was ›Samen der Frau‹ heißt? Ich will es euch sagen: Es ist das Wunderzeichen, dass der Messias der Sohn einer Jungfrau sein soll. Seine Mutter soll eine ›Alma‹ sein, die in ihrem jungfräulichen »Silia« [ihrer Gebärmutter] oder Leibe ohne das Zutun eines Manns empfängt.« Die Hl. Elisabeth sagte es gerade heraus[556], als sie →Maria fröhlich empfing und sprach (Lukas 1,42): »Gesegnet ist die Frucht deines Leibes«, das heißt: »Silo«, die Frucht matricis tuae[557] [deiner Gebärmutter], deiner »Silia«, oder deines

554 WA: Der hauffe.

555 WA: Vocabularius.

556 WA: gehet auch fein gleich zu.

557 In der lateinischen Übersetzung von Lukas 1,42 (Vulgata) heißt es: fructus ventris tui.

Leibes allein und keines Mannes. Denn das Kind *meines* Leibes hat einen Vater, der Zacharias heißt.

Psalm 22,11: »Du hast mich aus meiner Mutter Leibe gezogen«

Ebenso singt auch David [in] Psalm 22,10 in der Person Christi: »Du hast mich aus meiner Mutter Leibe gezogen.«[558] Hier nennt er sich selbst Silo, der aus dem Leib seiner Mutter (nicht wie alle andern Kinder aus den Lenden seines Vaters) gezogen sei.[559] Ebenso in Psalm 22,11: »Auf dich bin ich geworfen aus Mutterleibe, du bist mein Gott von meiner Mutter Leibe an.«[560] Dies kann kein Kind Adams sagen, [denn] die [Adamskinder] werden alle im Zorn und in Sünden und ohne Gott geboren (Psalm 51,7). Nur dieser einzige ist Gottes Kind und ganz und gar der Gnade würdig. In dem Augenblick[561], in dem er aus dem Leib seiner Mutter genommen wurde, musste er doch so große Marter leiden usw.

558 Aus Psalm 22 (Vers 2) zitierte der sterbende Jesus am Kreuz (Matthäus 27,46): »Mein Gott, mein Gott, warum hast du mich verlassen?«

559 Zur Psalmenauslegung Luthers, der die Psalmen konsequent auf Christus bezieht und den Psalmbeter (d. h. für Luther David) mit Christus identifiziert, vgl. Osten-Sacken, Luther und die Juden, 47–65.

560 In Psalm 22,11 (עליך השלכתי מרחם/alekha hoschlachti me-rechem) deutet Luther offenbar die Form des Verbs שלח (schalach) pseudoetymologisch auf das Wort Silo (= Schilo) in Genesis 49,10, für das freilich eine andere hebräische Wortwurzel (schalah) vorauszusetzen wäre.

561 WA: Allein dieser einiger ist Gottes kind, und in gnaden des augenblicks, da er von seiner mutter leib genomen wird, Und mus doch so grosse marter leiden, der eitel gnade wirdig ist.

Psalm 110,3: Wie der Tau aus der Morgenröte

Weiter sagt David (Psalm 110,3): »Aus der Mutter, aus der Morgen{642}röte, kommt dir der Tau deiner Geburt.«[562] Wie der Tau aus der Morgenröte fällt, so kommt deine Geburt aus der Mutter. (»Mutter« wird hier nicht wie im vierten Gebot die ganze //300// Person der Frau genannt, sondern was die Frauen in ihrem Leib »Mutter« nennen, die Gebärmutter[563] oder »Silia«).[564] Nun fällt der Tau vom Himmel ohne jedes Zutun von Menschen (Micha 5,6).[565] Ja, auch ohne Wolken, gerade wenn der Himmel

562 Die sehr nahe am hebräischen Wortlaut orientierte »Verdeutschung« Martin Bubers (»vom Schoß des Morgengrauns her, ist der Tau deiner Kindschaft an dir«) macht die Verständnisprobleme deutlich, die Psalm 110,3 stellt. Mit Recht stellt der christliche Psalmenkommentator Hans-Joachim Kraus die Frage, was das denn heiße. Diese Schwierigkeiten des hebräischen Textes haben zu unterschiedlichen Vorschlägen der Textverbesserung Anlass gegeben; vgl. dazu Kraus, Psalmen, 2. Teilband, 926–927 und 933. Zu Luthers Neudeutung vgl. unten.

563 WA: Matricem.

564 In der deutschen Bibel von 1545 wird Psalm 110,3 freier übersetzt: »Deine Kinder werden dir geborn wie der Thaw aus der Morgenröte.« Die in Luthers Schrift des Jahres 1543 vorgeschlagene Übersetzung bleibt im Hinblick auf die im *status constructus* stehende biblische Wendung טל ילדתך (»Tau deiner Geburt«) etwas näher am hebräischen Text; besonders die Wendung »aus dem Schoß der Morgenröte« (מרחם משחר) übersetzt Luther buchstabengetreu, indem er im Text, anders als in der Bibelübersetzung von 1545, eine Anspielung auf den Mutterleib Marias findet. In der Vulgata (Psalm 109,3) heißt es: »quasi de vulva orietur tibi ros adulescentiae tuae.« Die Gebärmutter (רחם/rechem, vulva, matrix) versteht Luther hier im Sinne einer rhetorischen Figur (pars pro toto) als auf die Frau überhaupt bezogen.

565 In WA ist irrtümlich Micha 2 angegeben. – Die auf den göttlichen Samen bezogene Metaphorik des Taus erinnert an Jesaja 45,8, wo es nach der Übersetzung der Vulgata im Lateinischen heißt »rorate caeli desuper et nubes pluant iustum aperiatur terra et germinet salvatorem« – »Tauet, ihr Himmel, von oben, und die Wolken mögen den Gerechten regnen: es öffne sich die Erde, und sie sprieße den Heiland«. Vgl. auch Jesaja 63,19: »Ach dass du den Himmel zerrissest und führest herab, dass die Berge vor dir zerflössen.« Das Mo-

hell und die Morgenröte am schönsten ist, fällt er am allerlieblichsten. Niemand kann sagen, woher [er kommt] oder wo er zu fallen anfängt. Ebenso ist auch Christus aus der [Gebär]-Mutter gekommen, die im Leib der Jungfrau →Maria ist. Daher kann kein Vater, ja kein Mensch, noch [nicht einmal] sie selbst, sagen oder wissen, wie es zugegangen ist, dass dieser schöne Tau, Christus, in ihrer [Gebär]-Mutter oder [in ihrem] Leib empfangen und geboren sei. Er heißt »vom heiligen Geist, von oben herab empfangen«.

Demnach heißen nun auch alle Christen wie der Tau vom Himmel geboren (Micha 5,6). Denn weil wir an ihn glauben, werden wir ihm gleich gemacht und geachtet (Johannes 1,12): »Er gab ihnen Macht, Gottes Kinder zu werden, die nicht aus dem Blut, sondern aus Gott geboren sind.« Denn niemand kann sagen oder wissen, woher ein Christ kommt, denn er wird aus Geist und Wasser geboren (Johannes 3,5). Das Wasser sieht man, wie man den Tau fühlt, aber die Geburt sieht niemand. So sind wir ebenfalls aus dem heiligen Geist empfangene und geborene Kinder, Christus gleich, nur dass wir aus Gnade und um seinetwillen dazu kommen. Er aber hat es von sich aus[566], weil er als Gottes Sohn nicht nochmals[567] geboren werden musste. Er steckte nicht in der alten Geburt der Sünde und des Todes wie wir verlorenen Adamskinder.

Jeremia 31,22: »Eine Frau wird einen Mann umgeben«

Hierzu bringen wir [als Beleg] auch den Spruch (Jeremia 31,22): »Der HERR wird ein Neues schaffen auf Erden. Eine Frau wird ei-

tiv des »göttlichen Taus« ist aus dem Adventslied Friedrich Spees (1622) »O Heiland reiß die Himmel auf« bekannt, wo es in der zweite Strophe heißt: »O Gott, ein Tau vom Himmel gieß, im Tau herab, o Heiland fließ« (Evangelisches Gesangbuch Nr. 7).

566 WA: Er aber hats seiner person halben.

567 WA: anderweit.

nen Mann umgeben.« Das hat man in der ganzen Christenheit, wie [es] recht und billig ist, mit Bezug auf Christus und die Jungfrau →Maria, seine Mutter, gelesen und verstanden.[568] Es soll ein Neues sein, spricht er, das zuvor auf Erden nicht gewesen ist. Von Anfang [der Schöpfung an] sind Kinder geboren worden, gab es eine staatliche Ordnung[569], haben böse und gute Leute gelebt und sich gebessert und sind böse geworden, wie es jetzt noch geht und bis an das Ende der Welt geschehen wird. Aber hier soll das neue Wunder geschehen, das //301// nie zuvor geschehen ist, nämlich: »Eine Nekefa[570], eine Frau«, die nicht ein Mann ist, soll »einen Mann umgeben«, das heißt: →Maria soll Gottes Sohn empfangen und gebären.

Denn das muss sein, wenn unser Glaube recht sein soll, dass Christus, unser Herr, in dem Augenblick, als Maria dem Engel Gabriel ihre Zustimmung[571] gab und sprach (Lukas 1,38): »Mir geschehe nach deinem Wort«, zugleich Gott und vollkommener Mensch in einer Person geworden ist, wie das die lieben Väter im Konzil von Ephesus gegen Nestorius behauptet haben.[572]

---

568 Zur christologischen Auslegung dieses Textes vgl. Dächsel, Die prophetischen Bücher, 314.

569 WA: Regiment.

570 Luther zitiert die hebräische Wendung נקבה (in korrekter Transkription »neqeva«), die in diesem Vers (nach dem masoretischen Text Jeremia 31,21) die Frau bezeichnet. Die dem Wort zugrundeliegende Wurzel נקב/naqav (»durchbohren«, »durchstechen«) enthält im Hebräischen eine Andeutung an die (weiblichen) Körperöffnungen; vgl. Veltri, Eine Tora für den König Talmai, 42 (mit Belegstellen im Midrasch).

571 WA: jhr volwort.

572 Auf dem dritten ökumenischen Konzil von Ephesus (431 n. Chr.) wurde der Patriarch von Konstantinopel Nestorius, der die Meinung vertrat, →Maria sei nur Christusgebärerin, nicht aber Gottesgebärerin gewesen (Θεοτόκος/Theotókos, lateinisch Dei Genitrix oder Mater Dei), abgesetzt und als Häretiker verurteilt. Die Lehre von Maria als der Gottesgebärerin, theologischer Ausdruck der Überzeugung, dass Jesus von Nazaret zugleich wahrer Gott und wahrer Mensch war, wurde für die Reichskirche durch die christologischen Entscheidungen des Konzils von Chalzedon (451 n. Chr.) bestätigt

Denn wenn das nicht sein sollte, {643} wäre sie nicht Theotokos [Gottesgebärerin], Gottesmutter, zu nennen und Christus wäre nicht ihr Sohn. Davon [habe ich] anderswo disputiert[573], und hier ist [das Thema] zu lang, [um es] zu behandeln. Lass mir das nun einen neuen seltsamen Mann[574] sein, der zugleich Gott und Mensch ist [und] im Mutterleibe ein Kindlein, es sei klein, wie es wolle. Klein muss er gewesen sein, wie die Doktoren, Damascenus[575] und andere, es danach ausrechnen. Voll des [Heiligen] Geistes nennt demnach Elisabeth Maria die Mutter des Herrn[576], obwohl →Maria damals doch vielleicht kaum vierzehn Tage schwanger gewesen ist. Zu diesem Zeitpunkt kann, wie man weiß, kein Kind in anderen [schwangeren] Frauen leben.[577]

---

und endgültig verbindlich. Die Reformation übernahm diese Lehre zusammen mit den anderen Entscheidungen der altkirchlichen Konzilien. Als biblischer Beleg des Dogmas gilt Lukas 1,43, wo Elisabeth Maria als »Mutter meines Herrn« anspricht.

573 Vgl. Luthers Schrift aus dem Jahre 1539 *Von den Konziliis und Kirchen* (WA 50,581,15 ff.).

574 Luther bezieht sich erneut auf den »Mann« (גבר) aus Jeremia 31,22.

575 Gemeint ist wahrscheinlich der Kirchenvater Johannes von Damaskus (ca. 675–749); die Stelle, auf die Luther sich bezieht, ließ sich nicht nachweisen.

576 Vgl. Lukas 1,43.

577 Offenbar meint Luther die erst bei fortgeschrittener Schwangerschaft auftretende erste Kindsregung, die werdenden Müttern in vormoderner Zeit Aufschluss über die Schwangerschaft gab. Zu den Wahrnehmungsweisen von Schwangerschaft in einer Zeit, die noch nicht über pränatale Diagnostik verfügte, vgl. Lorenz, »[…] als ob ihr ein Stein aus dem Leibe kollerte«, 99–121; Labouvie, Andere Umstände, 14–24. Nach dem Talmud, der an aristotelische Vorstellungen anschließt, beginnt menschliches Leben im Mutterleib bei männlichen Föten am 40. Tag nach der Zeugung (Mischna Nidda 3,6). Im Corpus Hippocraticum wird der männliche Fötus bereits nach 30 Tagen, ein weibliches Kind nach 42 Tagen »menschenähnlicher«. Beide Angaben erklären sich durch ihre Beziehung zur angenommenen Dauer des nachgeburtlichen Wochenflusses, der sich – anders als pränatale Vorgänge – gut beobachten lässt. Der Talmud errechnet den Zeitraum durch die Addition der beiden im »Gesetz für die

Levitikus 12,2: Maria war keine gewöhnliche Wöchnerin

Zuletzt kann ich es nicht lassen. Ich muss angeben, welche feinen Gedanken der Hl. Bernhard aus Mose ableitet[578], wenn er spricht: »Wenn ein Weib besamt wird und ein Knäblein gebiert, soll sie sieben Tage unrein sein usw.« (Levitikus 12,2).[579] Hier wundert sich der Hl. Bernhard, warum Mose sich mit solchen überflüssigen Worten abgibt[580]: »Wenn ein Weib besamt wird.« Warum sagt er nicht einfach kurz: »Jede Frau, die einen Knaben gebiert, soll sieben Tage [lang] unrein sein?« Man weiß doch wohl, dass alle Frauen besamt werden müssen, wenn sie Kinder tragen sollen – und keine [Frau], die ohne Samen ist, trägt ein Kind. Daraus schließt er, Mose habe Rücksicht nehmen und nichts Falsches von der Mutter des HErrn sagen wollen, die er hiermit von seinem Gesetz ausnehmen will. Denn sie soll nicht wie andere Frauen unrein sein. Damit verkündigt [er], es würde einmal die Mutter kommen, die *ohne Samen* einen Knaben gebä-

---

Wöchnerinnen« (Levitikus 12,3–4) genannten Fristen (acht Tage und 33 Tage, wobei ein Tag als überlappend zählt). Vgl. Morgenstern, Nidda, 192–194. Da Luther die letztgenannte Bibelstelle im Anschluss anführt, hatte er von diesen Vorstellungen vielleicht Kenntnis.

578 WA: welche feine gedancken S. Bernhard aus Mose spinnet. – Die Belegstelle bei Bernhard von Clairvaux ließ sich nicht nachweisen.

579 Die Wiedergabe des Textes erfolgt wie in der deutschen Bibel von 1545 (»wenn ein Weib besamet wird und gebirt ein Kneblin«). Im hebräischen Text (אשה כי תזריע) ist die Kausativform des Verbs aber vielleicht so zu verstehen, dass die Frau selbst »Samen gibt« – eine Vorstellung, die im Babylonischen Talmud (Traktat Nidda 3,1) wieder aufgenommen wird. Im Hinblick auf vorneuzeitliche Theorien zur Entstehung der Leibesfrucht muss man sich klarmachen, dass erst die Erfindung des Mikroskops und die Entdeckung der Samenfäden im Jahre 1677 sowie des Follikels, der die Eizelle enthält und freigibt, durch den Niederländer Regnier de Graaf im 17. Jahrhundert den Weg für das moderne Verständnis der menschlichen Fortpflanzung gebahnt hat. Luther waren diese Zusammenhänge noch unbekannt; vgl. dazu Morgenstern, Nidda, 193–194.

580 WA: warumb Mose seinen mund lesst ubergehen mit solchen vergeblichen worten.

ren würde, das heißt, die den Silo tragen würde, das Kind einer Mutter ohne einen Vater. //302//

Abwehr jüdischer Bibelauslegungen

Dies alles will ich dieses Mal unserm lieben HErrn zu Ehren [und zu] Lob und Dank geschrieben haben, um unsern Glauben zu stärken – dem leidigen Teufel und seinen beschnittenen Heiligen[581] zum Hohn und Verdruss. Denn ich weiß sehr wohl, wie sie diese angeführten Sprüche schänden und lästern. Daher sollte niemand sagen, ich wüsste ihr Ding nicht, ich verdammte sie ungehört und würde nicht so gegen sie freveln, wenn ich ihr Verständnis [der Bibel][582] kennte. Nein (Gottlob) ich weiß wohl, was ihre Weisheit in der Schrift ist. [Ich] habe es in jenem Büchlein zur Weissagung Jakobs in Genesis 49,10, [zu] Haggai 2,6–7, [zu] Daniel 9,24–27[583] und im Abschnitt[584] von der →Beschneidung und vom Adel des Bluts bewiesen[585] und in diesem [jetzigen] Büchlein im [Abschnitt über den] Scham Haperes[586], [in der Auslegung zu] Jesaja 7,14[587] und dergleichen. Ich habe nichts [mir] Unbekanntes behandeln wollen.

[Ich] will auch wohl noch ihre Auslegungskunst zu Jeremia 31,22 angeben. Dort sagen sie, »eine Frau wird einen Mann um-

581 Vgl. das Glossar (→Beschneidung); zu Luthers Ironie und Sarkasmus vgl. Ehmann, Luther, Türken und Islam, 110–111 und Zschoch, Streitschriften, 278.

582 WA: jren verstand.

583 Vgl. *Von den Juden und ihren Lügen*, WA 53,450,19 ff.; 476,5 ff.; 492,7 ff. (= JL, 59 ff., 106 ff. und 133 ff.).

584 WA: Artickel.

585 Vgl. *Von den Juden und ihren Lügen*, WA 53, 419,22 ff. 427,20 ff.; (= JL, 7 ff., 21 ff.). Luthers Bemerkung gibt erneut zu erkennen, wie eng seine beiden Texte *Von den Juden und ihren Lügen* und *Vom Schem Hamephorasch und vom Geschlecht Christi* zusammen gehören.

586 Zu Luthers Auslegung des →Schem Hamephorasch als Scham Haperes (»hier ist Kot«) vgl. das Glossar (→Midrasch).

587 Vgl. dazu oben S. 133 ff.

geben« solle heißen, das Volk →Israel ist die Frau, Gott der Mann. Nun ist Israel in der →Abgötterei eine Hure {644} gewesen. Danach hat sie sich bekehrt und bereut und [hat] so den Mann, das heißt Gott, wieder umgeben und versöhnt.[588] Selbst wenn die Worte diesen [Sinn] ergeben könnten, obgleich es nicht sein kann – wie kann man so etwas »ein Neues auf Erden schaffen« (Jeremia 31,22) nennen? Ist das Volk Israel nicht immer wieder eine solche Hure gewesen und [danach] wieder bekehrt worden?[589] Dazu befrage das Buch der Richter![590] Hier wird es noch dazu kommen, dass, was ein Rabbi neu nennt, [tatsächlich] neu ist, und was er alt nennt, [tatsächlich] alt ist, wie oben die Regel von der linken und rechten Hand heißt.[591]

Aber zu dieser Bibelstelle[592] gibt es [eine] noch viel höhere, feinere [jüdische] Auslegungskunst: Sie sagen, unter der Frau sei die Hure →Israel zu verstehen. Aber wenn sie Hochzeit haben, führen sie die Braut dreimal um den Bräutigam, um diesem Spruch Jeremias zu entsprechen: »Eine Frau umgibt den Mann.«[593] Hier soll »Nekefa«, die Frau, eine Jungfrau heißen, dort eine

588 Vgl. →Raschi zur Stelle, der den Vers im Buch Jeremia mit dem (allegorisch gedeuteten) Hohenlied vergleicht (Hoheslied 3,2). Im Kommentar Metzudat Zion (David und Jechiel Hillel Altschuler) wird auf Jeremia 8,5 verwiesen.

589 WA: Ist das Volck Israel niemal ein solche Hure gewest und wider bekeret worden?

590 Im Buch der Richter wird immer wieder davon berichtet, dass das Volk Israel gegen Gott aufbegehrte und danach wieder Buße tat – daher kann in diesem Vorgang, so Luther, nichts »Neues« liegen.

591 Vgl. oben S. 30.

592 WA: an diesem ort. – Gemeint ist Jeremia 31,22.

593 Zu diesem unter aschkenasischen Juden verbreiteten Brauch, der Luther wohl aus der Schrift des jüdischen →Konvertiten Antonius →Margaritha *Der ganz jüdisch glaub* bekannt war (vgl. WA 53,644, Anm. 4), vgl. Lau, Wie Juden leben, 328. Neben dem bei Lau erwähnten Brauch der siebenmaligen Umrundung des Bräutigams gibt es auch die Tradition einer dreimaligen Umkreisung; vgl. http://hamantaschen.blogspot.de/2009/09/die-judische-hochzeit-warum-die-braut.html (29.12.2015). Vgl. auch Babylonischer Talmud, Traktat Jebamot 62b.

Hure?! Warum? Weil die Rabbinen nicht irren können, wenn sie sagen: Eine Hure ist eine Jungfrau und eine Jungfrau ist eine Hure, nach der Regel, dass die linke Hand rechts ist, wenn ein Rabe [Rabbiner] sie //303// rechts nennt.[594] Und solche neuen Dinge müssen vorher auch niemals geschehen sein, wenn eine Frau oder Braut dreimal um den Mann geführt wird. Denn Jeremia sagt, es solle, vom Herrn geschaffen, ein Neues sein auf Erden (Jeremia 31,22). Aber hier hat ein Rabbi der Sache bald abgeholfen und gesagt, was er neu nennt, das ist neu, was er aber alt nennt, das ist alt, usw.

594 Vgl. oben S. 52.

4. Schlusswort

Summa, die unverbesserlichen[595] Teufelslügenmäuler meinen [es] nicht anders, als dass die heilige Schrift ihnen ganz allein gehöre – wie ein Papier, aus dem sie Männlein, Vögelein, Häuslein und Kinderspielzeug[596] schnitzen können, wie sie wollen. Und was sie sagen, das sollen sowohl ihre Juden als auch wir Christen für recht annehmen. Darum will ich hiermit erneut[597] ein Urteil über die verfluchten Rabbinen sprechen.

4.1. Das Verdammungsurteil über die Juden

Die Heilige Schrift gehört nicht den Juden

Erstens folgendermaßen: Die Heilige Schrift gehört nicht den Juden, nicht den Heiden, auch nicht den Engeln, viel weniger dem →Teufel, sondern allein Gott, der sie allein gesprochen und geschrieben hat. Der soll sie auch allein deuten und auslegen, wo es nötig ist; [der] Teufel und [die] Menschen sollen Schüler und Zuhörer sein.

Christen dürfen nicht bei Juden lernen

Zweitens ist es uns Christen bei Verlust der göttlichen Gnade und des ewigen Lebens verboten, die Schriftauslegung und die →Glossen der Rabbinen[598] zu glauben oder für richtig zu halten.

---

595 WA: verzweivelten.

596 WA: Katzenstulin.

597 Luther hält an seinem Urteil über »die Juden« in seinen früheren Judenschriften, namentlich in *Von den Juden und ihren Lügen* (1543), fest.

598 WA: der Rabinen verstand und glosen jnn der Schrifft. – Gemeint sind nicht nur die »Rabbinen« der talmudischen Zeit selbst, sondern das ganze rabbinische Judentum, also alle zeitgenössischen Juden.

Lesen mögen wir es, [um] zu sehen, was für ein verdammtes Teufelswerk sie bei sich treiben, und [um] uns davor zu hüten. Denn Mose sagt (Deuteronomium 28,28): »Gott wird dich schlagen mit Wahnsinn, Blindheit und rasendem Herzen.«[599] Dies hat Mose nicht von den verfluchten →Gojim gesagt, sondern von seinen beschnittenen Heiligen, dem edlen Blut, [den] Fürsten [des] Himmels {645} und der Erde, die sich →Israel nennen. Hiermit sind aber von Gott selbst ihr Verstand, [ihre] →Glosse[n] und [ihre] Auslegung der Schrift als reiner Wahnsinn, [als] Blindheit [und] Raserei verdammt. Alles, was sie diese 1500 Jahre [lang][600] in der Schrift gearbeitet haben, spricht und beurteilt Gott selbst nicht nur als falsch und [voller] Lügen, sondern auch als reine Blindheit, als rasendes, wahnsinniges Ding. Und wie ein solches Urteil lautet, so findet es sich auch im Werk und in der Tat, wie du [es] oben im Spruch Jakobs (Genesis 49,10), [im Propheten] Haggai 2,6–7, [zu] Daniel 9,24–27, im →Schem Hamephorasch Jesaja 7,14[601] von der //304// »Alma« [und zu] Jeremia 31,22 von der Nekefa [Frau] gesehen hast. Summa, ebenso verfahren sie mit allen [biblischen] Sprüchen, die vom Messias und [vom] rechten Glauben reden. Ein rasender Mensch muss rasen.

---

599 Dieser Text wird in diesem Sinne bereits in *Von den Juden und ihren Lügen* zitiert (WA 53,518–519 und 522 = JL, 185, 187, 192–193).

600 Zur apokalyptischen Geschichtstheorie, die für Luther offenbar hinter der Zahl 1500 steht, vgl. das Glossar (→Exil und →Weltende).

601 In WA ist hier Jesaja 9 angegeben. Möglicherweise gelten die Messiasnamen in Jesaja 9,5 (»er heißt Wunder-Rat, Gott-Held, Ewig-Vater, Friedefürst«) Luther als Anspielungen auf den »christlich« ausgelegten Schem Hamephorasch? Offenbar handelt es sich hier jedenfalls um die einzige Stelle in dieser Schrift Luthers, in der die Wendung *Schem Hamephorasch* in positiver Absicht gebraucht wird, obwohl das Tetragramm im biblischen Text an dieser Stelle gar nicht vorkommt. Die Stellenangabe Jesaja 7,14 ist natürlich zum folgenden Topos (»Alma«) zu ziehen.

Die Verstocktheit der Juden

Dieses Urteil bestätigt Jesaja 29,13–14: »Weil dieses Volk sich mir mit seinem Munde naht und mich mit seinen Lippen ehrt, aber ihr Herz fern von mir ist und sie mich [nur] nach Menschengeboten fürchten, die man sie lehrt, will auch ich mit diesem Volk wunderlich umgehen, aufs wunderlichste und seltsamste, dass die Weisheit seiner Weisen vergehe und der Verstand seiner Klugen sich verbergen müsse.« Das ist auch nicht von uns →Gojim, sondern vom Volk →Israel gesagt, das treffliche, weise, kluge Leute und Propheten gehabt hat und diese Bücher [immer] noch hat. Aber weil sie ein falsches Heuchel-Lügenvolk geworden sind, die Gott mit dem Maul rühmen, aber mit dem Herzen zum →Teufel fahren, sollen sie die Weisheit und den Verstand der Propheten ebenfalls verlieren und nicht [weiterhin] haben. Wie sie Gott mit dem Maul (das heißt mit den Hülsen) bezahlen und mit dem Herzen (das heißt mit dem Kern) dem Teufel dienen, so sollen sie daher auch [nur] die →Buchstaben (die leeren Schalen) in der Schrift haben, aber den Kern, das richtige Verständnis, sollen sie nicht ahnen.[602]

Kurz zuvor, im selben Kapitel, spricht er (Jesaja 29,11): »Es sollen euch alle Weissagungen der Propheten wie die Worte eines versiegelten Buches oder Briefes sein, den man einem zu lesen gibt, der [entweder] lesen kann oder nicht, [der aber] sagen muss: Ich kann es nicht lesen, denn es ist versiegelt usw.« So ist auch die Situation[603] bei den blinden, rasenden Juden. Denn sie haben das Buch [des Alten Testaments] wohl, aber da ist in keinem einzigen Vers ein Verständnis weder vom Messias noch [vom] Gesetz [des] Mose, sodass die Heiden und Poeten viel besser lehren als die Juden, selbst wo sie am besten taugen. Es gibt noch viel mehr Sprüche in den Propheten, besonders Psalm 69,23–24, den der Hl. Paulus anführt (Römer 11,9): »Ihr Tisch möge vor ihnen zum Stricke werden, zur Vergeltung und zur

602 WA: riechen.
603 WA: Solchs gibt auch das werck jnn den blinden rasenden Juden.

Falle, ihr Angesicht möge finster werden, dass sie nicht sehen usw.«

Aber in 2. Korinther 3,15–16 gibt der Hl. Paulus ja ein rechtes Bild, wenn er von diesen Juden seit der Zeit Christi redet (denn es //305// kann von niemandem anders verstanden werden): »Bis auf diesen heutigen Tag, wenn Mose gelesen wird, bleibt die Decke über ihrem Herzen, denn ihre Sinne sind verstockt. Wenn sie sich aber {646} zu dem HErrn bekehrten, würde die Decke abgetan.« Ebenso hat ihnen der HErr selbst auch verkündigt: »Die Kinder des Reichs werden in die Finsternis hinausgeworfen werden« (Matthäus 8,12). Und Johannes 8,21: »Ich gehe dahin, und ihr werdet mich suchen und in euren Sünden sterben. Denn wo ich hingehe, könnt ihr nicht hinkommen.« Und was treibt der Hl. Paulus in allen seinen Briefen, als dass er die Juden Hunde, Zerschneidung und ganz verblendet und verstockt schilt, vor denen man sich hüten soll?[604]

Wenn ein Christ nun trotz dieses Urteils und [trotz] der Verdammnis der Juden bei den Juden [Rat für das] Verstehen der Schrift suchen will – was tut der anderes, als bei einem Blinden das Sehen, bei einem Rasenden Klugheit, bei dem Tod das Leben, bei dem →Teufel Gnade und Wahrheit zu suchen? Recht geschieht ihm, wenn er ebenfalls wahnsinnig, blind und rasend wird, wie seine von Gott verdammten Meister es sind. Dass man die Sprache und →Grammatik von ihnen lernt, das ist fein und wohl getan, wie sie [die Juden] es ebenfalls tun. [Sie] lernen von uns die deutsche Sprache, von den Walen[605] die welsche, und wo sie sind, lernen sie die Landessprache. Aber unsern Glauben und das Verständnis der Schrift lernen sie nicht. Ebenso sollen wir auch die [hebräische] Sprache von ihnen lernen, aber ihren von Gott verdammten Glauben und [ihr] Verständnis [der Schrift] meiden.

604 Vgl. Philipper 3,2; Galater 5,12. Zur Beschimpfung der Juden als »Hunde« bei Luther vgl. Kaufmann, Luthers Judenschriften, 158–159.

605 Gemeint sind ganz allgemein Ausländer, die eine romanische Sprache (das »Welsche«) sprechen.

4.2. Warnung vor christlichem »Judaisieren«

Darum sollen unsere →Hebraisten sich diese Arbeit anbefohlen und angelegen sein lassen, die heilige alte Bibel vom Peres der Juden[606] und [von der] →Judaspisse zu reinigen (darum will ich sie hiermit auch um Gottes willen gebeten haben). Wo sie die Punkte[607], die trennenden und verbindenden Satzzeichen[608], die

606 Zu Luthers Auslegung des →Schem Hamephorasch als Scham Haperes (»hier ist Kot«) vgl. das Glossar (→Midrasch).

607 Gemeint sind die Vokalisationszeichen, die den hebräischen Konsonantentext deuten und lesbar machen. Bereits →Raymond Martini hatte den Rabbinen in seiner Streitschrift *Pugio Fidei* vorgeworfen, die Vokalisierung des hebräischen Konsonantentextes planmäßig eingesetzt zu haben, um klare, auf Christus hindeutende Schriftbeweise zu verwischen (Cohen, Friars and Jews, 148). Im Hintergrund stehen offenbar Traditionen, die von einem Niedergang der hebräischen Sprache seit der Zeit des Babylonischen Exils berichten. Bei dem mittelalterlichen jüdischen Philosophen Maimonides (1138–1204) heißt es (zitiert nach Schatz, Sprache in der Zerstreuung, 43): »Als Israel zur Zeit Nebukadnezars, des Frevlers, ins Exil getrieben wurde, vermischte es sich mit Persien, Griechenland und den übrigen Nationen, und es wurden ihnen in den Ländern der Völker Söhne geboren, deren Sprache verwirrt war. Die Sprache eines jeden war ein Gemenge aus vielen Sprachen« (Mischne tora, Hilkhot tefilla 1,4). Ähnlich heißt es in Jehuda ha-Levis (1075–1141) philosophischem Hauptwerk, dem *Sefer ha-Kusari*: »Es ging der Sprache wie ihren Trägern. Sie verarmte, als diese verarmten, und wurde beschränkt, als diese weniger wurden« (Schatz, a. a. O., 45). Das Motiv der Verarmung der hebräischen Sprache findet sich auch in der Grammatik David Kimchis (1160–1235) *Sefer Mikhlol*.

608 WA: distinction, coniugation. – Gemeint sind die hebräischen Akzentzeichen (distintivi und conjunctivi), die biblische Sätze – vergleichbar dem deutschen Komma – sinngemäß gliedern und entsprechende Betonungs- und Leseanweisungen geben. Vgl. Gesenius/Kautzsch, Hebräische Grammatik, 54–62. Luther war der Meinung, dass →Hebraisten wie der Basler Humanist Sebastian →Münster in der Gefahr standen, sich zu sehr von den grammatischen und syntaktischen Feinheiten der jüdischen Auslegungskunst leiten zu lassen (zu »judenzen«) und die christliche Botschaft der rabbinischen Exegese unterzuordnen; vgl. Lewin, Luthers Stellung, 60–61.

Konstruktion, die Signifikation[609] und was die →Grammatik mehr hat, ändern und vom Verständnis der Juden entfernen können, damit es zum Neuen Testament passt[610], sollen sie dies getrost und mit Freuden tun, wie der Hl. Paulus Römer 12,6 lehrt, dass die Prophetie dem Glauben entsprechen soll.[611] Denn das haben sie [die Juden] uns, das heißt: der Bibel, diese 1500 Jahre [lang][612] angetan: Wo sie die Bibel mit Punkten, Distinktion, Konjugation usw. //306// von unserem Messias und [unserem] Glauben abwenden und unpassend für das Neue Testament machen konnten, haben sie dies mit großem und rasendem Eifer getan, wie oben in den Beispielen Genesis 49,10, Haggai 2,6–7, Daniel 9,24–27[613], Jesaja 7,14 und dergleichen zu sehen ist.

Eine jüdische »Konstruktion« zu Jesaja 9,5

Wie [zum Beispiel in] Jesaja 9,5, wo sie den Text so konstruieren[614]: »Vagicra Schemo, Pele usw.« {647} »Es wird der ›Wunderbar, Rat, Gott, Held, Ewig-Vater‹ den Messias Friedefürst nennen.«[615] Hier sieht man ihre Willkür. Darum soll man ihre

609 Vgl. dazu unten das Beispiel der Auslegung von Jesaja 9,5.

610 WA: das sichs zum und mit dem newen Testament reimet.

611 WA: S. Paulus Rom. am 12. leret, das ›die Prophetia sol Analoga, ehnlich sein dem glauben.‹ – Paulus spricht hier von den in neutestamentlichen Gemeinden gegebenen Gnadengaben, die »dem Glauben gemäß« auszuüben seien.

612 Zur Deutung der Zahl 1500 bei Luther vgl. das Glossar (→Exil und →Weltende).

613 Die Auslegungen zu Haggai 2 und Daniel 9 waren nicht Teil der vorliegenden Schrift. Luther bezieht sich vielmehr auf seine Darlegungen in *Von den Juden und ihren Lügen* (WA 53,476–496 = JL, 106–139) und gibt einmal mehr zu erkennen, dass die »Judenschriften« für ihn ein Ganzes bilden.

614 WA: da sie den Text also machen.

615 D. h. die Verbform wird als transitives Verb (in der hebräischen Stammesmodifikation *Qal*) gelesen, die Namen »Wunderbar, Rat,

[masoretischen Vokalisations]-Punkte und [ihre] Konstruktion verwerfen und lesen, wie wir es lesen, weil es die →Grammatik der →Buchstaben ungezwungen ergibt, dass man anstelle »Vagicra«, »Vagicare« liest[616] und alle Namen in Nominativ stehen können. Solche [Beispiele] werden die →Hebraisten wohl mehr finden, damit man den Dieben mit Ehren wieder abnehmen kann, was sie diese 1500 Jahre [lang][617], vielleicht auch schon länger, mit Schanden gestohlen haben.[618] Denn das Hauptstück muss wahr sein, dass die alte heilige Schrift auf den Messias und unsern Glauben abzielt und [ihn] bezeugt. Wer sie dahin nicht versteht, der kann sie nicht haben.[619]

Darum habe ich gesagt, dass Mose und die Schrift bei den jetzigen Juden nicht kenntlich [sind und es] auch nicht der alte rechte Mose ist, so schändlich haben sie ihn mit ihrer →Judaspisse besudelt. Denn Mose traut sich zu[620], Zeuge des Messias zu sein, das ist gewiss. Aber weil sie den Messias so schändlich zu-

---

Gott, Held, Ewig-Vater« stehen im Nominativ und einzig der »Friedefürst« steht im Akkusativ. Dies entspricht der Interpretation →Raschis, demzufolge Gott vom judäischen König Hiskia spricht, also einem Messias der Vergangenheit, der bereits nicht mehr lebt. Nach dieser Interpretation, die auch im Babylonischen Talmud vertreten wird (Traktat Sanhedrin 99a), ist die Messiashoffnung in »alttestamentlicher« Zeit bereits abgegolten, und es ist für die Zeit danach kein weiterer Messias mehr zu erwarten.

616 Die Lesung der Verbform im Passiv (Nif'al) ist allein durch die Veränderung des Vokalbestandes (»Punkte«), ohne Änderung der Konsonanten möglich. Auf diese Weise können alle Substantive dieses Verses (im Nominativ) auf den Messias bezogen werden. Nach christlichem Verständnis bleibt so die Messiashoffnung für die neutestamentliche Zeit offen.

617 Vgl. das Glossar (→Exil).

618 Diese Formulierung wirkt wie ein Echo des »Diebstahles« in der *Toledot Jeschu*-Erzählung. Luther gibt den Vorwurf zurück: Nicht Jesus hat das Geheimnis des Gottesnamens, sondern »die Juden« haben das richtige Verständnis ihrer Heiligen Schrift gestohlen.

619 Luther hebt hervor, dass das Alte Testament für Christen nur insofern Heilige Schrift sein kann, als es Christuszeugnis ist.

620 WA: will trawn.

richten, ist es unmöglich, dass sie Mose in einem Passuk[621] recht verstehen. Diese Arbeit wollte ich gern meinem lieben Herrn und Freund, M. Bernhard Ziegler, Hebräisch-Professor in Leipzig[622], aufgeladen sehen, dass er sich auch einmal hervortäte, wie die andern →Hebraisten (Gott lob) sich nicht ohne großen Erfolg haben sehen lassen. Denn er ist ein besonderer Feind der jüdischen →Judaspisse und vermöchte wohl etwas. Zöge [er] die anderen →Hebraisten zu sich, [so] reinigten sie uns die hebräische Bibel. Denn wenn sie rein und wieder gut hebräisch werden soll, so müssen es die Christen tun, die den Verstand des Messias haben. Paulus sagt demnach (1. Korinther 2,16): »Wir haben den Sinn des Messias.« Und Lukas 24,27: »Er tat ihnen den Sinn auf, dass sie die Schrift verstanden.« Und Matthäus 13,11: »Euch ist es gegeben, zu verstehen das Geheimnis des Himmelreichs.« //307//

Wenn man mich angreifen oder tadeln müsste, weil ich manchmal bei der Übersetzung geirrt habe, so will ich das mit Dank annehmen. Denn wie oft hat →Hieronymus geirrt. Und ich sehe, wie die zwei feinen Männer, Sanctes[623] und

621 Luther verwendet das hebräische Wort für »Vers« (פסוק).

622 Zu dem reformatorischen Theologen und Hebraisten Bernhard Ziegler (1496–1552) vgl. Lewin, Luthers Stellung zu den Juden, 60; Bergmann, Kurzportrait des Hebraisten; Jordan, Reformation und gelehrte Bildung, 133–176. An der Berufung Zieglers (1539) nach Leipzig wirkte Melanchthon mit. Zieglers Wirken in Leipzig ist im Zusammenhang mit der Umgestaltung der Universität im Sinne der Reformation zu sehen – das albertinische Sachsen hatte die Reformation erst 1536 eingeführt. Ziegler beschränkte sich nicht auf den Hebräischunterricht, sondern hielt, ganz im Sinne Luthers, auch theologische Vorlesungen. Zu seiner Promotionsfeier auf dem Weg zur Aufnahme in die theologische Fakultät im Oktober 1543 lud Ziegler seine Kollegen von der Wittenberger Fakultät nach Leipzig ein – der Absagebrief der Wittenberger Theologen, der mit einer Terminkollision begründet wurde, war von Luther mit einem besonderen persönlichen und herzlichen Gruß an Ziegler unterschrieben (Jordan, a. a. O., 145).

623 Gemeint ist der Dominikaner Sanctes Pagnino (Xanthus Pagninus), der 1528 in Lyon eine (auf den hebräischen und griechischen Origi-

→Münster[624], mit unglaublichem Eifer und unnachahmlicher Gewissenhaftigkeit[625] die Bibel übersetzt [und] viel Gutes damit getan haben. Aber die Rabbinen waren ihnen bisweilen zu stark, dass sie auch in der »Analogie des Glaubens« gefehlt[626] [und] den →Glossen der Rabbinen zu viel nachgegeben haben. Denn auch ich selbst bin ihrer Übersetzung an manchen Stellen zu sehr gefolgt.[627] Das muss ich widerrufen, besonders [in der Auslegung] der letzten Worte Davids (2. Samuel 23,1 ff.), was ich bald tun will.[628]

---

naltexten fußende) Neuübersetzung der Bibel ins Lateinische herausgab, die Luther bei seiner eigenen Übersetzungsarbeit konsultierte. 1529 erschien ebenfalls in Lyon sein Monumentalwerk *Thesaurus linguae sanctae sive Lexicon Hebraicum in quo Judaeos, speciatimque Kimchium in libro radicum secutus est*; vgl. Lewin, Luthers Stellung zu den Juden, 55 und 59–60.

624 Luther stand der Bibelübersetzung des Basler Hebraisten Sebastian →Münster (1488–1552) grundsätzlich anerkennend gegenüber, obwohl er an ihm eine »judaisierende« Tendenz tadelte. Münsters Grammatik war in Luthers Gebrauch – aber auch hier gab es einen Dissens im Hinblick auf die Verbindlichkeit der Vokalisierung (Punktation) des alttestamentlichen Textes; vgl. WA 44,682,33–35: Luther referiert (und tadelt) Münsters Lehrmeinung, wonach die Vokalisationspunkte notwendig für das Verständnis der Hebräischen Bibel seien (allegat Rabinum, qui dicit: Sine supra et infra non potest intelligi scriptura sacra, hoc est sine superioribus et inferioribus punctis. Idque verum est apud Hebraios); zu Luthers Verhältnis zu Münster zusammenfassend: Kaufmann, Luthers Judenschriften, 172–174.

625 WA: studio incredibili et diligentia inimitabili. – In diesem in lateinischer Sprache ausgedrücken Lob schwingt offenbar Ironie mit, da Münster zu den Hebraisten gehörte, die Luther des »Judaisierens« verdächtigte.

626 Vgl. Römer 12,6.

627 WA: ich auch selbs jrer translation etwa zu viel gefolget.

628 WA: in verbis novissimis David. – Luthers Schrift *Von den letzten Worten Davids* erschien im August 1543 (WA 54,28–100). In diesem Text geht es unter anderem um die Abschiedsworte Davids in 2. Samuel 23,1–3, die der Reformator neu deutet, indem er die Wendung

Die Bedeutung der hebräischen Vokalisationspunkte

Auf diese Weise könnte man das jüdische Bibelverständnis gut schwächen.[629] Und der Vorteil besteht darin, dass Mose und die Propheten nicht mit [Vokalisations]-Punkten {648} geschrieben haben, welches eine neue, nach ihrer Zeit aufgebrachte Erfindung der Menschen ist.[630] Darum ist es nicht notwendig, an die-

in V. 1 (הַגֶּבֶר הֻקַם עָל מְשִׁיחַ אֱלֹהֵי יַעֲקֹב) auf Christus bezieht. Luther, der sich auf Nikolaus von →Lyra und den jüdischen →Konvertiten Paul von →Burgos stützt (Cui constitutum est, id est firmiter promissum absque retractatione), lässt den sterbenden König von seinem Nachkommen reden: »Es sprach der man, der versichert ist, von dem Messia des Gottes Jacob« (WA 54,31,32; so auch in der unrevidierten Lutherbibel 1545); vgl. auch die Korrekturen Luthers in WADB 3,410 sowie WADB 2,660 ff. 1524 verstand Luther – in Übereinstimmung mit Raschi – das Zitat Davids noch als auf sich selbst bezogen: »Es sprach David der son Isai, Es sprach der man, der zum gesalbeten Gottis Jacob auffgericht ist.« Vielleicht liegt hier der »jüdische Einfluss« vor, dessen der Reformator sich oben selbst bezichtigt. Nach seiner Schrift *Von den letzten Worten Davids* ist es in 2. Samuel 23,2 dann der Heilige Geist, der durch David redet, was Luther nun dazu veranlasst, den ganzen Abschnitt trinitarisch zu deuten.

629 WA: kund man der Juden verstand jnn der Biblia fein schwechen.

630 WA ein new menschen fundlin, nach jhrer zeit auffbracht. – Die masoretische Vokalisierung (Punktation) der hebräischen Bibel, wie sie heute vorliegt, entstand etwa im 8. nachchristlichen Jahrhundert. Sie ist insofern Teil der »mündlichen« Tora, als der nur in Konsonantenzeichen vorliegende vormasoretische Text des Pentateuch, der »schriftlichen Tora«, ohne Informationen über die Vokale nicht vorgetragen werden kann. Die wichtigsten Modalitäten der Torarezitation unter Einschluss der Kantillationszeichen, die den synagogalen Vortrag regeln, gelten der rabbinischen Tradition als inspiriert. Im Midrasch Mekhilta de Rabbi Schimon ben Jochai (ca. 4. oder 5. nachchristliches Jahrhundert) wird Rabbi Akiba (etwa 50–135 n. Chr.) die Auffassung in den Mund gelegt, bereits die Melodien der Toratexte seien am Sinai offenbart worden (Mekhilta de Rabbi Schimon ben Jochai 19,19); vgl. dazu Schöttler, Re-Visionen, 480. – Nur ein knappes Vierteljahrhundert nach Luther schloss sich der orthodoxe Lutheraner Matthias Flacius Illyricus in seiner Dogmatik (Clavis scripturae sacrae 1567, Neudruck Frankfurt 1719, Band II, 646 f.)

sen [Punkten] so festzuhalten, wie die Juden gern wollten, besonders wenn sie gegen das Neue Testament gebraucht werden. Ebenso soll man auch mit Doppeldeutigkeiten und Distinctionen[631] verfahren, wo sie dem Neuen Testament entgegenwirken. Die Juden ziehen alle ihre Dinge doch gern in Zweifel und lassen Gewisses nicht zu. Wenn daher eine Vokabel doppeldeutig ist, so nehme man diejenige Bedeutung[632], die mit dem Neuen Testament übereinstimmt, so [dass die Doppeldeutigkeit entfällt und] sie gewiss wird. Die rechte Bedeutung hat [dann] einen starken Zeugen und Beistand am Neuen Testament. So bleibt den Juden die andere Bedeutung, das heißt die leere Hülse und Peres [Kot], ohne Zeugen und Beistand.

4.3. Abschschließende Ermahnung der christlichen Hebraisten und Segen

Das sei den →Hebraisten anbefohlen. Hierbei will ich es belassen und mit den Juden nichts mehr zu tun haben und nicht weiter von ihnen oder gegen sie schreiben, sie haben daran genug. Wenn einige sich bekehren wollen[633], gebe Gott seine Gnade da-

der rabbinischen These von der Inspiriertheit der Vokalpunkte an und bekräftigte die Ursprünglichkeit der hebräischen Vokalzeichen, die zugleich mit den Konsonantenbuchstaben aufgeschrieben worden seien: »Wenn die Kirchen dem Teufel erlauben, diese Hypothese [d. h. die Annahme der nachträglichen Hinzufügung der Vokale] zu setzen, wird uns dann nicht die ganze Schrift überhaupt ungewiß werden? Es ist aber keinerleiweis zuzugeben, daß der heilige Geist eine so dunkel und überaus undeutlich geschriebene Lehre von Gott vorgelegt habe, wo er doch eben darum dies hat schreiben wollen, daß sie klar von der Kirche verstanden ihr den wahren Weg zeigte, Gott zu verehren und ihre Seligkeit zu finden.« Zitiert nach: Hirsch, Hilfsbuch, 314.

631 WA: Equivocatio und Distinctio.

632 WA: significatio.

633 Vgl. das Glossar (→Judenmission).

zu, dass sie (wenigstens einige) mit uns Gott den Vater, unsern Schöpfer, mit unserm HErrn Jesus Christus und dem heiligen Geist erkennen und loben, in Ewigkeit, Amen.[634]

634 Zu den »quasi-liturgischen« Abschlüssen in Luthers polemischen Texten vgl. Ehmann, Luther, Türken und Islam, 84.

Anhang

Kabbala-Beschimpfung und ein jüdisches Leben Jesu: Nachbemerkungen zu Luthers Schrift *Vom Schem Hamephorasch und vom Geschlecht Christi*

Luthers judenfeindlicher Traktat *Von den Juden und ihren Lügen* aus dem Jahre 1543 ist die bekannteste und berüchtigste seiner späten Judenschriften. Nach den obszönen Beschimpfungen mitsamt dem folgenden, auf praktische Maßnahmen zur Austreibung der Juden abzielenden Forderungskatalog in diesem Text, der noch im gleichen Jahr in zweiter Auflage erschien und – mit einer Widmung Luthers an Herzog Moritz von Sachsen vom 22. März 1543 – unmittelbar ins Lateinische übersetzt wurde, war eigentlich keine weitere Steigerung der judenfeindlichen Rhetorik mehr möglich. Dennoch gab Luther bereits am 7. März 1543 unter dem Titel *Vom Schem Hamephorasch und vom Geschlecht Christi* eine weitere antijüdische Schrift in Druck, die die früheren Schmähungen im Tonfall und in der Sache an einigen Stellen noch übertrumpfte. Vor allem die Möglichkeit einer grausamen »Bestrafung« der Juden mit Hunderttausenden, ja Millionen von Toten, gleich zu Beginn in drohendem Ton vorgetragen, macht bei der Lektüre geradezu fassungslos. Soll man den – ebenso richtigen wie wohlfeilen – Satz wiederholen, dass der Autor weder als »Prophet« der Judenmorde des 20. Jahrhunderts gelten kann noch überhaupt für die Schoah verantwortlich zu machen ist?[1] Immerhin handelte es sich für Luther offenbar um ein apokalyptisches Szenario, das auf geschichtsmetaphysischen Spekulationen aufbaute: In der Mitte des sechsten Jahrtausends nach Erschaffung der Welt, ein Datum, das der Reformator für das Jahr 1540 berechnet hatte, war nach seinem Dafürhalten das Ende der Welt nahe.[2] Gott würde nun bald, so sei-

1 Vgl. das Nachwort zu *Von den Juden und ihren Lügen*, 253 und Savy, Introduction, 9.

2 Ehmann, Luther, Türken und Islam, 436; zu Luthers apokalyptischer Sicht der Geschichte vgl. auch Korsch: Martin Luther: Eine Einführung, 147–159 und Kaufmann: Geschichte der Reformation, 633 f.

ne Hoffnung (!), als Herr und Richter der Welt sichtbar und wirksam eingreifen. Bei dieser Gelegenheit würde er seine Feinde – zu ihnen zählten die Juden – streng bestrafen. Luther nahm an, dass die Rache Gottes kein Erbarmen kennen würde. In dieser letzten und unbarmherzigsten seiner »Judenschriften« fehlt daher jedes Zeichen von Mitgefühl und Mitleid mit den vom Autor auf das Heftigste attackierten Gliedern des alttestamentlichen Gottesvolkes.

Mit dieser Schrift machte Luther seine Ankündigung in *Von den Juden und ihren Lügen* wahr (WA 53,513,14 ff. = JL 176), sich mit Spekulationen über den vierbuchstabigen Gottesnamen im Judentum auseinandersetzen zu wollen. Anlass war die 1520 in Paris gedruckte Schrift des Genuenser Kartäuser-Mönchs Salvagus Porchetus *Victoria adversus impios Hebreos*, in dessen Zentrum sprachmagische und zahlenmystische Auslegungen des für Juden unaussprechlichen Tetragramms, des Schem Hamephorasch, stehen. Gleich zu Beginn nimmt der Autor auf diese Ankündigung Bezug; beide Texte sind also formal und inhaltlich als zusammengehörig gekennzeichnet.[3]

1. Gemeinsame Vorstellungen bei Luther und im Talmud

Dennoch stellt diese neue Judenschrift noch einmal andere Anforderungen an heutige Leserinnen und Leser. Bereits bei der Lektüre von *Von den Juden und ihren Lügen* wird deutlich, dass bei der

3 Am Ende seiner Schrift kündigt Luther eine weitere Abhandlung an – eine Exegese der Abschiedsworte des Königs David im 2. Samuelbuch, die der Reformator in Abkehr von einer eigenen früheren Auslegung (Luther bezichtigt sich selbst, unter »jüdischem Einfluss« gestanden zu sein) nunmehr streng christologisch deuten wollte. Diese Schrift erschien unter dem Titel *Von den letzten Worten Davids* im August 1543 (WA 54,28–100). Da bereits in *Von den Juden und ihren Lügen* auf die frühere antijüdische Schrift *Wider die Sabbater* (1538) verwiesen worden war, handelt es sich im Grunde um eine Kette von vier zusammengehörigen Schriften.

Beurteilung und Einordnung dieses Textes, gerade aus theologischer Perspektive, moralische Urteile aus heutiger Sicht, so unerlässlich sie sind, für das Verständnis nicht ausreichen. Um den Gedankengang des Autors nachzuzeichnen, sind – dies gilt freilich für das Verständnis jedes historischen Textes! – vielmehr die Zeitumstände in Rechnung zu stellten. Es ist zu beachten, von welchen Voraussetzungen der Autor ausgehen konnte, welche Texte er kannte, unter welchen Prämissen er, wie fast alle seine Zeitgenossen, die Bibel las und ferner, welche seiner Motive in der einen oder anderen Form auch in Texten der jüdischen Traditionsliteratur vorkommen. Zur historischen Einordnung des Luthertextes gehört dann die Untersuchung, welche Bilder, Argumente und Motive der Reformator mit den so heftig bekämpften jüdischen Vorgängern und Zeitgenossen teilte.

In der Tat fällt in *Von den Juden und ihren Lügen* auf, dass Vorstellungen wie das Motiv der *Bastarde, Hurensöhne* und *Monster*, die Luther mit dem Zweck der Judenbeschimpfung in äußerst unappetitlicher Weise in Stellung bringt, auch in spätantiken oder mittelalterlichen jüdischen Texten begegnen.[4] In gewisser Hinsicht ist den – natürlich weiterhin in hohem Maße anstößigen! – Schmähungen des Reformators dadurch etwas von ihrer skandalösen Einmaligkeit genommen.[5] Andererseits ließen sich in diesem Text nicht alle polemischen Ausbrüche Luthers als Reaktionen auf tatsächliche oder vermeintliche antichristliche Polemiken von Juden kennzeichnen[6], zumal *direkte* Abhängigkeiten

4 Vgl. dazu vor allem das Glossar in JL, 279 f. und 299 f.

5 In Rechnung zu stellen sind freilich die realen Machtverhältnisse der Zeit: die jüdischen Texte waren die einer in ganz Europa verfolgten Minderheit, während der Reformator, ein Bestseller-Autor seiner Zeit, das Ohr der Territorialfürsten in Deutschland hatte und die Erwartung hegen konnte, das sein Maßnahmenkatalog zur Vertreibung der Juden Gehör finden würde.

6 Auch wenn die jüdische Traditionsliteratur bizarre Vorstellungen von einer sexuellen Vereinigung mit dämonischen Mächten kennt, die Nichtjuden unterstellt werden (vgl. z. B. Babylonischer Talmud, Traktat Schabbat 146a), kann das für Luthers Schrift *Von den Juden und ihren*

aufgrund seiner mangelhaften Hebräisch-Kenntnisse ohnehin nur schwer nachzuweisen sind und Luther nachbiblisches jüdisches Traditionsgut durch die Vermittlung (meist selektiver) lateinischer Übersetzungen oder sonst aus der Sekundärliteratur zur Kenntnis nehmen musste.[7] Dennoch eröffnet der Vergleich mit der jüdischen Traditionsliteratur eine Perspektive, die die Schimpfkanonaden des Reformators nicht entschuldigt, aber doch zu einer historischen Einordnung beiträgt.

2. Luther als Tradent eines Textes der jüdischen Volksliteratur

In Luthers Schrift *Vom Schem Hamephorasch und vom Geschlecht Christi* begegnet die Notwendigkeit der Kontextualisierung und geschichtlichen Kommentierung nun noch in einem anderen Maß. Hier geht es von vornherein thematisch *explizit* um jüdisches Traditionsgut, das der Autor offen benennt und mit dem er sich auseinandersetzt. Was Luther in dieser Phase seiner Ju-

Lügen zentrale Motiv der *Teufelskindschaft der Juden* nicht als Reaktion auf diese talmudischen Anwürfe gelten, da es direkt aus dem Neuen Testament (Johannes 8,44) abgeleitet ist. Luthers Attacke auf das Alenu-Gebet im täglichen jüdischen Gottesdienst (JL, 277 f.) ist demgegenüber differenziert zu betrachten: Die unter gematrischen Berechnungen versteckten (angeblichen) antichristlichen Spitzen dieses Textes – der Satz »denn sie werfen sich nieder vor Nichtigem und Leerem« bezieht sich demnach auf Jesus Christus – sind durch Angaben von Konvertiten zu belegen (Osten-Sacken, Luther und die Juden, 185–189); andererseits sind diese Deutungen des jüdischen Gebetstextes nicht wirklich zwingend. Sie sagen vor allem nichts darüber aus, ob und wie sie (geographisch und soziologisch) verbreitet waren und von den Betern geteilt wurden. Ohnehin geben gematrische Textdeutungen nicht vor, *den* wahren und einzigen verborgenen Textsinn aufzudecken, sie erschließen nur zusätzliche Sinndimensionen, die von den Rezipienten als Sinnangebot angenommen oder aber auch verworfen werden können. Diese stehen zudem oftmals unausgeglichen neben anderen, auch widersprechenden Deutungen.

7 Vgl. Schreiner, Was Luther vom Judentum wissen konnte, 64–65.

dentums-Polemik interessiert, ist, wie bereits angedeutet, die Beschäftigung mit dem im Hebräischen als *Schem Hamephorasch* bezeichneten Tetragramm. Dabei geht es ihm zum einen um die mit diesen Vorstellungen zusammenhängende Bibelhermeneutik, also um den zahlenmystischen, in bestimmten Fällen bis an die Magie heranreichenden Umgang mit der hebräischen Sprache des Alten Testaments; daneben gilt sein Interesse aber jüdischen Traditionen über den Lebensweg und das Geschick Jesu von Nazareth. Luthers deutsche Übersetzung der *Toledot Jeschu*, einer Version des jüdischen »Anti-Evangeliums«, wie er sie bei Salvagus Porchetus vorfand, steht am Beginn seiner Schrift. Mit seiner Kommentierung dieses ihm in lateinischer Sprache vorliegenden Textes begibt sich der Reformator auf das zentrale Terrain der antijüdischen Polemik der christlichen Theologie: die Deutung der neutestamentlichen Erzählung vom Leiden und Sterben Jesu, die seit der Zeit der Kirchenväter in den Vorwurf des Christus- und damit Gottesmordes gemündet hatte. Es war diese Thematik, die Luther besonders interessierte und auch erregte und die ihm, wie die Lektüre seiner Schrift zeigt, ein weites Assoziationsfeld für sein judenfeindliches Agitieren eröffnete.

Die Texte und Motive, mit denen Luther sich hier beschäftigt, gehören zu den esoterischen Traditionen des Judentums, die gewöhnlich, meist etwas ungenau, unter dem Begriff der jüdischen Mystik oder aber der Kabbala zusammengefasst werden.[8] Bezeichnet werden damit Überlieferungen, die zeitweise im Verborgenen weitergegeben wurden und nicht oder jedenfalls nicht immer zur offiziellen und verbindlichen Tradition des nachbiblischen rabbinischen Judentums gehörten, wie sie sich seit der Spätantike aus der Mischna und dem Talmud heraus entwickelt hatte. Umstritten ist, ob und in welcher Form diese mystischen Überlieferungen, deren ausgeprägte Formen

8 Auf den Sonderfall der *Toledot Jeschu*-Literatur ist weiter unten zurückzukommen; zur Problematik des Begriffes einer »jüdischen Mystik« vgl. das Glossar (→Mystik).

literarisch erst im Hochmittelalter greifbar sind, bis in die Zeit des zweiten Jerusalemer Tempels zurückreichen.

3. Das Buch der Schöpfung (Sefer Jezira)

Grundlage aller Traditionen über den *Schem Hamephorasch* sind Spekulationen über die Art und Weise der göttlichen Weltschöpfung. In der Spätantike, nach neueren Forschungen vielleicht auch erst im neunten nachchristlichen Jahrhundert[9], entstand das anonym verfasste und in der folgenden Zeit immer wieder kommentierte *Sefer Jezira* (Buch der Schöpfung), das zu Beginn des 16. Jahrhunderts dann den christlichen Hebraisten Johannes Reuchlin im dritten Teil seiner Schrift *De arte cabbalistca* anregte.[10] Dieses rätselhafte Büchlein entwirft eine Kosmologie, die auf den 22 Buchstaben des hebräischen Alphabets aufbaut: Die hebräischen Buchstaben gelten als Werkzeuge des Schöpfers; mit ihrer Hilfe, indem er sein göttliches *Werde!* (Genesis 1,3) sprach, erschuf Gott die Welt. Auf diese Weise entsteht das Bild einer umfassenden Interdependenz zwischen der hebräischen Sprache und der Welt, eine Vorstellung, die das *Sefer Jezira* zu einer kosmologischen Grammatik ausbaut. Unterschiedliche Buchstabengruppen »gezeichnet in die Stimme, gehauen in den Geist, geheftet in den Mund«[11] werden zusammengeordnet und erhalten bestimmte Funktionen bei der Schöpfung »am Anfang« und im bis heute bestehenden Gefüge des Kosmos: alef-h-ch-ayin (א,ה,ח,ע), b-m-w-p-ph (ב,מ,ו,פ,ף), b-g-d-k-f-t (ב,ג,ד,כ,פ,ת) – hebräische Gutturalbuchstaben, Sibilanten und verdoppelbare bzw. aspirierbare Buchstaben usw.[12] Dabei ist nicht nur die Aussprache, sondern auch die graphische Gestalt

9 Vgl. Liebes, Torat ha-Yetsirah.

10 Reuchlin, Sämtliche Werke II, 1, 384–385.

11 Goodman-Thau/Schulte (Hg.), Das Buch Jezira, 9.

12 Das Sefer Jezira fügt den verdoppelbaren Buchstaben noch den Buchstaben »r« (ר) hinzu.

der Lettern mitsamt den zugehörigen Finalbuchstaben von Bedeutung – eine Vorstellung, die an im spätantiken Midrasch und im Talmud vorhandene Spekulationen anschließt.[13]

4. Midrasch-Traditionen zur Buchstabenmystik

Überlegungen zu einer theologischen Deutung der visuellen Gestalt bestimmter hebräischer Buchstaben finden sich bereits im Midrasch Genesis Rabba, einer rabbinischen Erklärung des ersten Buches Mose aus dem 4. bis 5. nachchristlichen Jahrhundert. Dort wird die Frage gestellt, warum die Tora mit einem Bet (ב) beginnt.[14] Es folgen Überlegungen über die herausgehobene Bedeutung derjenigen Zeichen, die den hochheiligen Gottesnamen (יהוה) bilden: »Mit dem Buchstaben He (ה) erschuf Gott die Welt. Alle Buchstaben erfordern den Dienst der Zunge, nur nicht der Buchstabe He (ה). Damit soll gesagt sein: Nicht mit Ar-

---

13 Im spätantiken Midrasch zum Buch Levitikus (Levitikus Rabba 19,2) werden Auslegungen vorgetragen, die Bezug nehmen auf die im Hebräischen ähnliche graphische Form der Buchstaben ד und ר (»Dalet« und »Resch«). Die Verwechslung beider Buchstaben hätte dem Midrasch dabei zufolge fatale Folgen, dem die rabbinische Auslegung geradezu eine kosmologische Bedeutung gibt: »Es heißt [Deuteronomium 6,4]: ›Höre Israel, JHWH, unser Gott, ist ein einiger [hebräisch ›echad‹] JHWH‹. Wenn du das Dalet [von ›echad‹ = einer, einiger] zu einem Resch machst [es entstünde das hebräische Wort ›acher‹ = ein ›anderer‹, d. h. ein ›anderer Gott‹], zerstörst du die ganze Welt. [Ferner heißt es in Exodus 34,4:] ›Du sollst dich nicht niederwerfen vor einem anderen [hebräisch ›acher‹] Gott.‹ Wenn du das Resch zu einem Dalet machst [zu ›echad‹], zerstörst du die Welt.«

14 Vgl. Genesis Rabba 1,10 zu Genesis 1,1 (בְּרֵאשִׁית בָּרָא אֱלֹהִים אֵת הַשָּׁמַיִם וְאֵת הָאָרֶץ – »Am Anfang schuf Gott Himmel und Erde.«) Die Antwort lautet, dass dieser Buchstabe zugleich der Anfangsbuchstabe des Wortes »Beracha« (ברכה), Segen, ist und die Häretiker keinen Anlass haben sollten, irrtümlich zu meinen, die Schöpfung habe mit einem Fluch (hebräisch ארור/arur) begonnen; zitiert nach: Krupp, Midrasch Bereschit Rabba, 4 f.

beit und Mühe erschuf Gott die Welt, sondern durch das Wort.«[15] In einer anderen Tradition wird auf den Buchstaben Jod (י) verwiesen. Es heißt: »Mit zwei Buchstaben hat Gott die Welt erschaffen, nur wissen wir nicht, ob diese Welt mit dem ה oder mit dem י erschaffen wurde, oder ob es umgekehrt der Fall war.« Aus der Lehre, die Rabbi Abbahu im Namen des Rabbi Jochanan vortrug, geht anschließend hervor, dass diese, die diesseitige Welt mit dem ה, die jenseitige aber mit dem י erschaffen wurde. »Warum wurde diese Welt mit dem ה erschaffen? Weil dieser Buchstabe von allen Seiten geschlossen und nur von unten her offen ist. Darin liegt eine Andeutung, dass alle Toten in die Unterwelt fahren. Der Strich oben am Buchstaben ה zeigt aber an, dass die Toten dereinst wieder alle heraufkommen. Der Seitenstrich ist eine Andeutung für die Bußfertigen. Jene (zukünftige) Welt wurde mit dem Buchstaben י erschaffen. Wie nämlich bei diesem Buchstaben die Höhe gebogen ist, so wird einst auch die Höhe der Frevler gebeugt und ihre Antlitze werden versengt sein.«[16]

Diese und weitere Überlieferungen zu den Konsonanten – hebräische Vokale bleiben in diesen Spekulationen unberücksichtigt – im Midrasch und in anderen rabbinischen Texten bis hin zu den Traktaten der Kabbala sind im Hinblick auf die jeweiligen *inhaltlichen* Deutungen der hebräischen Buchstaben in sich uneinheitlich und teilweise auch widersprüchlich; sie streben offenbar auch keine Einheitlichkeit oder Widerspruchsfreiheit an. Gemeinsam ist ihnen aber die Vorstellung, dass dem materialen (d. h. graphisch-visuell sichtbaren, aber auch akustisch hörbaren) Gehalt der Laute eine geheime Kraft innewohnt, die mit dem Grundprinzip der Schöpfung zu tun hat und zugleich, bezogen auf die kommende, die jenseitige Welt, über diese Schöpfung hinausweist.

15 Genesis Rabba 12,2 und 10 zu Genesis 2,4 (Krupp, Midrasch Bereschit Rabba, 51 und 55).

16 Genesis Rabba 12,10 zu Genesis 2,4 (Krupp, Midrasch Bereschit Rabba, 55).

Darf, wer die hebräische Sprache, die Schöpfungssprache, die Sprache Gottes, spricht, demnach die Erwartung haben, durch die Handhabung der Buchstaben am göttlichen Schaffen mitzuwirken oder es gar fortzusetzen? Der genannte Midrasch gibt auf diese Frage noch keine Antwort. Etwa zwei Jahrhunderte später wird im Babylonischen Talmud (Traktat Berachot 55a) aber angedeutet, dass eine menschliche Teilhabe am göttlichen Schöpfungswerk jedenfalls in der Vergangenheit prinzipiell möglich war. Es war demnach Bezalel, der oberste Kunsthandwerker beim Aufbau des ersten Jerusalemer Tempels (Exodus 31,2), der es verstand, »die Buchstaben zusammenzusetzen, mit denen Himmel und Erde erschaffen wurden.«

Die Zuschreibung dieser Kenntnisse und Fertigkeiten an Bezalel zeigt, dass der Bau und die Ausstattung des Tempels eine Aufgabe war, die an die Dimensionen der Weltschöpfung heranreichte: das kunstvoll ausgestattete Heiligtum und der geschaffene Kosmos standen in einem geheimnisvollen Entsprechungsverhältnis zueinander, und dem Tempel kam eine herausgehobene kosmologische Bedeutung zu. An diesem einen Ort in Jerusalem, präziser: am Grundstein des Tempels, war somit eine die ganze Welt betreffende und umspannende Kraft vorhanden. Das entsprechende Wissen von der dem hebräischen Alphabet eigenen Schöpfungskraft – vor allem vom Geheimnis des hochheiligen Gottesnamens – stand aber nicht zur allgemeinen Verfügung. Es war herausgehobenen und für den Gebrauch legitimierten Männern vorbehalten. Offenbar diente dieser Motivkomplex zunächst einmal der Hervorhebung der besonderen Bedeutung des Tempels, wobei die Furcht vor einem möglichen Missbrauch nicht an erster Stelle im Blick stehen musste. Gleichwohl sind diese Vorstellungen die Voraussetzung dafür, dass das Geheimnis des Gottesnamens im Narrativ der *Toledot Jeschu* auch entwendet und in der Folge illegitim, aber dennoch wirksam gebraucht werden konnte.

5. Von der Zahlenmystik (Gematria) zur Magie

Die Überzeugung von der besonderen Wirkmächtigkeit der hebräischen Lettern hat nach Überzeugung dieses Strangs der jüdischen Tradition zugleich eine »mathematische« – Luther sagt »arithmetische« – Dimension, die zu zahlenmystischen Spekulationen (Gematria) führt. Von Zahlbuchstaben ausgehende Berechnungen in Kombination mit Buchstabenspekulationen können kabbalistisch sowohl zur Exegese von Bibeltexten als auch zur allgemeinen Welterklärung und zum Zweck von Wahrsagungen und Beschwörungen (Arithmomantie) eingesetzt werden.[17] Die Überzeugung, dass die Welt grundsätzlich nach den Gesetzen der hebräischen Sprache aufgebaut und insofern »logosförmig« ist, eröffnet hier ein Feld, auf dem die Übergänge von der kontemplativen zur praktischen Kabbala und vor allem zum Volksglauben mit seinen magischen Vorstellungen und Praktiken fließend sind. Die jüdische Volksüberlieferung kennt beides: ein unbekümmertes Rechnen mit der Wirksamkeit der übernatürlichen Kräfte, etwa auf dem Gebiet des Amulettwesens und in der Heilkunst, und die Furcht und das Zittern vor den unbeabsichtigten Folgen der Begegnung mit dem Numinosen.

Im Hinblick auf die Andeutung einer künftigen Bestrafung der Übeltäter gibt, wie wir gesehen haben, bereits der Midrasch Genesis Rabba die Ahnung zu erkennen, dass mit den geheimen Kräften nicht zu spaßen ist. Die Kabbalisten sind sich in aller Regel der Risiken bewusst, die die Beschäftigung mit der Geheim-

17 Bei dem Wittenberger Gelehrten Caspar Peucer (1525–1602), einem Schwiegersohn Philipp Melanchthons, heißt es in seiner Schrift *Commentarius de praecipuis divinationum generibus* (1553) nur zehn Jahre nach *Vom Schem Hamephorasch* (zitiert nach: Secret, Kabbalistes chrétiens, 301): »Nach den Pythagoräern und nach dem Vorbild der Chaldäer haben die letzten Rabbiner der Juden diese Arithmomantie ausgebildet, bei der sie sich der heiligen Namen des wahren Gottes, der guten Engel und der Namen des Teufels bedienen. Zu diesem Zweck haben sie zwei [Formen von] Kabbala entwickelt, […], indem sie die heiligen Namen Gottes beschmutzen und schänden […].«

lehre mit sich bringt, und dies nicht erst im Jenseits, sondern bereits durch die Begegnung mit dem geheimen Wissen im Diesseits. Sie wissen von der Ekstase und den unkontrollierbaren Zuständen, die die Präsenz des Göttlichen erzeugen kann. Dementsprechend geben sie zu erkennen, dass die göttlichen Kräfte nicht nur zum Guten, sondern auch zum Bösen gebraucht werden können. Eben deshalb ist das Urwissen über den Zusammenhang von Schöpfung und (hebräischer) Sprache von Gott verborgen worden[18] – oder es geriet, wie der Talmud andeutet, in Vergessenheit[19], und dies nicht nur zur Bestrafung des Menschen, sondern auch zu seinem Schutz. Andererseits gibt es die Möglichkeit der Rückgewinnung der Erinnerung, der Wiedererlangung des Verlorenen. Was Jeschu und Judas in der *Toledot Jeschu*-Erzählung durch einen Trick erlangten, die Partizipation am der gefallenen Menschheit im Normalzustand entzogenen Wissen, beginnt im normativen Judentum freilich auf dem durch die Tora gewiesenen Weg des Lernens. Nur toragelehrte Männer, so will es die Überlieferung, haben in der traditionellen jüdischen Gesellschaft das Recht, Zugang zum Überlieferungsschatz der Kabbala zu erbitten und in das Studium der geheimen Texte initiiert zu werden.

6. Die Sefirotlehre und die Gottesnamen

Im *Sefer Jezira* verbindet sich die Buchstabenlehre weiterhin mit Spekulationen über die Bedeutung der Grundzahlen (Sefirot) von eins bis zehn.[20] Anfangs galten die Sefirot noch als geschaf-

18 Nach Reuchlin (De arte cabbalistica I = Sämtliche Werke, Band II, 1, 81) ist die erste kabbalistische Überlieferung in Genesis 3,22 enthalten: »[…] dass er nicht ausstrecke seine Hand und breche ab vom Baum des Lebens.«

19 Vgl. Babylonischer Talmud (Traktat Temura 16a).

20 Vgl. die Ausführungen bei Reuchlin (De arte cabbalistica III = Sämtliche Werke, Band II, 1, 432–435).

fene Schöpfungswerkzeuge Gottes, die neben den hebräischen Konsonantenbuchstaben ihre besondere Funktion hatten. In der späteren Kabbala seit dem Mittelalter entwickelten sie sich aber zu Emanationen des Göttlichen selbst, deren Essenz und heilsgeschichtliche Wirkung in der Welt mit Hilfe unterschiedlicher Gottesnamen und damit Offenbarungsweisen Gottes erklären werden konnte. Traditionellerweise wird der Zusammenhang der Sefirot graphisch in einem Sefirot-Baum (oder Welten-Baum) dargestellt, der zugleich das Zusammenwirken der göttlichen Kräfte und den von oben, der ersten Sefira (Keter), nach unten und schließlich in die Welt fließenden Strom des göttlichen Heilswirkens sichtbar macht.

Die jüdischen Spekulationen über die Einzelheiten der innergöttlichen Heilsökonomie knüpfen terminologisch an unterschiedliche Gottesbezeichnungen der hebräischen Bibel an – an Stellen also, die in der traditionellen christlichen Theologie meist als Spuren der Präsenz Christi bereits im Alten Testament gedeutet worden waren. Obwohl die christlichen Theologen daher auf die Ausführungen über die in sich differenzierten Aspekte der Gottheit hätten vorbereitet sein können, standen sie dieser kabbalistischen Ausdifferenzierung Gottes meist mit einiger Verblüffung gegenüber. Zu schwer ließ sich die Sefirotlehre nach ihrem Verständnis mit dem strengen jüdischen Monotheismus in Einklang bringen. Immerhin weiß der Kirchenvater Hieronymus, in dieser Sache Luthers wichtigster Gewährsmann, von einer jüdischen Tradition zu berichten, die zehn Gottesnamen kennt; möglicherweise hatte also bereits Hieronymus von diesen Sefirot oder ihren Vorformen Kenntnis.[21]

Aufgrund der möglichen Schlussfolgerungen für die eigene Gotteslehre wurde die Vorstellung von den Sefirot seit dem Ende des 15. Jahrhunderts für christliche Theologen jedenfalls immer interessanter. Bei deren Betrachtungen, wie die christliche Wahrheit mit Hilfe der jüdischen Geheimlehre tiefer erklärt und

21 Vgl. WA 53,606,19–31 (oben S. 64–66).

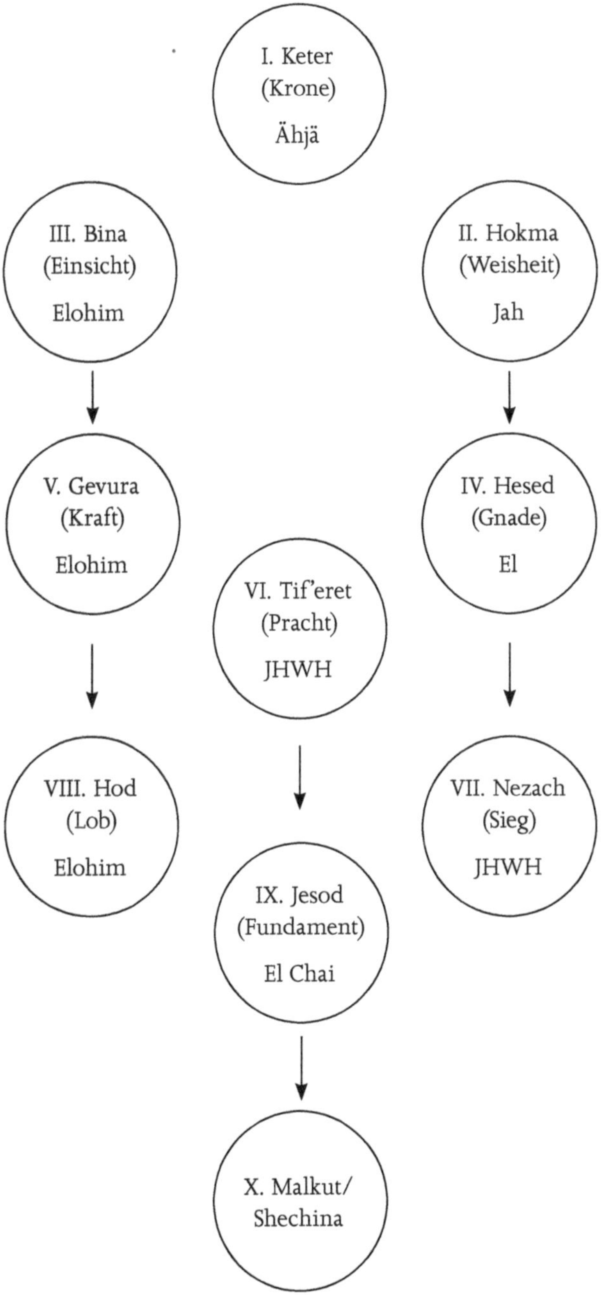
I. Keter
(Krone)
Ähjä
III. Bina
(Einsicht)
Elohim
II. Hokma
(Weisheit)
Jah
V. Gevura
(Kraft)
Elohim
IV. Hesed
(Gnade)
El
VI. Tif'eret
(Pracht)
JHWH
VIII. Hod
(Lob)
Elohim
VII. Nezach
(Sieg)
JHWH
IX. Jesod
(Fundament)
El Chai
X. Malkut/
Shechina

letztendlich »bewiesen« werden könne, stand naturgemäß die Trinitätslehre im Vordergrund. Diese ist, ähnlich wie die Erscheinungsformen Gottes in der Sefirotlehre, nach dem Verständnis christlicher Renaissancetheologen auf unterschiedliche Offenbarungsweisen Gottes bezogen, die in neuplatonischer Terminologie auch als göttliche Emanationen oder »Abglänzungen« verstanden werden können. 1516 erschien in Augsburg unter der Überschrift *Portae Lucis* (Tore des Lichts) eine lateinische Übersetzung eines Hauptwerkes der jüdischen Mystik, das der spanische Kabbalist Josef Gikatilla (1248– ca. 1325) 1293 unter dem Titel *Scha'arei Orah* (Tora des Lichts) geschrieben hatte. Das Titelblatt dieses Drucks enthielt eine graphische Darstellung der Anordnung und der inneren Beziehungen der zehn zu göttlichen Emanationen gewordenen Sefirot. Johann Albrecht Widmannstadt (auch Widmannstetter, 1506–1557), ein Schüler Johannes Reuchlins, publizierte 1555 einen Kupferstich, der eine christliche Deutung eben des Sefirotbaumes enthielt.[22] Hier stellt Christus den Segensquell des göttlichen Lichts dar. Er ist die Verkörperung der zehnten Sefira, derjenigen Seinsweise Gottes, die den Menschen am nächsten ist. Mit dieser Interpretation bewegte Widmannstadt sich ganz auf der von seinem Lehrer Reuchlin vorgeprägten Linie, der die Kabbala deshalb geschätzt hatte, weil sie nach seiner Überzeugung mit der christlichen Wahrheit übereinstimmte und das Evangelium stützte und stärkte.

7. Der hebräische Name Jesu und der Titulus am Kreuz

In der christlichen Rezeption verband sich das Nachdenken über die Sefirot in einem weiteren Gedankengang mit Spekulationen über den ursprünglichen hebräischen Jesusnamen und dessen möglicherweise geheime Bedeutung. Der italienische Graf Giovanni Pico della Mirandola (1463–1494), der erste Vertreter der

22 Otto Betz, Licht vom unerschaffnen Lichte, 22–24.

christlichen Kabbala, stellte die – nach dem Neuen Testament nicht direkt zu beantwortende – Frage nach dem ursprünglichen Namen des Erlösers, dem Namen, mit dem ihn seine Mutter gerufen hatte.[23] Entsprechende Mutmaßungen konnten an die Angabe im Johannesevangelium anknüpfen, dass der Titulus des Kreuzes (»Jesus von Nazareth, König der Juden«) nicht nur in den offiziellen Reichssprachen Griechisch und Latein, sondern auch in der Sprache des Alten Testaments beschriftet worden war (Johannes 19,19–20).

Spekulationen über den ursprünglichen Jesusnamen lagen seit dem Ende des 15. Jahrhunderts auch im Zusammenhang mit einem Reliquienfund und künstlerischen Darstellungen gleichsam in der Luft. 1492 war bei Renovierungsarbeiten in der römischen *Basilica di Santa Croce in Gerusalemme* ein Teil des ursprünglichen Titulus des Kreuzes entdeckt worden – in der kirchlichen Überlieferung sollte es danach heißen, die Kaisermutter Helena habe die kostbare Reliquie dereinst nach Rom gebracht.[24] Anlässlich seiner Romreise im Jahre 1510 hatte Luther von diesem verehrten heiligen Gegenstand aller Wahrscheinlichkeit nach gehört.[25] In ähnlicher Weise spektakulär war Michelangelos Kruzifix in der Heilig-Geist-Kirche in Florenz (Santo Spirito), eine 1492/93 geschaffene Holzskulptur, die als sein erstes Meisterwerk gilt und ebenfalls einen – offenbar der Reliquie nachempfundenen – Titulus enthält.[26]

---

23 Vgl. Wirszubski, Pic de la Mirandole, 421 f.

24 Vgl. Hesemann, Die Jesus-Tafel, 241–295 und Regato, Il titolo della Croce. Der hebräische Teil der Inschrift ist stark verwittert. Nach Hesemann, (a. a. O., 269) ist jedoch wahrscheinlich ישוע הנוצרי מלך היהודים zu lesen (»Jesus der Nazarener, König der Juden«).

25 In einer Predigt Luthers am Tag des Festes der Kreuzerhöhung am 14. September 1522 heißt es polemisch-sarkastisch, vom Kreuz »seynnd der stuck in der welt soviel, das man ain hauß darvon pawen künd, wann man sy alle hette (WA 10/3,333,11–12).

26 Vgl. Hesemann, Die Jesus-Tafel, Tafel VIII mit dem in drei Sprachen beschrifteten Titulus. Der nicht vollständig lesbare hebräische Teil soll

In griechischer Sprache geschrieben, enthält das Neue Testament immerhin eine Andeutung, welchen Namen Jesus seine Eltern gegeben haben könnten. Die Botschaft des Engels im Matthäusevangelium (1,21: »du sollst ihm den Namen Jesus geben; denn er wird sein Volk von seinen Sünden erlösen«) lässt einen Namen wie »Jehoschua« (יהושע/»Gott ist Rettung/Hilfe«) oder abgekürzt »Jeschua« (ישוע) erwarten. Freilich ist diese Namensform nur zu erschließen und nicht konkret nachzuweisen.[27] Immerhin wird Jesus in zwei frühen rabbinischen Texten »Jeschua« genannt.[28]

Aufgrund seiner christlich-messianischen Deutung wird dieser Name in späteren jüdischen Texten aber gemieden; der im rabbinischen Judentum durchgängig verwendete Name lautet vielmehr »Jeschu« (ישו). Bereits in *Von den Juden und ihren Lügen* hatte Luther sich äußerst polemisch mit der Information auseinandergesetzt, dass dieser Name im Kontext der jüdisch-christlichen Polemik des Mittelalters zahlenmystisch auf die hebräische Wendung »Hauch und Nichtiges« (הבל וריק) bezogen und zugleich als Fluchformel und Akronym der Wendung ימח שמו (»sein Name werde getilgt«; vgl. Psalm 109,13) interpretiert werden kann.[29] Nun sind Wortdeutungen, die auf gematrischen Berechnungen beruhen – nicht nur die Kritiker der Kabbala, auch die Kabbalisten selbst hatten dies erkannt –, alles andere als eindeutig. Ließ sich der hebräische Jesusname daher vielleicht auch ganz anders interpretieren?

---

offenbar lauten ישו הנוצרי מלך מהיהודים – Jeschu, der Nazarener, König von den Juden; vgl. Lisner, Holzkruzifixe, 111 und Abbildung 258.

27 Die theologische Deutung des Jesusnamens steht jedenfalls im Hintergrund, wenn es von den Aposteln heißt, dass sie »durch den Namen Jesu« Wunder taten und Kranke heilten (Apostelgeschichte 4,5–12).

28 Tosefta Hullin 2,22 und 24: dort ist von einem gewissen Jakob aus Kefar Sama die Rede, der »im Namen des Jeschua ben Pantera« einen nach einem Schlangenbiss erkrankten Menschen heilt (vgl. Markus 16,18) und im Namen eben dieses Jeschua »häretische Lehren« von sich gibt.

29 Vgl. WA 83,513 = JL, 176 f. und Osten-Sacken, Luther und die Juden, 185.

Vertreter der christlichen Kabbala waren in der Tat der Meinung, eine positiv-christliche Interpretation des ursprünglichen hebräischen Jesusnamens vorlegen zu können. Pico della Mirandola verstand die drei hebräischen Buchstaben von »Jeschu« als Hinweis auf die drei Personen Gottes. Nach seiner Lesart war das י (Jod) dem Vater, das ו (Waw) dem inkarnierten Sohn und der mittleren Buchstabe ש (Schin) dem Heiligen Geist zuzuordnen.[30] Sein berühmtester Schüler Johannes Reuchlin wollte dann in seinem Werk *De Verbo Mirifico* (1494) das Tetragramm des *Schem Hamephorasch* mit Hilfe des mittleren Buchstabens des Jesusnamens (ש) in ein Pentagramm verwandeln und so den ursprünglichen Jesusnamen Jehoschua herstellen.[31] Sprachmysti-

30 In seinen 900 Thesen (Conclusiones) aus dem Jahre 1486 heißt es (835. Conclusion): »Nullus Hebraeus cabalista potest negare quod nomen Jesu, si eum secundum modum et principia cabalae interpretemur, hoc totum precise et nihil aliud significat, id est Deum Dei filium patrisque sapientiam per tertiam divinitatis personam quae est ardentissimus amoris igni naturae humanae in unitate suppositi unitum.« – »Kein jüdischer Kabbalist kann leugnen, dass der Name Jesu, wenn wir ihn nach der Methode und den Prinzipien der Kabbala interpretieren, ganz und präzise dies und nichts anderes bedeutet: Gott, Sohn Gottes und Weisheit des Vaters, vereinigt durch die Einheit seines Subjekts mit der menschlichen Natur durch die dritte Person der Gottheit, die ein ganz und gar brennendes Feuer der Liebe ist« (Wirszubski, Pic de la Mirandole, 256 und 421). Zu diesen 900 Thesen vgl. auch Schmidt-Biggemann, Geschichte der christlichen Kabbala, 94–95.

31 Der auf diese Weise in den Gottesnamen hineingeschobene Buchstabe Schin (ש) mit dem Zahlenwert 300 ist nach Reuchlin von der gematrisch entsprechenden Wendung »mit Erbarmen« (ברחמים) her zu erklären, die – addiert man die Zahlenwerte der Buchstaben – ebenfalls die Summe 300 ergibt (De arte cabbalistica I = Sämtliche Werke, Band II, 1, 93; zu weiteren Deutungen dieses Buchstabens vgl. a. a. O., 98–99). Vgl. auch Schmidt-Biggemann, Geschichte der christlichen Kabbala, 158–162. Bereits Faber Stapulensis wies in seinem Psalmenkommentar (1513) darauf hin, dass der Name »Jehoschua« (»Erlöser« nach Matthäus 1,21) im Hebräischen aber mit dem Schlussbuchstaben Ayin (ע) anstelle des He (ה) geschrieben werden müsste und Reuchlins Vorschlag daher philologisch unhaltbar sei; vgl. dazu Schmidt-Biggemann, Geschichte der christlichen Kabbala, 161 f.

sche Spekulationen dieser Art und speziell auch diese Erklärung Reuchlins sollten in der späteren Geschichte des Protestantismus, vor allem im Pietismus, populär werden.[32] Obwohl Luther in seiner Schrift vom *Schem Hamephorasch* auf christlich-kabbalistische Deutungen nicht explizit Bezug nimmt, ist doch deutlich, dass er dem in diesen Texten zum Ausdruck kommenden Sprach-, Text- und Weltverständnis eindeutig ablehnend gegenüberstand.

8. Luther und die hebräische Philologie

Luthers Einwände gegen die Kabbala waren vielfältiger Natur. Sie beruhten auf grundsätzlichen Erwägungen, ganz unabhängig von seiner – durch die moderne Forschung übrigens prinzipiell bestätigten – Intuition, dass bereits dem spätantiken rabbinischen Midrasch mit seinen buchstaben- und zahlenmystischen Spekulationen eine antichristliche Intention zugrunde liegt.[33] Die rabbinischen Exegeten betrieben seit der Spätantike eine auf die Spitze getriebene Kunstfertigkeit der Tora-Auslegung, für die kein Buchstabe unnötig war. Ihre Hervorhebung der theologischen Bedeutung der hebräischen Buchstaben zielte ab auf die grundsätzliche Unübersetzbarkeit der Tora; es ging ihnen dabei nicht zuletzt darum, den Einfluss der griechischen Sprache und der inzwischen von den Christen verwendeten griechischen Übersetzung des Alten Testaments (Septuaginta) zurückzudrängen.

Luther hatte das Hebräische mit großer Leidenschaft im Selbststudium erlernt; im Rahmen der Wittenberger Universitätsreform nach 1517 hatte er sich dafür eingesetzt, einen fähigen Hebräisch-Dozenten an seine Heimatuniversität zu beru-

32 Vgl. Betz, Licht vom unerschaffnen Lichte, 79–81.

33 Bezogen auf den Midrasch Genesis Rabba vgl. etwa Neusner, Judaism and the Interpretation of Scripture, 30–45.

fen.[34] Die Bedeutung der hebräischen Grammatik schätzte er daher prinzipiell hoch ein. In seiner zweiten Psalmen-Vorlesung (1519–1521) konnte er zu Psalm 1,1 formulieren: »Sed primo grammatica videamus, verum ea Theologica« – »Zuerst wollen wir die Grammatik betrachten, dies ist das wahrlich Theologische« (WA 5, 27, 8). Aus seiner Übersetzungsarbeit und dem überragenden Interesse an der Bibel, im Besonderen am Alten Testament, folgte daher ein anhaltendes philologisches Engagement. Seine Wertschätzung des Hebräischen stand zudem im Einklang mit seiner allmählichen Abkehr von der aus dem Mittelalter überkommenen Annahme eines vierfachen Schriftsinnes. Der traditionelle vierfache Schriftsinn, der ein Nebeneinander der wörtlich-geschichtlichen, dogmatisch-theologischen, moralischen und endzeitlich-eschatologischen Auslegung ermöglichte, wurde bei Luther allmählich durch einen einzigen Schriftsinn, den wörtlichen oder Literalsinn (sensus literalis), ersetzt. Die Pointe des Literalsinnes sah der Reformator freilich gerade im *christologischen* Sinn: das Alte Testament war für ihn ein Buch des Zeugnisses von und für Jesus Christus.

Diese Erkenntnis brachte Luther nun zunehmend in Gegensatz zu den jüdischen Auslegern; ihnen warf er vor, die grammatischen Vorschriften zum Vorwand zu nehmen, um vom eigentlichen Anliegen der Bibel abzulenken.[35] Für wichtiger als die Anwendung philologischer Regeln war nun der lebendige Gebrauch der Sprache in konkreten Lebenssituationen – diesen Grundsatz befolgte der Reformator auch bei seiner Bibelüberset-

34 Zu den Hebräischlehrern an der Universität Wittenberg vgl. Schreiner, Was Luther vom Judentum wissen konnte, 64–69.

35 Ironischerweise entspricht diese Distanz Luthers gegenüber dem Beharren auf grammatischen Prinzipien der Skepsis, mit der orthodoxe Talmudgelehrte seit dem 16. Jahrhundert das Studium der hebräischen Grammatik bekämpften, um die »aus jedem Häkchen« gedeuteten traditionellen Midrasch-Auslegungen vor den Anfechtungen der Sprachwissenschaft zu schützen; auch jüdischerseits gab es also einen Gegensatz zwischen theologischem Interesse und Philologie; vgl. Schatz, Sprache in der Zerstreuung, 75–90.

zung und in der Konfrontation mit der Theologie der römischen Kirche. In seinem *Sendbrief vom Dolmetschen* (1530) fasste er sein Verständnis des Übersetzungsvorgangs zusammen und enthüllte damit ein Verständnis menschlicher Kommunikation, das mit den Grundsätzen der Kabbala schlechterdings unvereinbar war: »[...] man mus nicht die buchstaben inn der lateinischen sprache fragen, wie man sol Deutsch reden, wie diese esel [d. h. die römischen Theologen] thun, sondern man mus die mutter im hause, die kinder auff der gassen, den gemeinen man auf dem marckt drumb fragen, und den selbigen auff das maul sehen, wie sie reden, und darnach dolmetschen, so verstehen sie es den und merken, das man Deutsch mit jn redet.«[36]

9. Luther und die Kabbala

Im Laufe der Jahre färbte sein Widerwille gegen die vorrangig auf den Grundsätzen der Grammatik beharrenden Auslegungsmethoden auch auf sein Verhältnis zur hebräischen Philologie (und zu einigen ihrer christlichen Vertreter) im Allgemeinen ab; es handelte sich hier um Meinungsverschiedenheiten, auf die Luther in seiner Schrift *Vom Schem Hamephorasch* an einigen Stellen anspielt.[37] Wahrscheinlich war der Reformator sich nicht darü-

36 WA 30/2,637,17–22. – Der so beschriebene Gegensatz zwischen Luther und der katholischen Kirche lässt sich mit einer hermeneutischen Debatte über die Schriftauslegung im rabbinischen Judentum des frühen zweiten nachchristlichen Jahrhunderts vergleichen. Während Rabbi Jischmael die Meinung war, die Tora »spreche in der Sprache der Menschen« (דיברה תורה כלשון בני אדם), wollte Rabbi Akiba aus jedem Häkchen des geschriebenen Gesetzes »Berge von Halachot« (religionsgesetzlichen Weisungen) herausdeuten (Babylonischer Talmud, Traktat Menachot 29b). Die Auslegungsmethode nach Rabbi Akiba, die sich im rabbinischen Schrifttum weitgehend durchgesetzt hat, wurde zur Grundlage des Midrasch und der Schriftauslegung im Talmud.

37 Vgl. oben S. 134 und 170 f.

ber im Klaren, dass die von ihm etwas misstrauisch betrachteten grammatischen Regeln mit der Auslegungskunst der Kabbala wenig zu tun hatten, ja im Grunde mit ihr unvereinbar waren; beides, die unabhängig von christlich-theologischen Grundsätzen betriebene hebräische Sprachwissenschaft und die kabbalistische Buchstabenmystik, erschien ihm als Symptom *eines* jüdischen Irrweges.

Dabei handelte es sich, was Luthers Verständnis der kabbalistischen Exegese und Hermeneutik anbetraf, um einen echten Gegensatz.[38] Für Luthers Orientierung am Wort Gottes als einem Vorgang lebendiger Kommunikation war jede Konzeption, die von esoterischen Botschaften im Bibelwort ausging und diese mit geheimen Codes entschlüsseln wollte, ausgeschlossen. Dieses Sprachverständnis verband sich bei ihm mit einer Warnung vor dem *opus operatum*, dem leeren Zeremoniendienst. Der Reformator hatte den Verdacht, nicht nur das rabbinische Ritual, sondern auch der jüdische Umgang mit der Schrift sei zu einer rein äußerlichen Mechanik geworden, die jedes inneren Sinnes entbehrte. Die Buchstaben- und Zahlenmystik der Kabbala verwandelte den Bibeltext nach Luther zum Instrument eines magischen Hokuspokus.

Vielleicht noch entscheidender war bei alledem, dass Luther sich nicht für abstrakte Spekulationen über Gott interessierte. Die Vorstellung, es gebe ein Initiierten vorbehaltenes Wissen über die himmlische Welt, das dem gemeinen Volk durch eben diese Experten – seien es römische Priester oder Kabbalisten – erst zugänglich gemacht werden muss, empfand er als für das Gottesverhältnis schädlich und sogar gefährlich. Obwohl der

38 Es ist kein Zufall, dass die – abgesehen von seiner Spott-Tabelle zur lateinischen Gematrie (»Luci milcks die Ku«) – einzige graphische Darstellung seiner Schrift keinen *Sefirotbaum*, sondern den von Luther rekonstruierten *Stammbaum* Jesu abbildet. Auf das Christuszeugnis kam ihm alles an, und die Verteidigung dieses etwa durch die Anzweifelung der Jungfrauengeburt oder der davidischen Abstammung des Erlösers bedrohten Zeugnisses war ihm jede theologische Anstrengung wert.

Reformator die Namen Pico della Mirandolas und Johannes Reuchlins nicht nennt und nicht sicher zu sagen ist, inwieweit ihm beim Schreiben die Spekulationen der christlichen Kabbalisten vor Augen standen, ist davon auszugehen, dass sein negatives Urteil die christliche Kabbala mit betraf. Die Betonung der direkten Anrede Gottes, seines unmittelbaren, nicht in hermeneutischen Spezialoperationen verborgenen Zuspruchs, hing für ihn mit seiner reformatorischen Entdeckung zusammen. Hier verschränkt sich die gegen die römische Kirche mit ihren Priestern und Mönchen gerichtete Frontstellung mit Luthers judenfeindlicher Einstellung.

Wer den kabbalistischen Buchstabenspekulationen mit Befremden gegenübersteht, mag in dieser Hinsicht zunächst einmal Verständnis für die Ausführungen des Reformators haben. Auch jüdische Aufklärer konnten sich etwas mehr als zweihundert Jahre später spöttisch und sarkastisch zur von ihnen als hinterwäldlerisch erachteten jüdischen Geheimlehre äußern[39], und Gershom Scholem hat in seinen Arbeiten zur jüdischen Geistesgeschichte von der Kabbala-Angst der Juden im 19. Jahrhundert gesprochen.[40] Insofern mag der Reformator mit seiner Entlarvung des Obskurantismus einem Impuls gefolgt sein, den man mit einigem Zögern »proto-aufklärerisch« nennen kann.

Andererseits wirkt sein Diskurs, aufs Ganze gesehen, auch in dieser Hinsicht aber ganz und gar gewalttätig. Dieser aggressive Eindruck hängt nicht zuletzt mit dem Sprachduktus des Autors zusammen. Luther schreibt in deutscher, nicht in lateinischer Sprache. Er gibt damit zu erkennen, dass er den Rahmen des gebildeten Diskurses bewusst verlässt und sich an das breite Volk wendet, das er nicht nur intellektuell, sondern vor allem rhetorisch und emotional überzeugen will. Immer wieder wendet er

39 Zu den Stellungnahmen von Aufklärern wie Voltaire und Moses Mendelssohn zu den Toledot Jeschu vgl. Schäfer, Toledot Yeshu as a Tool of Polemic, 17–18.

40 Vgl. Breuer/Graetz, Deutsch-jüdische Geschichte der Neuzeit, 223; Kilcher, Figuren des Endes, 159.

sich mit sarkastischen Bemerkungen, Ausdrücken des Abscheus oder gar im ironischen Aufruf zur Beschneidung und Konversion zum Judentum direkt an seine Leser. Obwohl er vorgibt, nicht mit jüdischen Rezipienten zu rechnen, wird auch der (nur virtuell anwesende) Gegner direkt angesprochen, und dies stets beleidigend. Abstraktere Sprachformen, die versachlichend hätten wirkend können, fehlen. Luthers Volkstümlichkeit, die direkte, auf das Persönliche gerichtete Sprache – all dies wird in anderen Zusammenhängen häufig eher positiv hervorgehoben! – schlägt in seinen Judenschriften also ungemein konfliktverschärfend aus.[41]

Auch für seine Übersetzung des *Toledot Jeschu*-Textes rechnet Luther mit einer populären Leserschaft, indem er etwa Erklärungen einschiebt und den Begegnungen am Jerusalemer Königshof ein zeitgenössisch-höfisches Gepräge verleiht.[42] Es ist vor allem der schrille und im zweiten Teil geradezu penetrantgeifernde Tonfall der Schrift, der zu erkennen gibt, dass der Autor auch wirklich von allen verstanden sein will. Heutige Leser müssen damit zurechtkommen, dass der Reformator – am Ende

41 Mit Bezug auf Luthers Übersetzung der Schrift des italienischen Dominikaners Ricoldus de Montecrucis *Confutatio Alcorani* hat Johannes Ehmann dies auch für Luthers »Türkenschriften« nachgewiesen; vgl. Ehmann, Luther, Türken und Islam, 107–112.

42 Die Königin am Jerusalemer Hof wird in Luthers Diktion z. B. mit »gnedige fraw« angesprochen (WA 53,583,11 f.; 584,10; 585,8; vgl. oben S. 14). An anderer Stelle entsteht der Eindruck, dass Luther den Text aus rhetorischen Gründen weiter verfremden (»exotisieren«) und damit entlarven will, wenn etwa die lateinische Erklärung zum hier lateinisch transkribierten Namen Iesu noçri (»id est: nazarenus« – »das ist der Nazarener«) in der Übersetzung entfällt (WA 53,585,14). Indem Luther Halani als »Helene, die mutter Constantini« identifiziert (Randbemerkung zu WA 53,581,7), wird der Erzählung die im Original offenbar gewollte Zweideutigkeit genommen: Es könnte auch die Königin Helene von Adiabene gemeint sein, was chronologisch eher zum historischen Jesus passen würde! Der Übersetzer stellt aber die anachronistische und somit augenfällig unsinnige Deutung heraus! Vgl. das Glossar (→Helene von Adiabene, →Helena Augusta).

seiner Schrift steht ein Lob des Schöpfers »mit unserm HErrn Jesus Christus und dem heiligen Geis« sowie dem folgenden »Amen« – offenbar der Meinung war, in eben diesem Stil christlich ermahnen und trösten zu können.

10. Luther und die Toledot Jeschu

Vielleicht muss man es ironisch verstehen, dass die sprachlichen Eigenschaften dieser späten Judenschrift Luthers in gewisser Weise zu demjenigen jüdischen Text passen, der in *Vom Schem Hamephorasch und vom Geschlecht Christi* thematisch im Zentrum steht. Die *Toledot Jeschu*-Erzählung, die Luther den Anlass zum Schreiben gab, ist mit ihren Schmähungen Jesu ja auch kein harmloser Text. Man braucht sich nicht in die mittelalterliche Lebens- und Glaubenswelt zurückzuversetzen, um zu erahnen, wie christliche Hörer oder Leser, denen diese Geschichte zu Ohren oder vor die Augen kam, sich verletzt fühlen konnten. Dies gilt auch für die Luther vorliegende gekürzte Version, in der die Erzählung vom Ehebruch (oder der Vergewaltigung) der Mutter Jesu ja fehlt und die äußerst obszöne Szene des Himmelskampfes, in der Judas auf Jeschu uriniert oder seinen Samen auf ihn spritzt, pietätvoll weggelassen oder möglicherweise auch wegretuschiert wurde.[43]

Nicht ohne Grund wurde die Erzählung unter der Hand weitergegeben und immer wieder von außen und innen zensiert. Jüdische Tradenten warnten ausdrücklich vor der Weitergabe des Stoffes an Christen.[44] Dennoch wurden die unterschiedlichen handschriftlichen Traditionen des *Toledot Jeschu*-Komplexes im Mittelalter zu einem hohen Prozentsatz gerade *durch christliche Vermittlung* verbreitet, sei es durch lateinische Übersetzungen, durch Zitate oder durch polemische Reaktionen von Theolo-

43 Vgl. dazu das Glossar (→Himmelskampf, →Judaspisse) und die Übersetzung der entsprechenden Textpartien im Anhang.

44 Vgl. Deutsch, The Second Life of Jesus, 283.

gen[45] – ein Sachverhalt, der dazu veranlassen muss, die Reaktionen dieser Gelehrten, die diese Texte demnach von vornherein in judenfeindlicher Absicht weitergaben, auch in dieser Hinsicht in einem kritischen Licht zu sehen.

Unter dem Eindruck der Neubesinnung in der christlichen Theologie nach der Schoah im Zeichen des jüdisch-christlichen Dialogs wurde es dann aus guten Gründen vermieden, diese Traditionen in den Vordergrund zu stellen. Jahrzehnte später, im Zuge der mittlerweile wissenschaftlich etablierten Erforschung der mystischen Traditionen des Judentums, lässt sich heute aber leichter über die früher dem Licht der Öffentlichkeit entzogenen Nebentraditionen des Judentums referieren und schreiben. Es waren Gershom Scholem, der die Kabbalaforschung als akademische Disziplin im 20. Jahrhundert begründet und maßgeblich vorangetrieben hat, und vor ihm Isaac Breuer, die immer wieder darauf hingewiesen haben, dass das Judentum keine Apologetik benötigt und man seinen Vertretern durchaus zutrauen darf, auch mit problematischen Seiten ihrer Überlieferung fertig zu werden.[46]

In diesem Kontext hat auch die Erforschung der Traditionsströme, die zum Entstehen der *Toledot Jeschu*-Erzählung beigetragen haben, in neuerer Zeit große Fortschritte gemacht, wobei vor allem die internationale Konferenz zur Geschichte der *Toledot Jeschu*-Überlieferung in Princeton (2009) zu nennen ist. In diesem Zusammenhang hat es sich als hilfreich erwiesen, die Frage nach der literarischen Gattung und dem ursprünglichen *Sitz im Leben* dieses Textes aufzugreifen. Obwohl die von Luther übersetzte Erzählung mit dem für ihren Plot zentralen Motiv der

45 Vgl. Deutsch, The Second Life of Jesus, 294–295.

46 Isaac Breuer, in dieser Hinsicht ein Vorgänger Scholems, sprach sich wiederholt gegen jede Apologetik aus und bestand darauf, »daß es auch noch so etwas wie *Probleme* im Judentum geben darf, und daß es […] dem Judentum wohl ansteht, seinen Bekennern auch einige harte Nüsse zu knacken aufzugeben.« (Rezension von Werner Sombarts *Die Juden und das Wirtschaftsleben*, in: *Israelit* 52. Jahrgang/1911, 5. Oktober 1911, 5).

magischen Verwendung des *Schem Hamephorasch* ein kabbalistisches Thema aufgreift, handelt es sich insgesamt ja um keinen »mystischen« Text. Neueren Untersuchungen zufolge gehört diese Erzählung vielmehr in den Bereich der Volksliteratur. Diese gattungsmäßige Einordnung ist nicht zuletzt deshalb von Belang, weil sie hilft, die derbe Sprache und die Motive dieser Erzählung einzuordnen. Eli Yassif hat als Ursprungsort das Milieu der Talmudschulen in Babylonien im 9. Jahrhundert vermutet. Im Kreise der dort studierenden Jugend, von sexueller Energie erfüllt, seien frühe Fassungen dieser Erzählung erstmals vorgetragen worden. Dafür spreche der groteske Stil, die inhaltlich komische Spannung zwischen der Andeutung »heiliger« Themen und der ausführlichen Beschäftigung mit männlichen Genitalien mitsamt ihren Ausflüssen und anderen Motiven »unter der Gürtellinie«.[47]

In *Vom Schem Hamephorasch* scheint Luther sich mit seiner Derbheit und den Obszönitäten seiner Sprache, vielleicht nicht ganz unbewusst, an das Genre der *Toledot Jeschu*-Texte anzupassen. Während die *Toledot Jeschu*-Literatur aber möglicherweise (dies wurde von ihren christlichen Kritikern ganz übersehen) Elemente *jüdischer Selbstkritik* enthalten[48] – Judas als Repräsentant des Judentums erscheint tatsächlich in einem nicht gerade vorteilhaften Licht, und auch die jüdischen Weisen machen alles andere als einen überzeugenden Eindruck –, ist der Text Luthers von jeder kritischen Selbstreflexion frei. Der Reformator, der nach einer Vermutung Eli Yassifs ein Werk vor Augen hatte, das letztlich auf pubertierende Jugendliche zurückging[49], urteilt

47 Vgl. Yassif, Folk-Narrative, 108.

48 A. a. O., 131–135.

49 Mit Bezug auf den von ihm vermuteten Autorenkreis unter jugendlichen babylonischen Talmudstudenten schreibt Yassif, a. a. O., 131: »Like youngsters in any closed male society, they were charged with sexual energy. In addition, many of them came from the poorer and weaker sectors of Jewish society and from the periphery, and were therefore treated as inferior to their peers from wealthy, prestigious families. And like young people everywhere, they would have been

ganz und gar selbstgerecht. Er bringt es fertig, das Niveau des von ihm attackierten Textes noch zu unterbieten.

Mag der Abgleich dieser Judenschrift des Reformators mit der neueren *Toledot Jeschu*-Forschung auch zeigen, dass die Schimpfkanonaden Luthers, vor allem die Obszönitäten im zweiten Teil seiner Schrift, nicht ganz unmotiviert waren, so steht am Ende doch ein deprimierender Eindruck. Was bleibt, ist äußerstes Befremden über einen aggressiven Text – und für den Verfasser dieser Zeilen der Ärger, dass der Reformator, der von den esoterischen Traditionen des Judentums doch immerhin einiges in Erfahrung gebracht hatte, im Ganzen so wenig Verständnis dafür aufbrachte. In gleicher Weise bedrückt die Einsicht, dass er das, was er verstanden hatte, mit einiger Niedertracht gegen die Juden kehrte. Josel von Rosheim, der Fürsprecher und Verteidiger der deutschen Juden im Heiligen Römischen Reich, ersuchte 1543 den Straßburger Rat, die Verbreitung von Luthers Schmähschriften zu verhindern.[50] Heute, in einer Zeit, in der es unsere Aufgabe ist zu lernen, mit religiösen Gegensätzen zu leben und diese (und andere) Gegensätze produktiv zu verarbeiten, ist das Verschweigen solcher schmerzhaften Texte nicht mehr möglich. Die historische Erforschung und Kontextualisierung dieser Texte kann aber dazu beitragen, dass das Aushalten von interreligiöser Polemik, wie unsere Welt sie nun einmal kennt, besser gelingen kann.

critical of their teachers and social leaders. Thus, the narrative structure, social criticism, and appeal to the general public all suggest that *Toledot Yeshu* was the work of in or out the circles of *yeshiva* students in Babylonia.«

50 Kirn, Luther und die Juden, 223.

1. Die in Luthers *Toledot Jeschu*-Version fehlenden Stücke in deutscher Übersetzung

1.1. Die Geschichte vom Fall Miriams und von der Geburt Jeschus

Der Anfang der Schöpfung Jesu.[51] Seine Mutter Miriam stammte aus dem Volk Israel und hatte einen Verlobten aus königlichem Stamm aus dem Hause Davids, der hieß Jochanan. Er kannte die Schrift gut und war sehr gottesfürchtig. Und nebenan, gegenüber ihrem Haus [lebte] ein gut aussehender Mann namens Josef.

Eines Abends, am Ausgang des Sabbats, ging er [Josef] betrunken an ihrem Haus vorbei und kam zu ihr herein. Sie aber dachte in ihrem Herzen, dass es Jochanan sei, ihr Verlobter.[52] Voller Scham verbarg sie ihr Angesicht als er [?] sie umarmte. Sie sagte ihm: »Berühre mich nicht, denn ich habe meine Tage und bin unrein [פרשתי נדה] [?].« Er aber ließ sich von ihren Worten nicht abhalten und lag bei ihr, und sie wurde von ihm schwanger [שכב עמה ונתעברה].

In der Mitte der Nacht kam ihr Verlobter Rabbi Jochanan. Sie sagte ihm: »Was ist das? Seit du mich dir verlobtest, bist du niemals zweimal in einer Nacht zu mir zu kommen.« Er entgegnete ihr und sprach: »Jetzt komme ich in dieser Nacht das erste Mal.« Sie sagte ihm: »Du kamst zu mir, und ich sagte dir, dass ich meine Tage habe und unrein bin [פרשתי נדה], und du hattest keine Bedenken. Du folgtest deiner Begierde und gingst deines Weges.« Als er das hörte, verstand er sofort, dass [Josef] ben Pandera sein Auge auf sie geworfen und dies getan hatte.

51 תחילת ברייתו של ישו – offenbar eine spöttische Anspielung auf Matthäus 1,1 und Markus 1,1.

52 Vgl. Matthäus 1,18. Nach jüdischem Brauch in Judäa durften Verlobte bereits intim zusammen sein; vgl. Jerusalemer Talmud, Traktat Ketubbot 1,5–25c (dazu: Morgenstern, Ketubbot, 40–42).

Er verließ sie und ging zu Rabbi Schimon ben Schetach. Er sprach zu ihm: »Du sollst wissen, [was] mir und meiner Verlobten heute Nacht [geschah]. Ich kam zu ihr, wie es Männer tun. Bevor ich sie berührte, sagte sie mir: Du bist doch bereits einmal bei mir gewesen. Ich habe dir gesagt: Ich habe meine Tage und bin unrein. Du hast aber nicht auf mich gehört und bist deiner Begierde gefolgt und deines Weges gegangen. Als ich ihre Worte hörte, habe ich sie verlassen.« Schimon ben Schetach sagte ihm: »Wen hast du in Verdacht?« [Rabbi Jochanan] sagte ihm: »Ben Pandera, der in ihrer Nähe wohnt und ihr nachstellt.« Was hat [Schimon ben Schetach] ihm gesagt? »Ich weiß, dass du in dieser Sache keine Beweise hast. Deshalb rate ich dir zu schweigen. Wenn er einmal gekommen ist, ist es unmöglich, dass er nicht ein weiteres Mal kommt. Verhalte dich weise. Bereite dich vor und halte Zeugen gegen ihn bereit.« Nach einiger Zeit kam das Gerücht auf, das Miriam schwanger geworden war. Ihr Verlobter Jochanan sagte: »Sie hat nicht von mir empfangen. Wenn ich hier bleibe, höre ich von den Leuten meines Volkes meine Schande jeden Tag.« Er stand auf und ging nach Babylonien.

Nach einiger Zeit gebar [Miriam] einen Sohn, und er wurde Jehoschua [יהושע] genannt nach dem Bruder seiner Mutter. Als sein Unglück [קלקולו] aber bekannt wurde, nannten sie ihn Jeschu [ישו]. Seine Mutter gab ihm einen Lehrer, und er war klug und lernte Tora und Talmud.

Quelle: Hebräische Handschrift Strasbourg BnU 3974: Meerson, Schäfer, Toledot Yeshu. The Life Story of Jesus, Band II, Tübingen 2014, 82–83; vgl. die englische Übersetzung, a. a. O., Band I, 167–169.

1.2. Die Geschichte vom Himmelskampf zwischen Judas und Jeschu

Und er [Jeschu] erhob seine Hände wie die Flügel eines Adlers und flog. Und die Leute waren verwundert zu sehen, wie er zwischen Himmel und Erde flog. Und die Weisen Israels sprachen zu Jehuda Iskariota: »Sage auch du die Buchstaben [תזכיר האותיות] und steige auf hinter ihm her.« Sogleich tat er es und flog in den Himmel. Und die [ganze] Welt verwunderte sich, wie sie wie Adler flogen bis [Jehuda] Iskariota [ihn] umarmte. Und er flog im Himmel. Der eine konnte den anderen aber nicht besiegen, weil sie versuchten [sich gegenseitig] mit dem Schem Hamephorasch zur Erde zu stoßen, da beide [das Geheimnis des] Schem Hamephorasch besaßen. Als Jehuda das sah, verging er sich [קלקל מעשיו] und urinierte auf Jeschu, sodass er [d. h. Jeschu] verunreinigt wurde [השתין על ישו ונטמא]. Da fiel er [Jeschu] auf den Boden und Jehuda mit ihm. Darüber weinen sie [die Christen] in ihrer Nacht.

Quelle: Hebräische Handschrift Strasbourg BnU 3974: Meerson, Schäfer, Toledot Yeshu. The Life Story of Jesus, Band II, Tübingen 2014, 88–89; vgl. die englische Übersetzung, a. a. O., Band I, 174–175.

2. Die Geburt des Antimessias im Sefer Serubbabel

Und Serubbabel[53] antwortete und sprach zu [dem Engel] Metatron und zu Michael, dem Fürsten. »Mein Herr, ich bitte dich mir kundzutun, wann der Messias des Herrn [und das Licht Israels] kommen wird und was danach geschehen wird.« Er sprach zu mir: »Der Messias des Herrn ist Nehemia ben Huschiel. Er wird kommen fünf Jahre nach Hefziba. Er wird ganz Israel versammeln, und sie werden vierzig Jahre in Jerusalem bleiben, und die Kinder Israels werden Opfer bringen, und es wird dem Herrn ein Wohlgefallen sein.«

Ich fuhr fort, den Fürsten des Heiligen Bundes zu befragen. Er hielt mich fest und sie [!] brachten mich zu einem Haus des Unrats und der Verachtung.[54] Dort zeigte er mir einen Marmorstein in Gestalt einer Frau, einer Jungfrau, die in der Tat sehr schön anzuschauen war. Dann sagte er mir: »Dieses Standbild ist die [Frau] des Belial.[55] Satan wird kommen und bei ihr liegen, und sie wird einen Sohn haben, Armilos mit Namen, [das be-

---

53 Serubbabel, ein in Babylonien geborener Enkel des 597 v. Chr. nach Babylonien verschleppten judäischen Königs Jojachin, war der Anführer der ersten Gruppe der Heimkehrer aus dem Babylonischen Exil (vgl. 1. Chronik 3,19, Esra 3,2. 8 und Nehemia 7,7). Er tritt in dieser Apokalypse als (fiktiver) Offenbarungsempfänger auf, der mit den Engeln Metatron und Michael kommuniziert.

54 Offenbar ist an eine Kirche gedacht (Himmelfarb, Sefer Zerubbabel, 87; Greisiger, Die Geburt des Armilos, 25.

55 Zur Deutung dieser Gestalt auf Maria vgl. Greisiger, Die Geburt des Armilos, 25; Himmelfarb, Sefer Zerubbabel, 69 und Biale, Counter-History and Jewish Polemics Against Christianity, 139. Hintergrund ist offenbar die kultische Verehrung der Muttergottes in Gestalt von Bildnissen, die der oströmische Kaiser Herakleios (575–641 n. Chr.) besonders förderte. Herakleios erwarb sich seinen Ruhm in seinen Kämpfen gegen die Perser, die er 629/630 besiegte und dazu zwang, die von ihnen zuvor verschleppte Reliquie des Kreuzes zurückzuerstatten. Zu Erinnerung an dieses Ereignis wird nach dem römisch-katholischen und dem griechisch-orthodoxen liturgischen Kalender bis heute der 14. September als Tag der Kreuzerhöhung gefeiert.

deutet] auf Hebräisch ›er wird ein Volk zerstören‹.[56] Er wird über alle [Völker] regieren, und seine Herrschaft geht von einem bis an das andere Ende der Erde. Und zehn Buchstaben werden in seiner Hand sein. Und er wird fremden Göttern dienen und Lügen verbreiten. Und niemand wird ihm widerstehen können. Und jeden, der nicht an ihn glaubt, wird er mit dem Schwert töten. Viele von ihnen wird er töten. Und er wird sich wenden gegen die Heiligen des Höchsten. Und mit ihm werden zehn Könige mit großer Macht und Kraft sein, und er wird gegen die Heiligen kämpfen und sie besiegen […].«

Quelle: Sefer Serubbabel, Oxford Bodleian Library Ms. 2797 (http://maagarim.hebrewacademy.org.il/Pages/PMain.aspx?misyzira=512000); vgl. Lévi, L'apocalypse de Zorobabel et le roi de Perse Siroès, in: Revue des Études Juives 67 (1914), 136 f.; Himmelfarb, Sefer Zerubbabel, 74–75; vgl. auch die deutsche Übersetzung von August Wünsche, Das Buch Zerubabel (nach Jellinek, Bet ha-Midrasch II, 54–57), in: Aus Israels Lehrhallen II, 81–88, hier 84.

56 Greisiger, Die Geburt des Armilos, 23–24, rekonstruiert aus der Angabe einen hypothetischen Namen dieses Antichristus und verweist auf die Etymologie des Judenfeindes Bileam (hebräisch: »er hat ein Volk zugrundegerichtet«); möglicherweise ist Armilos aber auch nur eine Verballhornung des Namens Romulus, des mythischen Stadtgründers Roms.

Glossar

Abgötterei

In den Passionserzählungen des Neuen Testaments (Matthäus 27,63–64; Johannes 7,47) wird von dem Vorwurf berichtet, Jesus sei ein →Verführer und falscher Prophet gewesen. Mit Bezug auf Deuteronomium 13,1–5 wird der Vorwurf, Jesus habe zum Abfall vom Glauben an den wahren Gott Israels aufgerufen, auch in den →*Toledot Jeschu*-Texten erhoben. Luther hielt den kabbalistischen Umgang mit dem →Gottesnamen (→Schem Hamephorasch) seinerseits für götzendienerisch und warf den Juden daher umgekehrt ebenfalls Abgötterei vor. Die buchstabenmystische Auslegung biblischer Texte führe dazu, dass die Juden in Wahrheit nicht einen Gott, sondern viele Götter – in rhetorischer Übertreibung spricht Luther von 216 000 Teufeln – anbeteten.

Literatur: Theobald, Blasphemie, 255–256; Schlichting, Ein jüdisches Leben Jesu, 35.

Assassinen

Die Assassinen, von Luther zusammen mit den →Sarazenen genannt, sind eine im 8. Jahrhundert entstandene schiitische Sekte der Ismaeliten, die seit dem 11. Jahrhundert Bergfestungen im Libanon einnahmen und von dort aus militärisch agierten. Im Westen waren die Ismaeliten aufgrund ihres Todesmutes berüchtigt und wurden verdächtigt, unter dem Einfluss von Drogen (hashish – hashashun – Assassinen) politischen Terror auszuüben. Die der »Siebener-Schia« zugehörige Gruppe ist nach Ismail, dem erstgeborenen Sohn des sechsten schiitischen Imams Dschafar as-Sadiq (gest. 765), benannt; Luther, dessen genealogische Interessen in der Bibel begründet sind (vgl. seine Randglosse zu Jesaja 18,1 in WADB 11/1), denkt offenbar (fälschlich) an den biblischen Abrahamssohn Ismael, dem verheißen worden war, er werde »ein wilder Mensch sein« und er werde »seinen Brüdern zum Trotz wohnen« (Genesis 16,12).

Literatur: Rotter, Abendland und Sarazenen, 260; Endreß, Islam, 56 f.; Ronart, Lexikon, 546–548; Ehmann, Luther, Türken und Islam, 86.

Ba'al Schem, plural: Ba'ale Schemot
Hebräisch »Meister (oder Herr) des (göttlichen) Namens«. Ba'alei Schemot greifen auf alte mystische und magische Traditionen des Judentums zurück, nach denen Gottes Macht in seinem eigenen (hebräischen) Namen oder in den Namen der Engel präsent ist. Indem sie über besonderes Wissen hinsichtlich dieser Namen verfügen, werden sie zu Teilhabern Gottes. Sie können mittels der heiligen Namen über besondere Autorität verfügen und nehmen in ihrer eigenen Vorstellung und der Vorstellung ihrer Umgebung einen höheren Status ein als gewöhnliche Menschen, da man sich vorstellt, dass ihr Seele in besonderer Weise mit der göttlichen Welt verbunden ist. Durch ihre Kenntnis des geheimnisvollen Namens und der praktischen →Kabbala verfügen Ba'ale Schemot über besondere Kenntnisse und Fertigkeiten. Sie schreiben Amulette, die vor äußeren und inneren Gefahren schützen sollen, und können Wunder, insbesondere auch Heilungen vollbringen. Grözinger unterscheidet in der Geschichte des aschkenasischen Judentums sieben unterschiedliche Typen dieser Wundermänner, von denen der zweite (der provokativ auftretende »Renaissancetypus«) offenbar Luther vom Hörensagen bekannt war, da er gegen die nach seiner Meinung als Betrüger auftretenden Charismatiker polemisiert. Nach dieser Typologie sind die chronologisch zuerst auftretenden Ba'alei Schemot mit den eher quietistisch veranlagten jüdischen Mystikern des Hochmittelalters (*Chassidei Aschkenas* im 12. und 13. Jahrhundert) zu identifizieren. Der bekannteste der späteren charismatischen Esoteriker, Israel ben Elieser (1700–1760), die Gründungsgestalt der chassidischen Bewegung (der *Ba'al Schem*

Tov, »Herr des guten Namens«, abgekürzt *Bescht*), wird zusätzlich auch als Anwalt und Verteidiger der Juden im himmlischen Gericht vorgestellt (Typ 6). Die beiden letztgenannten Typen des Ba'al Schem spielen in Luthers Vorstellungswelt keine Rolle.

Literatur: Grözinger, Wundermann, Helfer und Fürsprecher; Talabardon, Chassidismus, 34–37.

Bar Kochba, Kochab, Bar Kochba-Aufstand

Hebräisch »Sternensohn«, der Name, den Rabbi Akiba dem Anführer des zweiten jüdischen Aufstandes gegen die Römer (132–135 n. Chr.) gab. Von der Weissagung Numeri 24,17 her (»ein Stern wird aus Jakob aufgehen«) wurde dieser Name als Messiastitel verstanden. Nachdem der Aufstand gescheitert war und das rabbinische Judentum sich von jedem politischen und militärischen Aktivismus gegenüber den Römern verabschiedet hatte, wird Bar Kochba im Talmud jedoch durchgängig als »Lügensohn«, Bar Koziba, bezeichnet. Im Midrasch *Klagelieder Rabba* 2,4 aus dem 5. Jahrhundert (→Midrasch) heißt es mit einem Wortspiel – einem »Al Tiqre« (»lies nicht«)-Midrasch – »lies nicht Sternensohn, sondern Lügensohn« (אל תקרי כוכב אלא כוזב). Ähnliche Wertungen finden sich im Jerusalemer Talmud (Ta'aniyot 4,8/28). Luthers Behauptung, die Juden warteten auf einen neuen Bar Kochba, geht vielleicht auf eine ähnliche Polemik →Raymond Martinis in seiner Streitschrift *Pugio Fidei* zurück. Der Vorwurf ist vor dem Hintergrund des Talmuds, der einen »neuen Bar Kochba« gerade ablehnt, sachlich falsch und auch unfair.

Literatur: Schäfer, The Bar Kokhba War Reconsidered; Cohen, Friars and Jews, 143–146.

Bastard, Bastarde (hebräisch: mamserim)

Nach dem jüdischen Religionsrecht (Halacha) sind Bastarde (mamserim) Kinder, die eine verheiratete Jüdin in einer außerehelichen Beziehung gezeugt hat. Mamserim unterliegen nach Deuteronomium 23,3 strengen Eheverboten und dürfen nur untereinander heiraten; eheliche Verbindungen von »Bastarden« mit gewöhnlichen Israeliten sind streng verboten, sodass ihre Nachkommen auch künftig diskriminiert werden und eine Sonderstellung im jüdischen Volk haben. Nach einzelnen Stimmen im Babylonischen Talmud (Schabbat 104b, Sanhedrin 67a) war Jesus ein solcher »Bastard«, der von Maria (»Miriam«) mit einem ansonsten unbekannten Soldaten, einem gewissen »Pandera« (oder »Panthera«), gezeugt worden war und daher »Sohn des Pandera«, hebräisch »Ben Stada« oder »Ben Pandera« genannt wird. Nach der Version der Straßburger →*Toledot Jeschu*-Handschrift war Maria mit einem gewissen Rabbi Jochanan verheiratet und wurde von »Joseph ben Pandera« vergewaltigt. Diese Beschuldigung erinnert an einen in der zweiten Hälfte des 2. Jahrhunderts n. Chr. geschriebenen Bericht des paganen Philosophen Kelsos in dessen polemisch-antichristlichem Traktat *Alethes Logos*. Christlichen Autoren war diese Abhandlung aufgrund von Zitaten in einer Schrift des Kirchenvaters Origenes bekannt; eine ähnliche Überlieferung findet sich bei dem christlichen Theologen Tertullian (Ende 2. und frühes 3. Jahrhundert). In dem von Luther in *Vom Schem Hamephorasch und vom Geschlecht Christi* übersetzten Text kommt die Verführungs- oder Vergewaltigungsgeschichte Marias nicht vor und wird der Vorwurf, Jesus sei ein Hurensohn (im Hebräischen stand offenbar »mamser und →ben-niddah«) gewesen, nur pauschal erhoben. Luther, der aber möglicherweise Kenntnis von anderen *Toledot Jeschu*-Traditionen hatte, verstand den Begriff nicht nur allgemein als gegen Jesus gerichtetes Schimpfwort, sondern nahm die Infragestellung der legitimen Abstammung Jesu so ernst, dass er im zweiten Teil seiner Schrift eine ausführliche Widerlegung für notwendig hielt.

Literatur: Schäfer, Jesus im Talmud, 29–49.

Vgl. dazu den Anhang in diesem Band (Übersetzung der *Geschichte vom Fall Miriams und der Geburt Jeschus* nach der Straßburger *Toledot Jeschu*-Handschrift).

Ben Niddah (plural: Bene Niddah)
In volkstümlichen Überlieferungen des Judentums gelten *Bene Niddah* (Singular: Ben Niddah) als menschliche Wesen, die im Zustand ritueller Unreinheit während der Menstruation ihrer Mutter gezeugt wurden (vgl. Levitikus 15,19; 15,24 und 18,19; Ezechiel 18,6; 22,10); spätere Traditionen bringen körperliche oder geistige Behinderungen von Neugeborenen mit einem entsprechenden Fehltritt ihrer Eltern in Verbindung. In der →*Toledot Jeschu*-Literatur findet sich die Vorstellung, Jesus sei nicht nur ein →»Bastard«, sondern auch ein Ben Niddah gewesen, da Maria nicht nur die Ehe gebrochen, sondern auch das die Menstruation betreffende Verbot der Tora übertreten und ihrem Mann oder einem Fremden während ihrer monatlichen »Unreinheit« beigewohnt habe. Im Babylonischen Talmud (Traktat Sanhedrin 103a) wird nahegelegt, dass Jesus nicht besser war als seine Mutter. Da er seine Leidenschaften nicht zügeln konnte, hatte er demnach Umgang mit einer menstruierenden Frau oder gar einer Prostituierten.

Literatur: Schlichting, Ein jüdisches Leben Jesu, 76; Schäfer, Jesus im Talmud, 52–58; Morgenstern, Rabbinische Anthropologie, 82–83; Gélis, Die Geburt; Callsen, Das jüdische Leben Jesu, 41, 47.

Benediktion
Eine Benediktion, ein Segensspruch (hebräisch ברכה/beracha), ist eine mit den Worten »gesegnet seist Du Gott, König der Welt« beginnende Segens- oder Dankesformel, die z. B. vor dem Vollzug eines Gebotes der Tora (bspw. des rituellen Waschens der Hände) oder vor einer Mahlzeit (als »Tischgebet«) gesprochen wird. Dabei wird religionsgesetzlich zwischen unterschiedlichen Arten von Speisen unterschieden: Baumfrüchte (פרי העץ) und Feldfrüchte (פרי האדמה) erfordern nach der Mischna (Berachot 6,1) beispielsweise unterschiedliche Benediktionen.

Literatur: Elbogen, Der jüdische Gottesdienst.

Beschneidung

In seiner Schrift *Von den Juden und ihren Lügen* (WA 53,427–439 = JL, 21–43) hatte Luther sich mit der jüdischen Beschneidungspraxis auseinandergesetzt und den Juden in diesem Zusammenhang nicht nur Selbstgerechtigkeit und hochmütiges »Pochen« auf ihre Erwählung vorgeworfen, sondern auch darauf hingewiesen, dass das im nachbiblischen Judentum geltende Ritual sich nur teilweise biblisch begründen lässt. Zu den zeremoniellen Einzelheiten des Beschneidungsvorgangs, wie Luther sie der 1530 erschienenen Schrift »Der gantz Jüdisch Glaub« des Konvertiten Anton →Margaritha entnommen hatte, gehört nach rabbinischer Lehre das »Peri'a« genannte Einreißen der inneren Hautschicht der Vorhaut und nach dem Schnitt das Aussaugen der Wunde durch den Beschneider (Mohel) mit dem Mund (hebr. »Meziza«). Die Vorschriften der Peri'a und Meziza werden in der rabbinischen Exegese nicht aus Genesis 17, sondern aus den nachbiblischen Vorschriften der Rabbinen abgeleitet.

Literatur: Osten-Sacken, Luther und die Juden, 205–206.

Brunnenvergiftung

Der Vorwurf, Juden hätten auf islamische Initiative christliche Aussätzige dazu angestiftet, ihre Mitchristen durch vergiftetes Brunnenwasser zu ermorden, trug 1321/1322 zur Vertreibung der Juden aus Frankreich bei. Im vierzehnten Jahrhundert kam es u. a. in Zürich und Straßburg zu entsprechenden Anklagen; 1460 wurde ein solcher Vorwurf in Arras auch gegen die christlichen Waldenser erhoben. In seiner Schrift *Dass Jesus Christus ein geborner Jude sei* (1523) hatte Luther diesen Vorwurf noch als »Narrenwerk« abgetan (WA 11,336,26; Osten-Sacken, Luther und die Juden, 210). In seiner Schrift *Von den Juden und ihren Lügen* deutet er an, dass diesen »Historien« eventuell doch Glauben zu schenken sei.

Literatur: Herzig, Brunnenvergiftung.

Buchstaben, Buchstabenmystik

Luthers Vorwurf, der jüdische Glaube stütze sich auf »leere, tote, elende Buchstaben«, orientiert sich an dem Pauluswort in 2. Korinther 3,6 (»der Buchstabe tötet, der Geist macht lebendig«). Im Blickpunkt steht die im →Midrasch und im Talmud, dann aber vor allem in der →Kabbala verbreitete Vorstellung von der besonderen kosmologischen Bedeutung der hebräischen Buchstaben, die Gott als Werkzeuge der Schöpfung gedient hätten. Vor dem Hintergrund dieser Vorstellung bildete sich eine zahlenmystische Auslegungsmethode aus (→Gematrie), mit deren Hilfe hebräische Texte auf in ihnen verborgene Geheimnisse befragt werden können, indem der Zahlenwert eines Wortes oder eines ganzen Satzes erhoben wird. Voraussetzung dieser Methode der Bibelexegese ist, dass der biblische Text sinnvoll nur in hebräischer Sprache gelesen und verstanden und daher eigentlich nicht übersetzt werden kann. Luther hielt diesen Gebrauch der →Zahlbuchstaben, die er in seiner Schrift *Vom Schem Hamephorasch* verspottete, für vernunftwidrig und abergläubisch oder gar für dämonisch.

Burgos, Paul von

Paulus Burgensis (1351–1435), genannt auch Paul de Santa Maria oder Paulus von Burgos, ein konvertierter Jude, Doktor der Theologie, Bischof von Cartagena und 1415 schließlich Erzbischof von Burgos, verfasste Hinzufügungen (Additiones) zu den *Postillae* des Nikolaus von →Lyra und äußerte sich wie eine Reihe anderer →Konvertiten im Spätmittelalter in seinen Schriften in hohem Maße judenfeindlich.

Literatur: Cohen, Friars and Jews, 130.

Exil, Exilsdeutung

Bereits in *Von den Juden und ihren Lügen* gibt Luther die Auffassung zu erkennen, die →Juden seien im ersten Jahrhundert im Anschluss an ihren gescheiterten Aufstand gegen die Römer kollektiv aus dem Heiligen Land vertrieben worden. Damit habe sie Gott nach Deuteronomium 4,27 für ihre Verwerfung und Tötung Jesu strafen wollen (vgl. Matthäus 27,25: »Sein Blut komme über uns und unsere Kinder«). Dieses Verständnis der Geschichte – Luther spricht vom »Elend« der Juden –, das an die Deutung des Babylonischen Exils im Alten Testament anschließt, steht aber in Kontrast zu den historischen Quellen. Zum einen wurde der Jerusalemer Tempel, anders als Luther offenbar annimmt, erst ca. 40 Jahre nach der Kreuzigung Jesu (im Jahre 70 n. Chr.) zerstört; zum andern ist seitens der Römer zu diesem Zeitpunkt (und auch in der Folgezeit) kein generelles Ausweisungsdekret bekannt. Erst nach dem gescheiterten →Bar Kochba-Aufstand (132–135 n. Chr.) verhängte der römische Kaiser Hadrian ein Verbot des Zutritts für Juden, das allerdings nur für die Stadt Jerusalem galt. Noch in der Spätantike ist eine starke jüdische Präsenz im Heiligen Land, vor allem in Galiläa, bezeugt. Dort wurde am Ende des zweiten nachchristlichen Jahrhunderts nicht nur die Mischna redigiert, sondern entstanden zwei Jahrhunderte später auch der Jerusalemer →Talmud und wichtige Texte des →Midrasch. Wenn Luther im Jahre 1543 von 1500 jüdischen Exilsjahren spricht, ist diese Zahl für ihn offenbar auch mit Spekulationen über das bevorstehende →Weltende verbunden.

Literatur: Ehmann, Luther, Türken und Islam, 435–436; Falk, The Jew in Christian Theology, 181.

Fluchen, Fluchformel

Den mittelalterlichen →*Toledot-Jeschu*-Texten ist zu entnehmen, dass die hebräische Fluchformel ימח שמו (»sein Name werde getilgt«; vgl. Psalm 109,13), die nach einer Tradition im Anschluss an die Erwähnung von Feinden des jüdischen Volkes wie Amalek (vgl. Exodus 17,14; Deuteronomium 25,17–19) und →Haman (der als Nachkomme Amaleks gilt) gesprochen wurde, auch für Jesus Verwendung gefunden haben soll: Der hebräische Namen

→Jeschu (ישו) wird hier als Akronym (aus Buchstaben des Textes zusammengesetztes Kunstwort) des Fluches gedeutet. In einem *Toledot Jeschu*-Manuskript wird der Name Jeschu auch von Psalm 55,16 her verstanden: »Der Tod übereile ihn!«. Wenn Luther sarkastisch von den »verfluchten →Gojim« spricht, ist damit die Beschuldigung verbunden, die Juden schlössen alle Christen in den so angenommenen Fluch ein.

Literatur: Schlichting, Ein jüdisches Leben Jesu, 77; Klauck, Apokryphe Evangelien, 271; Meerson/Schäfer, The Life Story of Jesus, 187.

Gematrie, Gematria

Als Gematrie (גימטריה/Gematria), ein hebräisches Lehnwort aus dem Griechischen, wird eine Methode der Textinterpretation bezeichnet, die Beziehungen und Bedeutungen von hebräischen Wörtern, Wendungen oder auch ganzen Sätzen zahlenmäßig wiedergibt. In der →Kabbala wird das Ergebnis dieser Überlegungen und Berechnungen mystisch interpretiert. Voraussetzung dieser Methode ist die Tatsache, dass das Hebräische keine eigenen Zahlzeichen kennt, sondern →Buchstaben als Zahlzeichen verwendet (→Zahlbuchstaben).

Literatur: Scholem, Zur Kabbala und ihrer Symbolik, 49–116, besonders 86–89.

Glossen

Im Mittelalter bezeichnet der Ausdruck »Glosse« (von altgriechisch/lateinisch *glossa*, »Zunge, Sprache«) Worterklärungen und Kommentierungen zu einem Text. Dabei wird zwischen an den Rand geschriebenen, oft längeren *Marginalglossen* und zwischen die Zeilen geschriebenen kürzeren *Interlinearglossen* unterschieden. Die ersten Drucke der Rabbinerbibel von Daniel Bomberg (1517/1518 und 1524/1525 in Venedig) erschienen als mit Marginalglossen versehene Bibeltexte. Die bis in die Gegenwart in unterschiedlichen Formen erscheinenden Rabbinerbibeln und auch der mit umfangreichen Marginalkommentaren versehene Talmud setzen demnach eine Kommentartradition fort, die im Mittelalter Juden und Christen gemeinsam war. Die wichtigste der von Luther attackierten jüdischen »Glossen« ist der Bibelkommentar →Raschis, den Luther in der lateinischen Übersetzung des Nikolaus von →Lyra zur Kenntnis nahm.

Goj (Singular), Gojim (Plural)

Luther verwendet das hebräische Wort »Goj« (גוי), das die hebräische Bibel zur Bezeichnung nichtjüdischer Völker gebraucht, jedoch manchmal (z. B. Exodus 19,6: »ihr seid … ein heiliges Volk«) auch für Israel selbst steht. Im nachbiblischen Judentum ist die Bezeichnung »Goj« häufig zu einem Schimpfnamen für Nichtjuden geworden. Luther weist auf diesen Gebrauch immer wieder sarkastisch hin, um die Juden der Feindschaft gegenüber allen Nichtjuden zu bezichtigen.

Gottesname, Gottesnamen

Dass das Alte Testament unterschiedliche Gottesnamen und Gottesbezeichnungen verwendet, war einem Bibelleser wie Luther, der sich zudem das Hebräische angeeignet hatte, evident. Bei dem Kirchenvater →Hieronymus, der sich in einem Brief an seine Schülerin, die fromme römische Witwe (und spätere Märtyrerin) Marcella, zu diesem Thema äußert, fand er zudem Informationen aus jüdischen Quellen, die die Gottesnamen in ein übersichtliches Zehnerschema brachten. Möglicherweise lernte Luther dieses Schema der Gottesnamen auch durch das *Quincuplex Psalterium* des Faber Stapulensis (Lefèvre d'Étaples, 1450/1455–1536/37) kennen, eine fünfsprachige Psalmenedition, in der das Zehnerschema des Hieronymus im Anschluss an Psalm 150 abgedruckt ist:

Hebräischer Gottesname	Umschrift bei Hieronymus	Lateinische Übersetzung (Hieronymus, Faber Stapulensis)	Entsprechung im kabbalistischen →Sefirotsystem
אל	El	Deus fortis	4. Größe/ Gnade
אלהים	Elohim	Deus	5. Stärke/ Gericht
אלהי	Elohe	Deus	
צבאות	Sabaoth	Exercituum	7./8. Gott/Herr der Heerscharen
עליון	Eljon	Excelsus	
אהיה אשר אהיה	Asereie	Qui est/Sum qui sum	1. Krone
אדני	Adonai	Dominus	10. Königsherrschaft, Einwohnung
יה	Ia	Dominus	2. Weisheit
יהוה	Jod, He, Waw, He	Dominus	6. Schönheit
שדי	Saddai	Robustus/ Omnipotens	9. Fundament/ Der allmächtige Gott

Faber Stapulensis kennt daneben auch ein alternatives Fünfzehner- und ein Dreizehnerschema von Gottesnamen. Das Zehnerschema des →Hieronymus weist auffällige Ähnlichkeit mit dem in der Spätantike entstandenen jüdischen Sefer Jezira (Buch der Schöpfung) auf, in dem von den zehn Grund- oder Urzahlen die Rede ist, die später im →Sefirotsystem mit zehn Offenbarungsweisen Gottes identifiziert werden. Für die christliche →Kabbala waren Spekulationen über die Bedeutung des vierbuchstabigen Gottesnamens, des →Schem Hamephorasch ausschlaggebend. Nach Johannes Reuchlin sollte sich durch die Einfügung des Buchstabens Schin (ש) in das Tetragramm יהוה der Jesusname *Jehoschua* ergeben. Dieser Konstruktion steht aber entgegen, dass der Jesusname יהושע/Jehoschua am Ende mit dem Buchstaben Ajin (ע) und nicht wie das Tetragramm mit dem Buchstaben He (ה) geschrieben wird.

Literatur: Lefèvre d'Étaples, Quincuplex Psalterium; Bedouelle, Le *Quincuplex* Psalterium de Lefèvre d'Etaples; Betz, Licht vom unerschaffnen Lichte, 21; Trachtenberg, Jewish Magic and Superstition, 90–97.

Grammatik, grammatisch

Da Hebräischkenntnisse sich im deutschen Sprachraum erst zu Beginn des 16. Jahrhunderts allmählich verbreiteten, musste sich Luther die Sprache des Alten Testaments nach seinem Studium nachträglich aneignen. Von seinem Ordensbruder Johann Lang erhielt er die Ausgabe eines 1516 in Basel gedruckten hebräischen Psalters, der eine Grammatik von Wolfgang Capito (*Institutiuncula in Hebraeam*) beigegeben war. Daneben hatte er Zugang zu zwei weiteren hebräischen Grammatiken: die *Hebraicae Institutiones* von Capito (1518), die er eifrig studierte, und das 1519 erschienene *Sefer diqduq* von Mosche Kimchi. Luthers theologische Überzeugung, dass gerade auch alttestamentliche Texte von Christus reden und auf ihn vorausdeuten, brachte ihn jedoch zunehmend in Gegensatz zu den jüdischen Auslegern, aber auch zu christlichen →Hebraisten, denen er vorwarf, grammatische Regeln und Vorschriften zum Vorwand zu nehmen, um vom eigentlichen Anliegen der Bibel abzulenken. Für wichtiger als die Befolgung philologischer Regeln hielt Luther nun den lebendigen Gebrauch der Sprache.

Literatur: Kirn, Luther und die Juden, 217; Schreiner, Was Luther vom Judentum wissen konnte.

Grundstein des Jerusalemer Tempels

Der auf dem Jerusalemer Zionsberg ruhende Grundstein des ehemaligen Jerusalemer Tempels gilt als der Ort, von dem aus die Welt erschaffen wurde. Der Babylonische Talmud (Traktat

Joma 54b) erklärt die Etymologie des hebräischen Namens des Felsen (אבן השתיה): »die Welt wurde von ihm aus gegründet« (הושתת) bzw. (nach Mischna Joma 5,2) »Gott hat ihn gegründet« (שת אותה יה); vgl. auch den Midrasch Pirqe de Rabbi Elieser 35 (→Midrasch). Mit Hilfe von Erde aus seiner unmittelbaren Nachbarschaft schuf Gott dann den ersten Menschen (Midrasch Genesis Rabba 14,8 zu Genesis 2,7; vgl. auch den Midrasch *Pirqe de Rabbi Elieser* 20 und Spurling, 51), sodass in der jüdischen Tradition zur kosmologischen Bedeutung dieses Ortes eine anthropologische Bedeutung hinzukommt. Nach jüdischem Verständnis war der Grundstein des späteren Tempels der Ort, an dem der Erzvater Abraham versucht wurde, seinen Sohn Isaak als Opfer darzubringen (Genesis 22). Als dann König David das Grundstück erwarb, wurde auf diesem Stein tatsächlich ein Opfer dargebracht. Zur Zeit des Salomonischen Tempels soll an dieser Stelle die Bundeslade gestanden haben. Nachdem die Lade durch die Zerstörung des ersten Tempels verloren gegangen war, wurde nach der Rückkehr aus dem Babylonischen Exil das Allerheiligste des zweiten Tempels über diesem Felsen errichtet. Die besondere Verbindung Adams mit dem Erdboden Jerusalems war Luther aus Texten der Kirchenväter bekannt: Nach Origenes wurde der erste Mensch dort begraben, wo Jesus gekreuzigt wurde, also auf dem Golgathahügel, der in späteren christlichen Traditionen mit dem Zionsberg gleichgesetzt wurde bzw. den »jüdischen« Zion ersetzte.

Literatur: Grypeou/Spurling, The Book of Genesis in Late Antiquity; Ruben, Mythic Motifs; Sacks, Midrash and Multiplicity, 146 ff.; Fishbane, Biblical Myth, 208 ff.

Haman

In einer jemenitischen →*Toledot Jeschu*-Handschrift wird die Hinrichtung Jeschus mit der Exekution des Bösewichts Haman im biblischen Estherbuch (Esther 7) verglichen: »Sie hängten ihn [d. h. Jeschu] an einem Baum auf, aber dieser Frevler hatte alle

Bäume verflucht, sodass sie ihn nicht annahmen, wie Haman der Agagiter getan hatte, und jeder Baum, an den sie ihn hängten, brach sofort entzwei.« Dieses Motiv entspricht einem Erzählzug im *Targum Scheni* zum Buch Esther (einer midraschartigen aramäischen Übertragung und Bearbeitung des Buches), in der Bäume wie der Ölbaum, die Palme und die Eiche sich weigern, Haman zu tragen und als Exekutionswerkzeug zu dienen (→Midrasch). Mit einer Anspielung auf die Geschichte vom angeblichen Ehebruch →Marias heißt es auch, dass Haman »in die Halle des Bar Pandera hinaufzog«. Die aus dem Griechischen übernommene Terminologie lässt vermuten, dass damit ein Abtritt gemeint ist und der Tod Jesu »unter dem Aspekt der Unreinheit« diffamiert und auf eine Ebene mit der Todesstrafe Hamans gestellt werden soll (Ego, 319).

Literatur: Kattan Gribetz, Hanged and Crucified, 162–165; Ego, Targum Scheni, 316–319.

Hebraisten, Hebraistik, Hebräischlehrer

Als Begründer der Hebraistik, der wissenschaftlichen Beschäftigung mit dem Hebräischen, im christlichen Europa gilt der deutsche Humanist Johannes Reuchlin (1455–1522), ein Großonkel von Luthers wichtigsten Mitarbeiter Philipp Melanchthon (1497–1560). Reuchlin hatte bei dem jüdischen Hofarzt Jacob ben Jechiel Loans (gest. 1506 in Linz) die hebräische Sprache studiert und veröffentlichte im Jahre 1506 selbst eine althebräische Grammatik mit einem Glossar. 1512 erwarb Luther eine von Reuchlin herausgegebene Edition der sieben Bußpsalmen (Septem psalmi poenitentiales) mit lateinischer Übersetzung, der Erklärungen zur hebräischen →Grammatik beigegeben waren, um durch das Textstudium die Sprache zu erlernen. Im Rahmen der Wittenberger Universitätsreform ab 1517 sorgte Luther dafür, dass auch an seiner Heimatuniversität Hebräischlehrer angestellt wurden. Nach Konflikten über theologische Fragen mit den ersten Wittenberger Hebräischlehrern, den →Konvertiten Johann Böschenstein und Matthäus Adriani, wurde die Stelle 1521 von Matthäus Aurogallus (Goldhahn) besetzt, der bis 1543 an der Seite Luthers wirkte und ihm bei seinen Übersetzungen half. Die Anfangserfahrungen mit der Wittenberger Hebraistik und Meinungsverschiedenheiten mit dem Basler Hebraisten Sebastian →Münster trugen aber dazu bei, dass Luther später eine gewisse Distanz der Hebraistik gegenüber wahrte, die er einer theologischen Unzuverlässigkeit bezichtigte und verdächtigte, grammatische Prinzipien über die Erkenntnis des Evangeliums zu stellen.

Literatur: Lewin, Luthers Stellung, 51–61; Elisheva Carlebach, Divided Souls, 162

Helena Augusta, Helene (Kaisermutter)
Flavia Iulia Helena (ca. 248/250–330), die von der katholischen und der orthodoxen Kirche als Heilige verehrte Mutter des römischen Kaisers Konstantin, ist durch ihre Palästinareise, die sie in hohem Alter unternahm, um dort – wie es die Legende will – das Kreuz Christi zu »finden« (→Kreuzfindungstradition), mit dem Heiligen Land verbunden. Einige →*Toledot Jeschu*-Handschriften (in der Forschung als »Elena group« bezeichnet) tragen der Bedeutung der Kaisermutter Rechnung, indem sie sie mit Jesus (→Jeschu) in Verbindung bringen. Zugleich verschmelzen diese Texte die kaiserliche Helena mit der antiken Königin →Helene von Adiabene. Unstimmigkeiten bei der Datierung Jeschu in die Zeit dieser Kunstfigur, die in manchen Handschriften auch »Halani«, »Helenit«, »Heleni« oder »Eleni« heißt, veranlassten Rabbi Jechiel während der Pariser Disputation (1240) über den Talmud (→Talmudverbrennung) zu der Behauptung, mit dem »Jeschu« dieser Texte sei nicht der christliche Erlöser, sondern eine andere Person gemeint.

Literatur: Cohen, The Friars and the Jews, 70 f.; Meerson/Schäfer, The Life Story of Jesus; Di Segni, Il vangelo del ghetto, 30–32; 218–219; Hasan-Rokem, Polymorphic Helena, 262–264; 273–277.

Helena von Adiabene

Königin Helena von Adiabene aus dem nordmesopotamischen Adiabene (Vorderasien, mit der Hauptstadt Arbela im heutigen Irak), von der sowohl der antike jüdische Historiker Flavius →Josephus als auch rabbinische Quellen berichten, konvertierte um das Jahr 30 n. Chr. zum Judentum und ist in jüdischen Texten als »Heleni ha-Malka« bekannt. In rabbinischen Texten heißt es, dass sie die Gebote der Halacha erfüllte und ihre Söhne beschnitten wurden (→Midrasch Genesis Rabba 46,10). Nach dem Babylonischen Talmud (Traktat Joma 37a) ließ sie dem Jerusalemer Tempel Geschenke bringen – eine Verbindung mit dem Heiligtum, die an die »Halani« des von Luther übersetzten →*Toledot Jeschu*-Textes erinnert. Diese Helena, deren Lebenszeiten in etwa mit denen des historischen Jesus von Nazareth zusammenpassen, wurde nach ihrem Tod (ca. 50–56 n. Chr.) in Jerusalem begraben; ihr Sarkophag ist heute im *Israel Museum* in Jerusalem zu sehen.

Literatur: Hasan-Rokem, Polymorphic Helena, 264–268.

Hieronymus

Der lateinische Kirchenvater (347–420 n. Chr.) begegnete Luther als Übersetzer der Heiligen Schrift, der seit dem Spätmittelalter maßgeblichen und im römischen Katholizismus bis heute autoritativen *Vulgata*, und als Kenner des hebräischen Sprache, Theologe und Philologe der *hebraica veritas*. Hieronymus galt insofern als Vermittler jüdisch-exegetischer Traditionen, mit denen er während der Zeit seines mehr als drei Jahrzehnte dauernden Aufenthaltes in Bethlehem in Berührung kam. Luther sah in Hieronymus einen wichtigen Gewährsmann, obgleich er den autoritativen Rang der Vulgata bestritt und seine eigene Bibelübersetzung ins Deutsche die lateinische Bibel für den kirchlichen Gebrauch ersetzen sollte. Immerhin schätzte Luther die Vulgata höher ein als die griechische Septuaginta. Andererseits hatten nach Luther die Sprachkenntnisse des Kirchenvaters darunter gelitten, dass das ursprüngliche und authentische Hebräisch nach dem Babylonischen →Exil allmählich durch Entstellungen verdorben worden sei, eine Einschätzung, die der Reformator mit dem Dominikaner →Raymond Martini (in seiner Streitschrift *Pugio Fidei*) teilte. Ursprünglich habe das Alte Testament noch klarere Hinweise auf Christus enthalten, diese seien von den Juden aber durch ihre →Glossen und →grammatischen Manipulationen unsichtbar gemacht worden. Hieronymus sei hier gelegentlich auf »Scherze« der Juden hereingefallen und habe sich zum »Judaisieren« verführen lassen. In dieser Hinsicht fiel das Urteil Luthers über Hieronymus ähnlich aus wie das über einige der führenden →Hebraisten der Reformationszeit. Ein Brief des Hieronymus (epistola 3,9 ad Titum: »audivi quondam de Hebraeis [...] de Christi genealogiis facere quaestionem«) gibt zu erkennen, dass der Verfasser Kenntnis von einer Beschäftigung von Juden mit der Genealogie Jesu hatte. Möglicherweise handelte es sich um Traditionen, die später Teil der →*Toledot Jeschu*-Überlieferung wurden. An einigen Stellen äußerte Hieronymus sich ausgesprochen gehässig gegenüber Juden: »Wenn es [überhaupt] sinnvoll ist, Menschen zu hassen und irgendeinen Menschenschlag zu verabscheuen, so habe ich einen seltsamen Widerwillen gegen Beschnittene; denn bis heute verfolgen sie unseren Herrn Jesus Christus in den Synagogen des Satans« (Epistula 84,3, zitiert nach: Schöttler, Re-Visionen, 66).

Literatur: Lewin, Luthers Stellung zu den Juden, 51–57; Schreiner, Was Luther vom Judentum wissen konnte; Meerson/Schäfer, Life Story of Jesus, 5; Cohen, Friars and Jews, 148.

Himmelskampf

Einige →*Toledot Jeschu*-Texte enthalten eine mit besonders obszönen Elementen ausgemalte Szene eines in den Lüften stattfindenden Kampfes zwischen →Jeschu und →Judas Scharioth/Ischariot. Nach der Straßburger Handschrift (Typ Ashkenazi A) fiel Jeschu zur Erde, nachdem Judas auf ihn uriniert hatte (השתין על ישו ונטמא ונפל לארץ). In der Version Thomas Ebendorfers (1420) machte Judas »ihn zu einem Abscheu durch männlichen Beischlaf bis zur Emission des Samens« (Falsitates Judeorum 5,23). Auf diese Weise wird besonders drastisch deutlich, dass Jesus rituell verunreinigt wurde und so seine übernatürlichen Fähigkeiten verlor. Die Tradition von einem Himmelskampf zwischen Jeschu und Judas findet sich auch im anonym verfassten *Sefer Nizzachon jaschan*, einem jüdischen apologetischen Text, der auf das 13. Jahrhundert datiert wird. Vielleicht bringt dieser Erzählzug implizit auch eine Kritik an Judas zum Ausdruck, der sich auf eine Handlungsweise einließ, die auch die Rabbinen nicht billigen konnten. Im Luther vorliegenden Text, der auf →Raymund Martin und Salvagus →Purchetus zurückgeht, ist diese anstößige Szene offenbar pietätvoll zensiert worden. Dennoch hatte Luther, wie das im zweiten Teil seiner Schrift *Vom Schem hamephorasch* verwandte Motiv der →»Judaspisse« nahelegt, möglicherweise Kenntnis von ihr. Vielleicht ist der Kampf auch als Parodie auf den himmlischen Streit zwischen dem Erzengel Michael und dem Drachen im Neuen Testament zu deuten (Offenbarung 12,7); nach dem Verständnis der *Toledot Jeschu* stünde Jeschu dann auf der (negativen) »Drachenseite«.

Literatur: Krauss, Das Leben Jesu, 43; Schäfer, Jesus im Talmud, 64 f.; Shenan, Jesus through Jewish Eyes, 71, 125; Callsen, Das jüdische Leben Jesu, 57; Meerson/Schäfer, Life Story of Jesus, 85–87; 174; Yassif, Folk Narrative, 132.

Vgl. auch den Anhang in diesem Band mit der Übersetzung der Geschichte vom Himmelskampf zwischen Judas und Jeschu nach der Straßburger Handschrift.

Himmelsreise

Vorstellungen von mirakulösen Himmelsreisen (magisches Fliegen) finden sich in einigen spätantiken Texten, die der →*Toledot Jeschu*-Überlieferung in Bezug auf ihre Motiv-Austattung auch sonst nahe stehen. So ist in den apokryphen Petrusakten von einer Himmelsreise des →Zauberers Simon Magus (vgl. Apostelgeschichte 8,9; Pseudo-Clementinen) die Rede; jüdische Texte berichten daneben von einer magischen Flugreise des aus dem Alten Testament (Numeri 22–23) bekannten Zauberers Bileam. Wie Jesus habe Bileam das Volk zum Götzendienst verführt (vgl. Numeri 31,16). Als Pinchas ihn bestrafen und töten wollte, floh der Zauberer in die Lüfte, wurde aber von Pinchas verfolgt, der stärker war als er und ihn mit dem Schwert tötete (Targum Pseudo-Jonathan zu Numeri 31,8). Die dämonenhafte Lilith schließlich, die erste Frau Adams, geriet mit ihrem Mann in einen Streit darüber, wer bei ihrer Vereinigung oben zu liegen habe. Nachdem Adam sie nicht überzeugen konnte, sprach Lilith den →Schem Hamephorasch aus und verließ den Garten Eden auf dem Luftwege (Alphabet des Ben Sira § 78). Diese Erzählung ist mit den *Toledot Jeschu*-Erzählungen durch ihre bizarre Sexualmotivik verbunden.

Literatur: Hasan-Rokem, Polymorphic Helena, 269–27; Meerson/ Schäfer, The Life Story of Jesus, 85–87.

Israel, Israeliten

Der Name Israel, den der Erzvater Jakob nach seinem nächtlichen Kampf am Jabbok erhielt (Genesis 32,22–32), gilt als Ehrenname des jüdischen Volkes. In *theologischen* Zusammenhängen in der jüdischen wie christlichen Theologie wird er ganz überwiegend *positiv* verwendet. Auch Luther folgt diesem Brauch, der selbst dann durchscheint, wenn er den Israelnamen in seinem *Vom Schem hamephorasch* etwa sarkastisch gebraucht. Die traditionell eher *negative* Verwendung der Bezeichnung »Jude« hingegen steht unter dem Einfluss der Figur des Verräters Judas in den Passionserzählungen des Neuen Testaments. Auch hier ist Luthers Sprachgebrauch nicht konsequent, da er die Angehörigen des alttestamentlichen Gottesvolkes auch in positiven Zusammenhängen (für heutiges Geschichtsverständnis anachronistisch) als »Juden« bezeichnen kann.

Jesaja 53

Der Hauptstrom der jüdischen Exegese versteht das Lied vom leidenden Gottesknecht im 53. Kapitel des Propheten Jesaja in Sinne einer »corporate personality«. Vgl. Raschi zu Jesaja 53,3: הנביא הזה מזכיר כל ישראל כאיש אחד (»der Prophet pflegt ganz Israel wie einen einzigen Menschen zu bezeichnen«). Im Christentum wird dieser Text traditionell als Prophezeiung für das Leiden und Sterben Jesu Christi gedeutet. Diese Auslegung war für die Konversion des Antonius →Margaritha zum Christentum von entscheidender Bedeutung.

Literatur: Diemling, Anthonius Margaritha, 305 und 309; Weymann, Luthers Schriften, 26–27; Carlebach, Divided Souls, 47–66.

Jeschu, Jeschua

Das Neue Testament, das in griechischer Sprache überliefert ist, nennt nur die griechische Form des Namens Jesu (Ἰησοῦς), enthält aber Andeutungen, mit welchem hebräischen Namen ihn seine Eltern gerufen haben könnten. Die Botschaft des Engels im Matthäusevangelium (1,21: »du sollst ihm den Namen Jesus geben; denn er wird sein Volk von seinen Sünden erlösen«) lässt den Namen *Jehoschua* (יהושוע/»Gott ist Rettung/Hilfe«) oder abgekürzt *Jeschua* (ישוע) erwarten. Freilich ist diese Namensform nur zu erschließen und nicht nachzuweisen. Immerhin wird Jesus in zwei frühen rabbinischen Texten *Jeschua* genannt (Tosefta Hullin 2,22 und 24); in der Straßburger *Toledot Jeschu* Handschrift findet sich einmal die Namensform *Jehoschua* (vgl. den Anhang zu diesem Band *Die Geschichte vom Fall Miriams und von der Geburt Jeschus*). Aufgrund seiner christlichen Deutung wird der Jehoschua-Name in jüdischen Texten sonst gemieden; der im rabbinischen Judentum fast durchgängig verwendete Name, der im Kontext der *Toledot Jeschu* als →Fluchformel interpretiert wird, lautet vielmehr *Jeschu* (ישו). In der christlichen →Kabbala werden die →Buchstaben dieses Namens (ישו) hingegen als Hinweis auf die drei Personen Gottes gedeutet. Pico della Mirandola ordnete das י (Jod) dem Vater, das ו (Waw) dem inkarnierten Sohn und den mittleren Buchstaben ש (Schin) dem Heiligen Geist als der Vermittlung von Gott und inkarniertem Logos zu. Reuchlin wollte mit Hilfe des mittleren Buchstabens das Tetragramm des →Schem Hamephorasch in ein Pentagramm verwandeln und so den ursprünglichen Jesusnamen *Jehoschua* (יהשוה) herstellen. Im Hebräischen wird dieser Name freilich mit dem Schlussbuchstaben Ayin (ע) anstelle des He (ה) geschrieben.

Literatur: Schmidt-Biggemann, Geschichte der christlichen Kabbala, 121; Hesemann, Die Jesus-Tafel, 267–269; Regato, Il titolo della Croce; Schlichting, Ein jüdisches Leben Jesu, 77; Klauck, Apokryphe Evangelien, 271; Yassif, Folk-Narrative, 106; Flusser, Jesus, 15.

Josephus (Flavius Josephus)

Der jüdische Historiker Flavius Josephus (geb. 37 oder 38 n. Chr. als Joseph ben Mathitjahu, gest. nach 100 vermutlich in Rom) gilt neben Philo von Alexandrien als bedeutendster Autor des hellenistischen Judentums. Seine in griechischer Sprache verfassten Werke sind eine wichtige Quelle für das Judentum des ersten nachchristlichen Jahrhunderts und damit für die Zeit, in der das Christentum entstand. Zwei Abschnitte in seinen ca. 93/94 n. Chr. geschriebenen Hauptwerk *Jüdische Altertümer* (Antiquitates Judaicae) erwähnen Jesus und sind damit vielleicht ein Hinweis darauf, dass Josephus Kenntnisse über das Urchristentum besaß (→Testimonium Flavianum). Die Texte des Josephus wurden aber nicht von Juden, sondern von Christen weiterüberliefert, sodass Josephus im Mittelalter (und in der orthodox-jüdischen Tradition bis in die Gegenwart) nicht als anerkannter »jüdischer« Autor gilt. Im 10. Jahrhundert entstand unter dem Titel *Josippon* aber eine freie, durch Märchen, Legenden und Fabeln erweiterte Bearbeitung der geschichtlichen Werke des Josephus. Dieses mittelalterliche Werk weist einige Berührungspunkte mit dem →Toledot Jeschu-Stoff auf.

Literatur: Meerson/Schäfer, The Life Story of Jesus, 21–26.

Judas Scharioth, Judas Ischariot

Judas, der Verräter Jesu im Neuen Testament, wird in den →*Toledot Jeschu* zu seinem Gegenspieler Judas Scharioth (oder Ischariot/Iskariota o. ä.), der ihn mit einem Gegenzauber bekämpft. (Die Namensvariationen sind nicht theologisch zu deuten, sondern beruhen auf unterschiedlichen sprachlichen Kontexten der jeweiligen Handschriften und Traditionen.) Wie →Jeschu betritt Judas verbotenerweise das Jerusalemer Heiligtum, stiehlt das Geheimnis des →Schem Hamephorasch und erwirbt so übernatürliche Fähigkeiten. Als Jeschu in die Luft fliegt, um Judas zu entkommen, eilt dieser ihm nach, um über der Erde mit ihm zu kämpfen und seine magischen Fähigkeiten an ihm zu messen. Im *Sefer Nizachon Vetus*, das ebenfalls einen →Himmelskampf mit Jeschu kennt, wird sein Bezwinger Rabbi Jehuda genannt. Nachdem der Kampf drohte, unentschieden auszugehen, beschloss Judas, Jeschu auf andere Weise zu demütigen und ihm die magischen Kräfte zu nehmen. Nach der von dem Wiener Theologen Thomas Ebendorfer 1420 in seiner Schrift *Falsitates Judeorum* (»Die Lügen der Juden«) veröffentlichten Fassung der *Toledot Jeschu* (Typ Ashkenazi B) beschlief er ihn (oder vergewaltigte ihn), besudelte ihn mit seinem Ejakulat oder hatte (so eine italienische Handschrift) Analverkehr mit ihm. Nach anderen Versionen (Typ Aschkenazi A) urinierte er auf ihn. Nach aus dem Gesetz über unreine Ausflüsse (Levitikus 15) abgeleiteten Vorstellungen war Jeschu damit rituell verunreinigt und verfügte nicht mehr über seine übernatürlichen Kräfte. Beide Kombattanten fielen zu Boden (nach einigen Handschriften gelangten sie in einen Abort, wobei Judas obenauf zu liegen kam). Diese besonders obszönen Varianten der *Toledot Jeschu* finden sich nicht in der Luther vorliegenden Textfassung des →Raymond Martin und Salvagus →Purchetus. In der Forschung wird teilweise vermutet, dass es sich (wenn nicht die Zensur am Werk war) um spätere Hinzufügungen handelt. Die maßlos obszönen Äußerungen im zweiten Teil von Luthers Schrift *Vom Schem hamephorasch* könnten aber Indiz dafür sein, dass ihm entsprechende Traditionen auf anderem Wege bekannt geworden waren. Vielleicht soll Luthers →»Judaspisse« an die lateinische *Toledot Jeschu*-Übersetzung Thomas Ebendorfers mit dem Vergewaltigungsmotiv anspielen, von dem Luther möglicherweise Kenntnis hatte.

Literatur: Callsen, Das jüdische Leben Jesu, 56–57; Meerson, Meaningful Nonsense, 181; Meerson/Schäfer, 174, 195; Limor/Yuval, Judas Iscariot.

Judaskuss

Der neutestamentliche Bericht, dass Judas seinen Herrn durch einen Kuss verriet (Matthäus 26,48–49; Markus 14,45; Lukas 22,47–48), verband sich im Mittelalter mit Traditionen, nach denen Judas unterschiedliche Flüssigkeiten von sich gab (»leaky Judas«). Im judenfeindlichen Kontext ging diese Vorstellung Hand in Hand mit Imaginationen von einem »unappetitlichen« Verhalten von Juden (wie →Spucken) und ihren »Ausflüssen«. Vielleicht spielt dabei auch die Vorstellung eine Rolle, dass Judas seinen Herrn durch den Kuss neben dem Verrat auch noch rituell verunreinigt haben könnte.

Literatur: Limor/Yuval, Judas Iscariot: Revealer of the Hidden Truth, 201; Ehmann, Luther, Türken und Islam, 82.

Judaspisse

Luthers Rede von der »Judaspisse« im zweiten Teil seiner Schrift *Vom Schem Hamephorasch* knüpft an den neutestamentlichen Bericht vom Ende des Verräters Jesu an, der sich nach Matthäus 27,5 und Apostelgeschichte 1,18 erhängte und dabei »in der Mitte entzwei borst, so dass seine Eingeweide hervorquollen«. Das obszöne Bild, das in Luthers Text für seine Ablehnung des Judentums überhaupt steht, könnte auch unter dem Eindruck des Pauluswortes entstanden sein, der Apostel halte im Vergleich mit dem überragenden Wert der Erkenntnis Christi alles andere für »Kot« (Philipper 3,8). Inspirierend im Hintergrund steht vielleicht auch die Bemerkung des →Hieronymus, das Tetragramm sei von den Griechen, die des hebräischen Alphabets unkundig gewesen seien, ursprünglich als »PJPJ« gelesen worden. Im Zusammenhang der Schrift *Vom Schem Hamephorasch* spricht das Bild der Judaspisse dafür, dass Luther →*Toledot Jeschu*-Traditionen bekannt waren, nach denen Judas Jeschu während ihres →Himmelskampfes durch seinen Urin befleckte.

Literatur: Limor/Yuval, Judas Iscariot: Revealer of the Hidden Truth, 200–203. Vgl. auch den Anhang *Die Geschichte vom Himmelskampf zwischen Judas und Jeschu* in diesem Band.

Jude
Vgl. →Israel

Judenmission
In seiner frühen »Judenschrift« *Dass Jesus Christus ein geborener Jude sei* (1523) hatte Luther noch der Erwartung Ausdruck gegeben, das in der Reformation neu ans Licht getretene Evangelium werde auch viele Juden zum Glauben an Jesus Christus führen. In seinen Spätschriften gab er diese Hoffnung auf. Allerdings stützte er sich bei seinen judenfeindlichen Anschuldigungen in besonderer Weise auf Angaben von getauften Juden wie Paul von →Burgos und Antonius →Margaritha (→Konvertiten). Zugleich bekämpfte er nun seinerseits die (angebliche) Missionstätigkeit von Juden (→Proselytismus).

Literatur: Brandau, Innerbiblischer Dialog, 56–63; Kaufmann, Luthers Juden, 102; Tartakoff, The Toledot Yeshu and Jewish-Christian Conflict, 303–307.

Judensau
Vgl. →Sau.

Kabbala
Als Kabbala werden in der Regel die esoterischen Traditionen des Judentums und der jüdischen →Mystik bezeichnet, wie sie sich seit dem 12. Jahrhundert entwickelt haben. Im weiteren

Sinne wird dieser Begriff auch grundsätzlich zur Benennung aller esoterisch-mystischen Phänomene verwendet, die seit der Zeit des zweiten Jerusalemer Tempels entstanden und im Judentum wirksam wurden. Die Bezeichnung *Kabbala* (hebr. קבלה)geht auf den Wortstamm קבל (qbl) zurück und bedeutet »Überlieferung«; die Autoren dieser Traditionen nannten (und nennen) sich *mekubbalim*, »Empfänger«. Unterschieden wird mit Gershom Scholem zwischen einer eher kontemplativen Kabbala (קבלה עיונית/kabbala ijunit) und einer praktischen Kabbala (קבלה מעשית/kabbala ma'asit), bei der die Übergänge zur sogenannten »weißen Magie«, die sich der geheimnisvollen Kräfte des Gottesnamens zur Wirkung von Wundern bedient, fließend sind. Seit dem 15. Jahrhundert eigneten sich auch Christen kabbalistische Lehren an, um mit ihrer Hilfe die Wahrheit des christlichen Glaubens zu beweisen, unter ihnen Giovanni Pico della Mirandola (1463–1494), ein Lehrer Johannes Reuchlins, eines Großonkels von Luthers engstem Mitarbeiter Philipp Melanchthon. Obwohl Luther 1513 in der Auseinandersetzung zwischen Reuchlin und den Kölner Dominikanern um die Vernichtung der angeblich gotteslästerlichen jüdischen Texte an der Seite Reuchlins stand, der die jüdischen Texte verteidigt hatte (WAB 1,23–24; Lewin, Luthers Stellung zu den Juden, 1–2), lehnte er die Spekulationen und erst recht alle praktischen Formen der Kabbala – seien sie »christlich« oder jüdisch – entschieden ab.

Literatur: Scholem, Die jüdische Mystik; ders.: Artikel Kabbalah, in: Encyclopedia Judaica; Wirszubski, Pic de la Mirandole, 256 und 420–421.

Kochab

Vgl. →Bar Kochba

Konvertiten

Getaufte Juden spielten seit dem Hochmittelalter in der jüdisch-christlichen Polemik eine Rolle, insofern sie das Judentum und die rabbinische Literatur verunglimpften und zum Judenhass anstachelten. Die Pariser Zwangsdisputation mit der auf sie folgenden →Talmudverbrennung (1240) war das Resultat einer Denunziation des französischen Juden Nikolaus Donin, der in einem Brief an Papst Gregor IX. den Talmud, die jüdischen Bibelkommentare und Gebetbücher angeklagt und dazu aufgerufen hatte, diese Texte zu verbieten und zu konfiszieren. Zuvor hatte Donin, offenbar ein Anhänger der Philosophie des Maimonides, im Streit mit »orthodoxen« rabbinischen Gelehrten gelegen, die das rationalistische Denken des Maimonides für häretisch erklärt hatten. Infolge dieser innerjüdischen Auseinandersetzung wurden einige maimonidianische Schriften offenbar verbrannt, was Donin im Jahre 1236 zum Austritt aus dem Judentum und zur Taufe veranlasste. Konvertiten wie Paul von →Burgos und Antonius →Margaritha waren im Hinblick auf jüdische Sitten und Bräuche sowie hinsichtlich der rabbinischen Schriftauslegung dann wichtige Gewährsmänner Luthers. Andererseits geriet der Reformator mehrfach in Konflikt mit Konvertiten, etwa mit Johann Böschenstein, der im Oktober 1518 auf seine Empfehlung hin zum →Hebraisten der Universität Wittenberg berufen worden war (WABR 1,210,46 ff.). Böschenstein entsprach nicht den Erwartungen Luthers – »er ist zwar dem Namen nach Christ, in Wahrheit aber noch ganz jüdisch« (WABR 1,368,12 f., so Luther an seinen Freund Lang) – und wurde wieder entlassen. Auch sein Nachfolger, der konvertierte spanische Jude Matthäus Adriani, konnte sich nicht in Wittenberg halten, da er Luthers Glaubensverständnis und seine Ablehnung der Werkgerechtigkeit kritisierte. Die Auseinandersetzungen mit ehemals jüdischen Sprachlehrern prägten später Luthers Bild der Hebraistik. Luther warnte nun immer mehr davor, die Grundsätze der Sprachwissenschaft über die Erkenntnisse des Evangeliums zu stellen.

Literatur: Cohen, Friars and the Jews, 62–74; Carlebach, Divided Souls; Schreiner, Was Luther vom Judentum wissen konnte.

Koran

Wie die →*Toledot Jeschu*-Tradition kennt auch der Koran die (aus islamischer Sicht aber ungerechtfertigte) Beschuldigung gegen Jesus, er habe seine Wunder mit Hilfe von →Zauberei vollbracht (z. B. Sure 2,253; 19,27–34; 57,27). In Sure 5,110 (vgl. auch Sure 3,49) entzündet sich dieser Vorwurf am Bericht von einem Mirakel, das der Koran ebenso wie die *Toledot Jeschu*-Erzählung nicht im Neuen Testament, sondern im christlich-apokryphen Thomasevangelium gefunden hat: Jesus besaß die Macht, aus Ton geformte Vögel zum Fliegen zu bringen. Obwohl der Koran und die *Toledot Jeschu* gemeinsame Motive haben, konnten *Toledot Jeschu*-Traditionen in der islamischen Theologie aber keine Verwendung finden, da der Koran – ungeachtet einer gewissen Herabstufung Jesu, der für Muslime nicht der Sohn Gottes ist – insgesamt ein positives Jesusbild hat und insbesondere die Jungfrauengeburt verteidigt (Sure 3,45–47 und 19,16–26). 1542 hatte Luther sich anlässlich seiner Übersetzung der Schrift *Confutatio Alcorani seu legis Saracenorum, ex graeco nuper inlatinum traducta* des Dominikanermönchs →Ricoldus de Montecrucis (WA 53,272–396) näher mit dem Koran befasst.

Literatur: Alexander, The Toledot Yeshu in the Context of Jewish-Muslim Debate, 152 und 155; Kaiser/Tropper, Die Kindheitserzählung des Thomas, 942 und 945.

Kraut, Krautstängel

Die Erzählung in den →*Toledot Jeschu* von der Schwierigkeit, einen passenden Baum für die Hinrichtung Jeschus zu finden, erinnert an eine Tradition im *Targum Scheni* (→Midrasch) zur Exekution des Bösewichts →Haman im Estherbuch (Esther 7,10). Der Krautstängel ist vielleicht auch eine ironische Anspielung auf den Babylonischen Talmud (Traktat Ketubbot 111b), der von gigantischen Pflanzen in der messianischen Zeit und von einem Krautstängel weiß, der mit Hilfe einer Leiter bestiegen werden muss. Meerson und Schäfer haben ferner darauf hingewiesen, dass wilde Krautpflanzen nach dem antiken Botaniker Theophrast (4. Jahrhundert v. Chr., Historia plantarum 1,3.4) drei Meter hoch wachsen konnten und zudem der Familie der *Cruciferae* (lateinisch: Kreuzträger) angehören. Die früher vorgebrachte These, statt »Kraut« (hebräisch »kruv«/כרוב) sei »Johannesbrotbaum« (hebräisch »haruv«/חרוב) oder auch »Zypresse« zu lesen (hebräisch »berosch«/ברוש) ist daher unnötig. Offenbar geht das Motiv auch auf das Neue Testament zurück: In Johannes 19,41 ist von einem Garten die Rede, der sich an der Stelle befand, wo Jesus gekreuzigt wurde – eine Tradition, die von den apokryphen Pilatusakten (5. Jahrhundert n. Chr.) aufgenommen wird. Von einem Garten spricht auch der Kirchenvater Tertullian (De spectaculis, 30). Vielleicht ist ferner an den Evangelienbericht zu denken (Johannes 20,15), nach dem Maria Magdalena den auferstandenen Jesus mit dem Gärtner verwechselte. Vor dem Hintergrund einer Notiz bei Theophrast, der von einem »wilden Kraut« berichtet, das auch »wilder Senf« genannt wurde, erinnert Meerson an Jesu Gleichnis vom Senfkorn (Matthäus 13,31–32), auf das hier vielleicht ironisch angespielt werde: das kleinste unter allen Samenkörnern wird, wenn ausgewachsen, zum »größten aller Kräuter, sodass die Vögel unter dem Himmel kommen und wohnen in seinen Zweigen.«

Literatur: Meerson, Meaningful Nonsense, 186–191; Horbury, The Strasbourg Text, 49–50.

Kreuzfindungstradition, Kreuzfindungslegende

Von der Mutter des römischen Kaisers Konstantin →Helene Augusta heißt es in der Legende, dass sie im hohen Alter nach Palästina reiste, um dort das Kreuz Christi zu »finden«. Als sie in Jerusalem ankam, versammelte sie alle Einwohner der Stadt, unter ihnen alle Juden, und hielt ihnen eine christliche Predigt. Einer der Juden, →Judas mit Namen, erwies sich als ortskundig und half ihr beim »Finden« des Kreuzes. Anschließend wurde er getauft und später zum Bischof ernannt. Diese Geschichte ist offenbar als christlich-legendarischer Versuch der rückwirkenden »Bekehrung« des neutestamentlichen Judas Ischarioth zu deuten, worauf die jüdische →*Toledot Jeschu*-Tradition ironisch anspielen könnte. Vor dem Hintergrund der Kreuzfindungs-Erzählung könnte das Motiv der Hinrichtung Jeschus an einem →Krautstängel ein zusätzlicher ironisch-spöttische Zug im Narrativ der *Toledot Jeschu* sein.

Literatur: Limor/Yuval, Judas Iscariot, 208–211; Hesemann, Die Jesus-Tafel, 197–240.

Lyra, Nikolaus von

Nikolaus von Lyra (1270–1340/1349), von Luther einfach »Lyra« genannt, macht in seinem exegetischen Werk *Postillae perpetuae* ausgiebig Gebrauch von dem hebräischen Bibelkommentar →Raschis (Rabbi Salomon ben Isaak, 1040–1105). Luther übernahm vor allem die von Lyra vertretene Theorie einer biblisch vorhergesagten Strafexistenz der Juden: die Länge des jüdischen →Exils galt als Beweis für Israels Verwerfung durch Gott und das nahe →Weltende. In seiner Schrift *Quaestio de adventu Christi* (1309) gibt Lyra auch einen kurzen Auszug aus der vom Autor *De Iesu Nazareni generatione* genannten →*Toledot Jeschu*-Tradition, die der Autor von →Raymond Martin übernommen hat. Lyra teilt dort mit, die Juden sagten Jesus nach, er habe mit der Kraft des →*Schem Hamephorasch* Wunder vollbringen können. Das Geheimnis des göttlichen Namens habe er »im Tempel des Herrn« auf dem Stein (→Grundstein) gefunden, »auf dem in alter Zeit die Bundeslade stand.« Aufgrund seiner Sprachkenntnisse, die Luther ausdrücklich lobte, wurde Lyra im Mittelalter fälschlicherweise für einen getauften Juden gehalten.

Literatur: Bunte, Rabbinische Traditionen; Callsen, Das jüdische Leben Jesu, 17–18; Meerson/Schäfer, The Life Story of Jesus, Band I, 14–15; Weil, Nicolas de Lyra, 231–232; Kirn, Luther und die Juden, 220–221; Cohen, Friars and Jews, 185; Deutsch, The Second Life of the Life of Jesus, 289–290; Delmas, Nicolas de Lyre franciscain; Klepper, The Insight of Unbelievers.

Margaritha, Antonius
Antonius Margaritha (ca. 1492–1542), ein Sohn des Nürnberger Rabbiners Jacob Margoliot (Margoles), trat 1521/1522 zum Christentum über, weil er die christliche Auslegung des 53. Kapitels des Jesajabuches (→Jesaja 53) als überzeugend empfand. Anschließend wirkte er bis 1530 als Hebräischlehrer in Augsburg, später in Leipzig und nach 1537 in Wien. 1530, offenbar zeitgerecht für den in der zweiten Jahreshälfte in Augsburg tagenden Reichstag, veröffentlichte er seinen Traktat *Der gantz Jüdisch glaub*. Dieses Buch, das detaillierte Angaben zum synagogalen Ritual und Gebet enthielt, denen Margaritha eine polemisch-antijüdische Interpretation gab, war binnen eines Monats vergriffen und wurde nachgedruckt. Margaritha behauptete u. a., das jüdische Gebetbuch enthielte blasphemische Wendungen und schreibe antichristliche Handlungen und Rituale vor (→Speien); auch seien die jüdischen Zeremonien rein äußerliche Handlungen (→opus operatum), die jedes inneren Sinnes entbehrten. Für Luthers späte Judenschriften war dieser Text eine wichtige Informationsquelle.

Literatur: Osten-Sacken, Luther und die Juden; Diemling, Anthonius Margaritha.

Maria, Miriam, Mutter Jesu
In *Von den Juden und ihren Lügen* hatte Luther sich über jüdische Texte erregt, die »die liebe Mutter Christi [...] Haria, Sterquilinium, einen Dreckhaufen« nennen (WA 53,517 = JL, 184). Die →*Toledot Jeschu*-Tradition – freilich nicht die Luther vorliegende lateinische Version – kennt dazu passende Erzählungen, die von ihrem sexuellen Fehltritt oder ihrer Vergewaltigung durch einen fremden Mann berichten. Das *Sefer Serubbabel* enthält darüber hinaus eine Erzählung von der →Zeugung und Geburt eines Antimessias (einer Art »jüdischen Antichristus«), der die sexuelle Vereinigung des Teufels mit einer »schönen Frau« (offenbar ein Zerrbild Marias) voranging. Vor dem Hintergrund seiner Mariologie,

wie er sie in seiner Auslegung des *Magnificat* (Lukas 1,46–55) aus dem Jahre 1520/1521 (WA 7,546–601) entfaltet, konnte Luther solchen oder ähnlichen Vorstellungen nur mit großer Empörung gegenübertreten. Der Reformator hielt selbstverständlich daran fest, dass Maria – nach der Formulierung des dritten Ökumenischen Konzils von Ephesus (431) – nicht nur Christusgebärerin, sondern »Gottesgebärerin« und wahre Mutter Gottes sei. Der zweite Teil von *Vom Schem Hamephorasch und vom Geschlecht Christi*, in dem es darum geht, die davidische Genealogie Jesu und zugleich seine Geburt von einer Jungfrau exegetisch nachzuweisen, lässt sich in dieser Perspektive als Verteidigungsschrift Marias lesen.

Literatur: Osten-Sacken, Luther und die Juden, 160, 221; Himmelfarb, Sefer Zerubbabel, 74–75.

Vgl. auch den Anhang zu diesem Band (1.1. *Die Geschichte vom Fall Miriams und von der Geburt Jeschus* und 2. *Die Geburt des Antimessias im Sefer Serubbabel*).

Marterung des Gotteswortes

Die bei Luther immer wiederkehrende Redeweise, dass Juden bestimmte Stellen der Bibel (und damit Gottes Wort) »marterten« und »kreuzigten«, hat für den Reformator offenbar einen Stellenwert, der mit der Beschuldigung des Hostienfrevels in der vorreformatorischen Kirche vergleichbar ist. Bei diesen Beschuldigungen ging es um die »Schändung« des Altarsakraments und damit um die »Folterung« der in der Hostie verborgenen leiblichen Präsenz Christi, des Wortes Gottes – ein Vorwurf, der im Kontext der Reformation aufgrund des nunmehr geänderten Verständnisses des Abendmahls seinen theologischen Sinn verloren hatte. Heiko Obermans Behauptung, bei Luther spiele der gegen die Juden gerichtete Vorwurf des »Christusmords« keine Rolle, muss angesichts des immer wieder vorgebrachten Vorwurfs der »Marterung des Gotteswortes« bestritten werden.

Literatur: Oberman, Wurzeln des Antisemitismus, 135; Kirn, Luther und die Juden, 218.

Midrasch (plural: Midraschim), Midraschtexte

Mit Midraschim werden Auslegungen biblischer Texte bezeichnet, wie sie im rabbinischen Judentum praktiziert werden. Midraschüberlieferungen, die zunächst mündlich zur Erklärung einzelner Bibelverse existierten, erhielten ab der Spätantike als fortlaufende und zusammengefasste Auslegungen ganzer biblischer Bücher Schriftform. Zu unterscheiden sind halachische Midraschim, denen es darum geht, religionsgesetzliche Vorschriften in den autoritativen Bibeltexten wiederzufinden bzw. in sie hineinzulesen, aggadische Midraschim, die die biblischen Erzählungen narrativ ausschmücken, und midraschartige Elemente in erzählerisch erweiterten Übersetzungen ins Aramäische wie das *Targum Scheni* zum Estherbuch (→Haman). Im »großen Midrasch« zum Buch Genesis (Genesis Rabba) aus dem späten 4. oder frühen 5. Jahrhundert n. Chr. geschieht dies durch eine kreative und produktive Exegese, die sprachliche oder auch orthographische Besonderheiten des Textes zum Anlass nimmt, Lücken der biblische Erzählung durch zusätzliches Erzählmaterial aufzufüllen und den Text dadurch narrativ zu aktualisieren. Diese Methode ist eng mit dem Wortlaut des Hebräischen verbunden; sie folgt aber eher den Regeln des Klangs und den Zufällen der Homonymie als den Gesetzen der →Grammatik und macht konsequenten Gebrauch von sprachlichen Mehrdeutigkeiten. Dabei können stets mehre Deutungsmöglichkeiten nebeneinander stehen. Luthers sarkastische Deutung des →*Schem Hamephorasch* als *Scham haperes* (»dort ist der Kot«) ist als eine Art Spott-Midrasch konzipiert, der formal den Regeln der rabbinischen Hermeneutik folgt, um diese jedoch zu verhöhnen.

Literatur: Samely: Forms of Rabbinic Literature and Thought.

Mystik (jüdische)

Die jüdische Mystik wird umgangssprachlich häufig mit der →Kabbala identifiziert, einer jahrhundertelangen jüdischen Tradition des Suchens nach der Erfahrung des Göttlichen. Die

Anfänge dieser Bewegung werden entweder in der Hebräischen Bibel (etwa in der Thronwagenvision Ezechiels) oder in der Antike (Qumran, Philo von Alexandrien) oder Spätantike (in rabbinischen Texten) gesucht. Die Suche nach den Anfängen der jüdischen Mystik wird durch die Tatsache erschwert, dass viele dieser frühen Belege für die »jüdische Mystik« auch gnostische, neuplatonische oder christliche Elemente enthalten. Dennoch versuchte Gershom Scholem, eine Verbindungslinie von diesen frühen Texten bis zur mittelalterlichen Kabbala im 12. Jahrhundert nachzuzeichnen. Als bedeutendstes Schriftstück der mittelalterlichen Kabbala gilt das Buch Sohar, ein in aramäischer Sprache verfasster pseudepigraphischer →Midrasch zum Pentateuch. Neuere Untersuchungen haben herausgestellt, dass die unter dem Begriff der jüdischen Mystik zusammengefassten Texte und Phänomene so unterschiedlich sind, dass von ihrer Zusammengehörigkeit nicht sinnvoll gesprochen werden kann. Zudem sind das Konzept und der Begriff der »Mystik«, der keine Entsprechung im Hebräischen oder Aramäischen hat, christlich geprägt. In der Forschung wird daher heute nur noch mit einer gewissen Vorsicht von einer jüdischen »Mystik« gesprochen.

Literatur: Scholem, Die jüdische Mystik; Schäfer, The Origins of Jewish Mysticism.

Münster, Sebastian

Sebastian Münster (1488–1552) war ein humanistischer Gelehrter und herausragender Vertreter der frühneuzeitlichen →Hebraistik, der nach dem Studium (unter anderem in Löwen und Basel) 1514 bis 1518 als Franziskaner in Tübingen tätig war. 1524 wurde er als Professor für die hebräische Sprache an die Universität Heidelberg berufen, bevor er 1529 einen Ruf an die Universität Basel annahm, wo er sich der Reformation anschloss. 1534/1535 veröffentlichte er seine *Biblia Hebraica* mit einer lateinischen Übersetzung des Alten Testaments, die Luther sehr schätzte. Andererseits verdächtigte er den Übersetzer, häufig zu nahe an den rabbinischen Traditionen geblieben zu sein und die

→Grammatik des Hebräischen für wichtiger zu nehmen als das christlich-theologische Verständnis der Bibel.

Literatur: Kaufmann, Luthers Juden, 114–123; Kaufmann, Luthers »Judenschriften«, 96–110.

Opus operatum

Mit den Ausdrücken »opus legis« (Gesetzeswerk – im Unterschied zu einem »Werk des Glaubens« oder einem »Werk der Liebe«) und »opus operatum« kennzeichnet Luther die von ihm abgelehnte römisch-katholische Sakramentenlehre, die die gültige und wirksame Spendung von Taufe und Abendmahl nur durch den äußerlich und formal korrekten Vollzug behauptet (Zeremoniendienst). In einem solchen Fall würden die Elemente von Brot und Wein (bei der Eucharistie) und des Wassers (bei der Taufe) zu magischen Mitteln, die unabhängig vom Glauben des Empfangenden wirksam wären. Ein solches Verständnis liegt beim kabbalistisch interpretierten Gebrauch der →Buchstaben des hebräischen Alphabets und vor allem des →Gottesnamens aber nahe (→Kabbala). Vom →Talmud her muss der in der Reformation mit *opus operatum* gekennzeichnete Sachverhalt freilich nicht notwendigerweise negativ verstanden werden, da die rabbinische Weisen die Frage, ob und inwieweit die Ausübung der von der Tora vorgeschriebenen Gebote einen »Glauben« voraussetzt, unterschiedlich beantworten. Dies zeigt ein Abschnitt im Babylonischen Talmud (Traktat Berachot 13a; Pessachim 114b; Eruvin 95b), in dem über den Satz מצות אינן צריכות כונה (»mizwot enan zerichot kawwana« – die Ausübung der Gebote erfordert keine [innere] Intention) kontrovers diskutiert wird. Dementsprechend geht die praktische →Kabbala davon aus, dass der menschliche Vollzug von in der Tora gebotenen Handlungen unmittelbare Wirkungen in der göttlichen Welt hat. Der Übergang zu einem Verständnis der Gebotsausübung als quasi-magischer Handlung ist in manchen Konzeptionen fließend.

Literatur: Hildesheimer/Morgenstern, Samson Raphael Hirsch, 18.

Proselytismus (jüdischer)

In *Von den Juden und ihren Lügen* und in seiner anschließenden Judenschrift *Vom Schem Hamephorasch* nimmt Luther auf angebliche jüdische Versuche Bezug, Christen zum Halten jüdischer Bräuche und zur »Rückkehr« zum Judentum zu bewegen. Die Missionstätigkeit von Juden hatte Luther schon in seiner Schrift *Wider die Sabbather* (1538) bekämpft (WA 50,309); Thomas Kaufmann beurteilt diese Proselytenfurcht als historisch haltlose Konstruktion und »Popanz«. Möglicherweise folgte Luther aber auch dem ihm von Augustinus her bekannten Topos der Abwehr des »Judaisierens« und jüdischer Proselytenmacherei. Unstrittig ist freilich, dass in der Reformationszeit unter den Täufern Gruppen auftraten, die sich auf ein wörtliches Verständnis des Alten Testaments beriefen und für das Halten des Sabbats eintraten. Auch gibt es Anzeichen dafür, dass die →*Toledot Jeschu*-Texte innerjüdisch dazu gebraucht wurden, Juden von der Taufe abzuhalten oder bereits getaufte Juden zur »Buße« (also zur Rückkehr zum Judentum) zu bewegen. Es ist aber nicht sicher, ob Luther von solchen Aktivitäten Kenntnis hatte.

Literatur: Kaufmann, Luthers Juden, 100–104; Cohen, Friars and the Jews, 19–22; Tartakoff, The Toledot Yeshu and Jewish-Christian Conflict.

Purchetus (Porchetus) de Salvaticis, Salvagus

Luther bezog seine Informationen über die →*Toledot Jeschu* aus einer Schrift des Kartäuser-Mönchs Salvagus Porchetus (oder Purchetus) aus Genua (gestorben etwa 1315): *Victoria Porcheti adversus impios Hebreos, in qua tum ex Sacris Literis, tum dictis Talmud, ac caballistarum et aliorum omnium authorum, quos Hebrei recipiunt, monstratatur Veritas Catholicae Fidei* (»Sieg über die gottlosen Juden, worin einerseits aus dem Heiligen Schriften, andererseits aus dem Talmud und [aus der Literatur] der Kabbalisten und anderer Autoren, welche die Juden empfangen haben, die Wahrheit des katholischen Glaubens gezeigt wird«). Diesen 1520 in Paris gedruckten Text übersetzte er in Auszügen in seiner Schrift *Vom Schem Hamephorasch und vom Geschlecht Christi*. Porchetus hatte seinen Text der Streitschrift des Dominikaners →Raymond Martin *Pugio fidei adversus Mauros et Judaeos* (»Glaubensdolch gegen die Mauren und Juden«) entnommen. Wirkungsgeschichtlich ist Luthers antijüdische Polemik daher in die Tradition der Judenfeindschaft der im frühen 13. Jahrhundert gegründeten Bettelorden (Dominikaner, Franziskaner) einzuordnen. Die bei Martin und Porchetus anzutreffende *Toledot Jeschu*-Tradition ist eine Sonderform der in der Forschung identifizierten Version der Handschriftengruppe des Typus Ashkenazi A, deren wichtigster Repräsentant eine im 18. Jahrhundert geschriebene Straßburger Handschrift ist; jedoch fehlen bei Salvagus Purchetus die Geburtsgeschichte →Jeschus, die den Nazarener als Frucht eines Ehebruchs oder einer Vergewaltigung hinstellt, und die Szene seiner Besudelung durch →Judas während ihres →Himmelskampfes.

Literatur: Osten-Sacken, Lu ther und die Juden, 139–141; Bienert, Martin Luther, 135; Cohen, The Friars and the Jews, 129–169.

Raymond Martin/ Raimundus Martinus

Der spanische Dominikaner Raymund Martin (1210/15–1285/90) nahm 1278 in seine Schrift *Pugio fidei adversus Mauros et Judaeos* (»Glaubensdolch gegen Mauren und Juden«) die lateinische Fassung einer ihm vorliegenden →*Toledot Jeschu*-Handschrift auf, die von der Forschung einer Sonderform des Typus Ashkenazi A zugerechnet wird. Dieser Text, die früheste und zugleich umfangreichste Bezeugung einer zusammenhängenden *Toledot Jeschu*-Erzählung, blieb bis 1651 ungedruckt. Über →Purchetus de Salvaticis, der Raymonds Text 1315 in seiner Schrift *Victoria Porcheti adversus impios Hebreos* übernahm, wurde der Inhalt 1540 aber Luther bekannt. Die Raymond Martin vorliegende *Toledot Jeschu*-Tradition, der somit auch Luther folgt, enthält keine Geburtsgeschichte Jeschus. In der Forschung wird kontrovers diskutiert, ob die Geschichte vom Ehebruch der Maria (»Miriam«) mit einem gewissen Pandera (oder ihre Vergewaltigung), die zur Geburt Jeschus als »Hurenkind« führte, nachträglich vorangestellt wurde (Di Segni/Schäfer) oder in einer heute verschollenen früheren Fassung enthalten war und aus unbekanntem Grund in Raymonds Textfassung fehlt (Horbury).

Literatur: Cohen, The Friars and the Jews, 129–136; Meerson/Schäfer, The Life Story of Jesus, 10–12 (englische Übersetzung der von Raymond mitgeteilten Toledot Jeschu-Version) und 50; Schäfer, Introduction, 3–4; Deutsch, The Second Life of the Life of Jesus, 288–289; Schmidt-Biggemann, Geschichte der christlichen Kabbala, 264–270.

Raschi

Akronym von (hebräisch) »Rabbi Schelomo ben Isaak« (1040–1105), in der Weimarer Lutherausgabe »Jarchi« genannt und in lateinischer Übersetzung zitiert. Das hebräische Wort ירחי (»Jarchi«, von jareach = Mond) bezieht sich auf die französische Ortschaft Lunel (Provence), in der Raschi eine Zeitlang gelebt haben soll. Raschi gründete in Troyes (Champagne) die bedeutendste Jeschiwa (Talmudhochschule) seiner Zeit. Sein Bibelkommentar, den Luther vermittelt durch Nikolaus von →Lyra rezipierte, war 1475 das erste hebräisch gedruckte Buch.

Literatur: Hailperin, Rashi and the Christian Scholars.

Ricoldus de Montecrucis

Ricoldus de Montecrucis, genannt auch Ric(c)oldo da Monte di Croce (ca. 1243–1320), ein italienischer Dominikanermönch, reiste als Prediger und Orientmissionar 1288 über Akko und das Heilige Land nach Bagdad, von wo er um 1300 nach Florenz zurückkehrte. Danach verfasste er die Schrift *Contra legem Sarracenorum* (»Gegen das Gesetz der Sarazenen«), die unter dem Titel *Confutatio Alcorani* Bekanntheit erlangte und von Luther 1542 ins Deutsche übersetzt wurde (WA 53,272–396). Die Namensform *Ricardus*, der sich Luther bedient, geht auf die griechische Übersetzung des Textes durch den byzantinischen Theologen Demetrius Cydnonius zurück (vgl. WA 53,263 f.). In Luthers Übersetzung, die unter dem Titel *Verlegung des Alcoran Bruder Richardi* erschien, ist im 10. Kapitel unter der Überschrift »das Mahmets Gesetz Mörderisch, Tyrannisch und wutig ist« (WA 53,340) ausführlich von den nach Luther mörderischen Gesetzen der →Sarazenen die Rede.

Literatur: Ehmann, Ricolodus de Montecrucis.

Ritualmord

Im Mittelalter (erstmals 1144 in Norwich) wurde den Juden vorgeworfen, sie entführten jährlich zur Zeit des Passahfestes aus Hass gegen die Christen ein christliches Kind, das sie folterten und ermordeten. Unter dem Einfluss der kirchlichen Transsubstantiationslehre, die auf dem 4. Laterankonzil (1215) für verbindlich erklärt worden war, entstand die Legende, das solchen Kindern entnommene Blut werde zu magischen, religiösen oder medizinischen Zwecken gebraucht und für die Zubereitung des jüdischen Osterbrotes (Mazzen) verwendet. In seiner Schrift aus dem Jahre 1523 *Daß Jesus Christus ein geborener Jude sei* erklärte Luther den Ritualmordvorwurf für »Narrenwerk« und »Lügenteidinge« (WA 11,336). In seinen Spätschriften hielt er diese Beschuldigung aber offenbar prinzipiell für berechtigt. Eine Anspielung auf diesen Vorwurf findet sich auch in einer Predigt vom 15. April 1544: »wo sie auch unser kinder kriegen pfrimen sie sie« (WA 49,373, 37).

Literatur: Dahl, Ritualmordvorwurf in Trient; Kaufmann, Luthers »Judenschriften«, 132–133; Kirn, Luther und die Juden, 219.

Sarazenen

In seiner Übersetzung der Schrift *Confutatio Alcorani seu legis Saracenorum, ex graeco nuper inlatinum traducta* des Dominikanermönchs →Ricoldus de Montecrucis (ca. 1243–1320) gibt Luther die Argumente dieses Textes im Hinblick auf die behauptete Mordlust der Sarazenen wieder: Deren Gesetze forderten zum Töten auf, während die Christen das »freundliche Zeichen« des Kreuzes trügen (WA 53,344,37). Zugleich würden bei den Sarazenen Assassinen erzogen, »zukünftige Mörder«, denen »für das Morden das ewige Leben verheißen« werde. Die Sarazenen »schicken sie aus in der ganzen Welt, das sie sollen die weltlichen Herren mit List erwürgen. Diese Assassinen haben Schlösser und Häuser auf dem Berg Libanon. Und sind unter dem Sultan zu Babylon, der das Haupt ist der Sarazenen. Und obwohl diese Assassinen rechte Sarazenen sind und nach dem Gesetz und der Weise der Sarazenen leben, heißen sie bei ihnen nicht Sarazenen, sondern Ismaeliten als Stamm und Wurzel der Sarazenen und vornehmste Verteidiger und Bewahrer des mohammedanischen Gesetzes« (WA 53,346,2–11). Möglicherweise beziehen Ricoldus (und Luther) sich mit dem erstgenannten Argument auf den »Schwertvers« in Sure 9,5, der im klassischen islamischen Recht als Begründung für den Dschihad herangezogen wird: »Und wenn nun die heiligen Monate abgelaufen sind, dann tötet die Heiden, wo (immer) ihr sie findet, greift sie, umzingelt sie und lauert ihnen überall auf«; vgl. auch die ähnliche Formulierung in Sure 2,244. Die Formulierung Johannes Ehmanns, es handele sich hier um eine »im Koran nicht zu findende« Anschauung lässt sich also nicht aufrechterhalten.

Literatur: Ehmann, Ricoldus de Montecrucis Confutatio Alcorani, 124 und 271; Ehmann, Luther, Türken und Islam, 86–87.

Sau, Saujuden, Judensau

Das Schwein gilt nach dem mosaischen Gesetz (Levitikus 11,7–8) als unreines Tier und symbolisiert in mittelalterlichen Lasterkatalogen Unreinheit, sexuelle Ausschweifung, Zügellosigkeit und Sünde. Vor diesem Hintergrund war die Assoziierung von Juden mit der »Judensau« besonders beleidigend und erniedrigend. Der jüdische Konvertit Antonius →Margarita beschreibt in einer in Wien erschienenen volkstümlichen Abhandlung (Ein *kurzer Bericht und Anzeigung*, 1541), von der Luther offenbar Kenntnis hatte, die Ankunft des messianischen Erlösers: »Wenn der Moschiach kombt/werde er auff ainen Esel reyten/un werde alle Juden auf den Esel setzen. Aber alle Christen werden auf des Esels schwantz sitzen/ un also werde der Moschiach mit allen durchs Moer reyten/und wann er in die mitten des Moers komen wirt/so werde der Esel den Schwa[n]tz niderlassen/und die Christen werden also in das Moers fallen und ertrincken/Ja das mues ain grosser Esel sein. Aber noch vil mehr ein grosserer Esel der solchs glaubt« (zitiert nach: Yuval, Zwei Völker, 134). Nach Yuval handelt es sich bei dem Motiv der Judensau um »eine herabwürdigende Verzerrung« des Esels als des Reittiers des messianischen Erlösers. Vgl. dort (135, Abb. 2) auch einen Holzschnitt aus dem 17. Jahrhundert mit dem Messias als Schweine-Reiter, wobei ein Jude unter dem Tier die Zitzen der Sau, ein zweiter den After leckt.

Literatur: Weymann, Luthers Schriften, 21; Shachar, The Judensau, 41; Trachtenberg, The Devil and the Jews, 8 (Illustration); Töllner, Judensau, 159–160; Yuval, Zwei Völker, 182–183.

Schem (Ha)mephorasch

Der *Schem (Ha)mephorasch* (korrekt שם מפורש oder השם המפורש, Schem mephorasch oder Ha-Schem Ha-mephorasch), der »ausgeführte Name«, bezeichnet den bereits zur Zeit von Talmud und →Midrasch als wundertätig bekannten vierbuchstabigen →Gottesnamen JHWH der Hebräischen Bibel, mit dessen Hilfe Gott nach mystischen Traditionen (*Ma'ase Merkava*) nicht nur den Kosmos erschaffen haben soll, sondern mit dem er selbst identisch ist: »Er ist Sein Name, und Sein Name ist Er. Er ist in Sich, und Sein Name ist in Seinem Namen« (*Ma'ase Merkava*, zitiert nach: Grözinger, Wundermann, Helfer und Fürsprecher, 172). Dieses Tetragramm darf im rabbinischen Judentum geschrieben, aber nicht ausgesprochen werden und wird mündlich durch Gottesbezeichnungen wie *Adonai*, »Der Name« (השם),

»Der Ort« (המקום) oder *Schechina* (שכינה) ersetzt. In Luthers Bibelübersetzung ist der vierbuchstabige Gottesname, der in der griechischen Bibelübersetzung (Septuaginta) mit *Κύριος* (Kyrios) übersetzt wird, in der Regel durch in Kapitälchen gesetzte Buchstaben (HERR) wiedergegeben. Die Schreibweise in Kapitälchen findet sich bei Luther auch, wenn im Einklang mit dem neutestamentlichen Sprachgebrauch von Jesus Christus als dem Kyrios die Rede ist. Neben dem Tetragramm kennt das nachbiblische Judentum auch Traditionen von zwölf-, zweiundvierzig- oder auch zweiundsiebzig-buchstabigen Gottesnamen. Luther erhob den Vorwurf, die Juden (gemeint sind »Meister des Gottesnamens«, →Ba'alei Schem) handhabten diesen Gottesnamen mit Hilfe von →Gematrie zu abergläubischen Zwecken und benutzten ihn für ihre →Zauberei.

Literatur: Cassel, Noch etwas über שם המפורש; Grözinger, Wundermann, Helfer und Fürsprecher; Trachtenberg, Jewish Magic and Superstition, 90–97; Urbach, The Sages, 124–134; Scholem, Zur Kabbala und ihrer Symbolik, 55–64; Scholem, Jewish Gnosticism.

Schlange, Schlangenbrut

Wenn Luther in seinen Judenschriften von »Schlangen« oder »der Schlange« spricht, ist an die Schlange der alttestamentlichen Paradiesgeschichte (Genesis 3) und das Protoevangelium (Genesis 3,15) zu denken, nach dem der Nachkomme (= Same) der Frau (nach altchristlicher Deutung: Maria und ihr Kind Jesus) dem Nachkommen der Schlange den Kopf zertreten werde. Die Rede von den »stachligen« Schlangen erinnert an 1. Korinther 15,56: »Der Stachel des Todes ist die Sünde, die Kraft aber der Sünde ist das Gesetz.« In den Nachkommen der Schlange findet Luther die Juden wieder, wobei er Johannes dem Täufer folgt, der von »Otterngezücht« sprach (vgl. Matthäus 3,7). In *Von den Juden und ihren Lügen* (vgl. JL, 54, 281) bringt Luther die Juden mit Basilisken in Verbindung, einer besonders giftigen Schlange, eventuell einer Vipernart, offenbar einem Fabelwesen mit einem giftigen Blick (vgl. Jesaja 14,29 sowie 11,8; 59,5; Jeremia 8,17 und Sprüche 23,32).

Literatur: Zwickel, Artikel »Basilisk«.

Sefirot, Sefirotsystem

Die »Sefirot« (oben S. 189) sind ursprünglich die zehn Urzahlen, auf denen nach antiker (offenbar pythagoreischer) Lehre alles Seiende gründet. Das Buch der Schöpfung (Sefer Jezira), ein jüdischer Traktat der Spätantike oder des frühen Mittelalters zu Fragen der Kosmologie und Kosmogonie, findet die Grundelemente der Schöpfung in den 22 →Buchstaben des hebräischen Alphabets und in den zehn Urziffern (1–10). In der →Kabbala verwandeln sich die Sefirot zu Potenzen, in denen die nach außen wirkende und sich offenbarende Gottheit sichtbar wird: Gott entäußert sich auf zehn Stufen, in zehn Emanationen, die nach außen strömen und die Schöpfung beleben. Durch das Zusammenwirken der Sefirot entsteht eine göttliche Struktur mit oberen und unteren Gliedern und »Kanälen« (Zinnorot), die die einzelnen Sefirot verbinden. In der hochmittelalterlichen →Kabbala werden die einzelnen Sefirot mit bestimmten Gottesnamen und Eigenschaften Gottes identifiziert; nun verfestigte sich diese Struktur zum Symbol eines von oben nach unten (nach dem Gefälle der Offenbarung) wachsenden Baumes. Die drei obersten Sefirot bezeichnen die der menschlichen Welt am meisten abgewandten Seinsweisen Gottes, während die unterste Sefira, Malkhut (Königsherrschaft) oder Schechina (Einwohnung) genannt, diejenige Emanation oder »Abglänzung« Gottes bezeichnet, die dem Volk Israel am nächsten kommt. Eine graphische Darstellung des Sefirotsystems als »Sefirotbaum« wurde 1516 in Augsburg auf dem Titelblatt des kabbalistischen Werkes *Portae Lucis*, einer lateinischen Übersetzung des 1293 im spanischen Segovia von dem Kabbalisten Josef Gikatilla verfassten Traktates »Tore des Lichts« (שערי אורה), veröffentlicht. Überschrieben war die Darstellung durch den erklärenden Hinweis auf Psalm 118,20: Haec est porta Tetragrammaton, iusti intrabunt per eam (dies ist das Tor des HErrn, die Gerechten werden dort einziehen).

Literatur: Betz, Licht vom unerschaffnen Lichte, 21–23. Scholem, Von der mystischen Gestalt der Gottheit, 30–47.

Shiur Qoma

Shiur Qoma-Traditionen (hebräisch etwa »Maß der Höhe« oder aramäisch »Maß des [göttlichen] Körpers«) sind in den *Hekhalot*-Texten des spätantiken Judentums erhalten, die G. Scholem in die tannaitische oder frühe amoräische Zeit (ca. 3.–4. nachchristliches Jahrhundert), die heutige Forschung (P. Schäfer) aber etwa in das 9. Jahrhundert datiert. Vorformen dieser Texte waren offenbar schon dem christlichen Apologeten Justin der Märtyrer (ca. 100–165 n. Chr.) bekannt, der in seinem *Dialog mit dem Juden Tryphon* (cap. 114) berichtet, den jüdischen Gelehrten zufolge habe Gott eine menschliche Gestalt und menschliche Glieder. Diese Traditionen sollen den tannaitischen Weisen Rabbi Jischmael und Rabbi Akiba (2. Jahrhundert n. Chr.) vom Engel Metatron überliefert worden sein. Rabbi Jischmael und Rabbi Akiba gaben diese Texte ihrerseits an ihre Schüler weiter. Diese Texte bauen auf der rabbinischen Deutung des biblischen Hohenliedes auf, die in diesem Liebeslied eine Allegorie des Verhältnisses zwischen Gott und dem Volk Israel sieht. Der Schilderung des »Geliebten« in Hoheslied 5,10 ff. (»sein Haupt ist pures Gold, seine Locken Rispen [...] seine Augen wie Tauben [...]«) entnehmen sie genauere Angaben über die körperliche Gestalt Gottes. Die Detailbeschreibungen überspielend und ausmalend, ist die Rede von unermesslich großen Zahlen im Hinblick auf die Größe des Schöpfers und geheimnisvollen Buchstabenkombinationen, die die einzelnen Glieder Gottes bezeichnen. Die Texte knüpfen an Psalm 147,5 an (»groß ist unser Herr und mächtig seine Kraft«) und nennen Maße des Sitzes seines Thrones (von oben und nach unten jeweils 118 Myriaden), der Entfernung seines rechten von seinem linken Arm (77 Myriaden) und seines rechten Augapfels zu seinem linken Augapfel (30 Myriaden) sowie der Hirnschale seines Hauptes (dreieinhalb Myriaden) usw.; dieser »provokatorische Anthropomorphismus« (Scholem) wird begleitet von Vorstellungen einer sprachlichen Vermenschlichung Gottes, die eine Brücke zu den umfangreichen Spekulationen über die →Gottesnamen in der →Kabbala bilden: »Gott sitzt auf einem Thron von Feuer, und rings um ihn sind wie Säulen von Feuer die unaussprechlichen Namen« (Alphabet des Rabbi Akiba). Scholem hielt diese Vorstellungen für gnostisch, ging aber von einer jüdisch-orthodoxen Gnosis aus, da der Schöpfergott, der hier Gegenstand einer körperlichen Vorstellung und Spekulation ist, keine »häretisch abgewertete Figur wie der Demiurg der Gnostiker« ist, sondern der »eine wahre Gott des Monotheismus selber.« In der späteren Kabbala wurde aus dem Bild der auf ihrem Thron sitzenden Gottheit das Symbol des im Laufe der Offenbarungsgeschichte von oben nach unten wachsenden →Sefirotbaumes, das die unterschiedlichen Offenbarungsweisen Gottes zum Ausdruck brachte und zugleich tiefgründige Lehren von den →Gottesnamen beinhaltete. Die mittelalterliche rationalistische Philosophie des Judentums stand den Shiur Qoma-Texten mit Distanz und Verlegenheit gegenüber. Maimonides, der in ihnen eine Verletzung des ersten Gebotes sah, hielt sie für eine gotteslästerliche Fälschung und rief dazu auf, sie zu zerstören.

Literatur: Scholem, Die jüdische Mystik in ihren Hauptströmungen, 68–72; ders., Von der mystischen Gestalt der Gottheit, 7–47.

Speien, Spucken

Der Vorwurf, die Juden »verspeiten« Jesus oder »spuckten« ihn an, bezieht sich auf die in einigen Fassungen des synagogalen Aleinu-Gebetes enthaltene Wendung »Nichtiges und Leeres (הבל וריק »leerer Hauch« (bei Luther in *Von den Juden und ihren Lü-*

gen »Hebelvorik«), die teilweise von der jüdischen Selbstzensur entfernt wurde. Der Zahlenwert des hebräischen Wortes »leer«, so der Vorwurf, wurde nach Antonius →Margaritha in seiner Schrift *Der ganz jüdisch glaub* als Entsprechung zum Zahlenwert (316) des hebräischen Namens Jesu (»Jeschu«) gedeutet (→Gematrie). Da die hebräische Wortwurzel »req/riq« zugleich das »Speien« oder »Spucken« bezeichnet, hätten die Juden bei der Rezitation dieses Wortes dreimal ausgespuckt. Johannes Reuchlin trat dieser Deutung des Alenu-Gebetes in seinem *Augenspiegel* (1511) nachdrücklich entgegen. Yosef Chaim Yerushalmi nimmt hingegen an, dass antichristliche Gebete im Hochmittelalter in Frankreich tatsächlich Bestandteil der jüdischen Liturgie waren. Nach Ruth Langer findet sich der Brauch des Spuckens im *Sefer Maharil* des Rabbi Jacob Moelin (ca. 1365–1427): »he would pause a bit when he recited ›to nothingness and emptiness‹ and he would spit one time«.

Literatur: Yuval, Zwei Völker, 136 und 199–206; Nulman Encyclopedia of Jewish Prayer, 25; Diemling, Anthonius Margaritha, 326–328; Yerushalmi, The Inquisition and the Jews, 360–363; Langer, Polemical Discussion of Aleynu, 489.

Stein

Siehe →Grundstein des Jerusalemer Tempels

Talmud

Der Talmud (hebräisch תלמוד, etwa: »Lehre«, »Studium«) gilt im rabbinischen Judentum als *mündliche Tora*, als der Bibel gleichwertige Tradition, die Mose am Sinai gegeben, aber erst von den jüdischen Weisen der Spätantike in schriftliche Form überführt wurde. Diese nachbiblischen Überlieferungen des rabbinischen Judentums, die die biblischen Texte nicht nur erklären, sondern an vielen Stellen auch Gesetze modifizieren oder hinzufügen, wurden von Christen jahrhundertelang wenig beachtet, seit dem Hochmittelalter gelangten sie aber stärker in das öffentliche Bewusstsein. Sie dienten als Beleg dafür, dass die Juden vom Alten Testament abgefallen seien bzw. die Bibel verfälscht hätten und wurden so zum Ausgangspunkt für heftige Angriffe auf das Judentum. Besonders polemisch äußerten sich →Konvertiten.

Literatur: Mendels, Edrei, Zweierlei Diaspora.

Talmudverbrennung

Auf Anordnung König Ludwigs IX. kam es 1240 in Paris zu einer Zwangsdisputationen über den →Talmud. Wichtigster Anklagepunkt war, dass die Rabbinen die mündliche Überlieferung über die Bibel stellten und dass der Talmud obszöne und blasphemische Bemerkungen gegen Jesus, →Maria und die Kirche enthalte. Möglicherweise spielten im Zusammenhang mit diesen Anklagen auch →*Toledot Jeschu*-Traditionen eine Rolle. Der Konvertit Nikolaus Donin behauptete ferner, die jüdischen Texte forderten dazu auf, Christen zu töten. In einer lateinischen Textanthologie des Jahres 1239 mit Anschuldigungen, die während der Pariser Disputation gegen die Juden vorgebracht wurden, und auch in der hebräischen Fassung der Pariser Disputation selbst finden sich Anspielungen auf die *Toledot Jeschu* (Horbury, The Strasbourg Text of the *Toledot*, 53).

Als Folge dieser Disputation wurden 1242 zwischen 20 und 24 Wagenladungen hebräischer Handschriften, die aus ganz Frankreich nach Paris befördert worden waren, auf dem Place de Grève öffentlich verbrannt. Ungeachtet einer Aufforderung des Papstes, diese Autodafés einzustellen, wurde der Besitz des Talmuds in den folgenden Jahren in Frankreich weiter geahndet. Die Ereignisse von 1240–1242 führten dazu, dass sich das Bild des Judentums im ganzen christlichen Europa drastisch verschlechterte. Mit dem Talmud gerieten nun auch andere jüdische Schriften wie Gebetbücher und Bibelkommentare in Verruf.

Literatur: Callsen, Das jüdische Leben Jesu; Cohen, Friars and Jews, 62–74, 77–86; Diemling, Anthonius Margaritha 315; Deutsch, The Second Life of the Life of Jesus, 287.

Tataren, Tartaren, Tattern

Im europäischen Mittelalter wurden die Reiterheere des Mongolischen Reiches und der Goldenen Horde als Tataren bezeichnet, oft auch pseudoetymologisch aus dem Griechischen als Tartaren, »die aus der Hölle kommen« (von griechisch »Tartaros«). Diese Benennung lässt sich als Reaktion auf den als Vorboten des Weltuntergangs gedeuteten Mongolensturm und die katastrophalen Niederlagen der europäischen Heere in der ersten Hälfte des 13. Jahrhunderts (die Schlacht bei Liegnitz, 1241) gegen die Mongolen verstehen. Im Anschluss an eine Notiz in Petrus Comestors (ca. 1100–1178) biblischem Lehrbuch der Weltgeschichte *Historia Scholastica* kam es daneben zu einer Verschmelzung des abendländischen Tatarenbildes mit der Vorstellung von im Osten lebenden Juden, den zehn verlorenen Stämmen Israels, die durch göttlichen Beschluss dort festgehalten, am Ende der Zeit aber freigelassen würden. Vor diesem Hintergrund erwähnt Luther die Tataren im Zusammenhang mit der von ihm konstatierten Gewaltverherrlichung des Korans als Inbegriff einer die Christenheit verheerenden Unheilsmacht und vergleicht sie mit den Juden. Möglicherweise will er auch andeuten, die Juden könnten sich auf ihrer Wanderschaft in ihrer Zerstreuung mit den Tataren vermischt haben, deren negative Eigenschaften sie dabei angenommen hätten.

Literatur: Hotopp-Riecke, Tatarennachricht, 109; Klopprogge, Ursprung und Ausprägung des abendländischen Mongolenbildes, 65–67. 153–159; Ehmann, Luther, Türken und Islam, 80; Yuval, Zwei Völker, 282–286.

Testimonium Flavianum

In einer der bekanntesten Stellen im Geschichtsbericht des Flavius →Josephus (Antiquitates 18,3,3) heißt es: »Um diese Zeit lebte Jesus, ein weiser Mensch, wenn man ihn überhaupt einen Menschen nennen darf. Er war nämlich der Vollbringer ganz unglaublicher Taten und der Lehrer derjenigen Menschen, die gern die Wahrheit aufnahmen. So zog er viele Juden und viele aus dem Heidentum an sich. Er war der Messias. Auf Anklage der Vornehmsten bei uns verurteilte ihn Pilatus zwar zum Kreuzestod; dennoch wurden die, die ihn früher geliebt hatten, auch jetzt ihm nicht untreu. Er erschien ihnen nämlich am dritten Tage wieder lebend, wie gottgesandte Propheten neben tausend anderen wunderbaren Dingen von ihm prophezeit hatten. Noch bis jetzt besteht das Volk der Christen, die sich nach ihm nennen, weiterhin.« Dieser Text spielte bei den Kirchenvätern und bei Luther eine gewisse Rolle, da er als außerchristliche Quelle die Angaben der neutestamentlichen Evangelien zu bestätigen scheint; auch in der modernen historischen Jesusforschung wird dieser Text (gemeinsam mit einem weiteren kleinen Text des Josephus) hinzugezogen. Die Echtheit des *Testimonium Flavianum* ist jedoch umstritten. Diskutiert wird u. a., ob es sich um nachträgliche christliche Einschübe handelt. Dies kann freilich nur aus philologischen Indizien erschlossen und nicht direkt bewiesen werden, da die der Forschung vorliegenden Handschriften aus dem Mittelalter stammen und es keine abweichenden (griechischen) Textzeugen gibt. Origenes stellt in seinem Matthäuskommentar immerhin fest (X,17), dass Josephus Jesus nicht als Messias anerkannt habe.

Literatur: Vermes, Jesus in his Jewish Context, 91–98; Van Voorst, Jesus Outside the New Testament, 81–104.

Teufel, Teufelskinder, Teufelskindschaft

Im 16. Jahrhundert war die an das Jesuswort Johannes 8,44 (»ihr habt den Teufel zum Vater«) anknüpfende Vorstellung, die Juden seien »Kinder des Teufels«, verbreitet. Sie findet sich z. B. bei dem Humanisten Erasmus von Rotterdam (Opera V,3,110,567 ff.: »Neque enim Deum Patrem novit, qui Filium illius non agnoscit. […] audiunt a Christo: *Vos ex patre Diabolo estis.* Et absurde se gloriantur esse filios Abrahae, qui fidem Abrahae nolunt imitari.« – »Wer seinen Sohn nicht kennt, kennt auch Gott den Vater nicht [...] Sie hören von Christus: Ihr habt den Teufel zum Vater. Widersinnig rühmen sie sich, Abrahamskinder zu sein, die doch dem Glauben des Abraham nicht folgen wollen.«) Luther malte es sich konkret aus, wie dämonische Mächte wie die »Nixen im Wasser« »sich in einer Frauen und Mannes Gestalt verkehren« und mit einem menschlichen Partner sexuellen Umgang haben können: »Der Teufel macht ihnen die Geplärr für die Augen, und betreuget sie, dass die Leute meinen, sie schlafen bei einer rechten Frauen, und ist doch nichts, desgleichen geschiehts auch, wenns ein Mann ist.« Das Ergebnis des unnatürlichen Beischlafs sollten dämonische Mischwesen sein. (WATR 3,517 f.; Tischrede 3676). Diese Vorstellung erscheint bei Luther als Gegenstück zu seinen genealogischen Interessen im Hinblick auf die biblische Lehre von der Abstammung Jesu: Jesus von Nazareth war demnach ein legitimer Spross der davidischen Dynastie; »die Juden« stehen demgegenüber unter dem Verdacht einer unrechtmäßigen oder sogar widernatürlichen Abstammung. Zu umgekehrten jüdischen Vorstellungen einer »Teufelsbuhlschaft« vgl. das Glossar (→Zeugung des Antichristus).

Literatur: Rohrmann, Mythen und Realitäten, 58; Kaufmann, Luthers »Judenschriften«, 132.

Tola, Tola-Episode

In autobiographischen Texten Luthers finden sich Berichte von einem Besuch zweier oder dreier jüdischer Gelehrter in Wittenberg, der offenbar 1525 oder 1526 stattfand und den Reformator sehr aufwühlte. Während des Gesprächs, so Luther, sei davon die Rede gewesen, die evangelischen Christen würden aufgrund ihrer Wertschätzung des Hebräischen bald Juden werden. Im Anschluss an die Begegnung hätten die jüdischen Weisen von Luther einen Empfehlungsbrief erhalten, der unter Berufung auf Christus freies Geleit für sie erbeten habe. Dieses Schreiben, so Luther in einer Tischrede aus dem Jahre 1536 (WATR 3,370,9–21, Nr. 3512) hätten die Gäste geringschätzig kommentiert:

»Wenn nur der Thola, id est, crucifixus Christus nicht drinnen stünde« (zitiert nach: Osten-Sacken, Luther und die Juden, 106). Der hier erwähnte Schimpfname für Jesus (*Thola* oder *Tola*) nimmt Bezug auf die Strafe, die die Tora für →Abgötterei und →Verführung zur Abgötterei vorsieht (Deuteronomium 21,23; vgl. die Ausführungsbestimmungen im Talmud: Mischna Sanhedrin 6,4): Jesus wurde »gehängt« (hebräisch תלוי, »talui«). Vor dem Hintergrund seiner eigenen Kreuzestheologie ist die Aufregung Luthers über diese Interpretation schwer verständlich, denn im Neuen Testament (Galater 3,13) wird die Beziehung des Gesetzes im Deuteronomium auf Jesus ausdrücklich gerechtfertigt: »Christus hat uns erlöst vom Fluch des Gesetzes, da er zum Fluch wurde für uns; denn es steht geschrieben: ›Verflucht ist jeder, der am Holz hängt.‹« Es ist daher zu erwägen, ob Luther anlässlich der Tola-Episode weitergehende (und besonders obszöne) Beschimpfungen aus der →*Toledot Jeschu*-Tradition bekannt wurden, die in manchen Texten auch unter dem Titel *Ma'ase Taluj* (מעשי תלוי) oder *Ma'ase Tola* (מעשי תולה) – etwa »Geschichte des Gehenkten« – bekannt ist.

Literatur: Yuval, Zwei Völker, 140; Kaufmann, Luthers Juden, 36–38; Schäfer, Jesus im Talmud, 131–135; Klausner, Jesus von Nazareth, 58.

Toledot Jeschu

Die Tradition der *Toledot Jeschu* (wörtlich »Geschlechter Jeschus« oder »Geschichte Jesu«; *toledot* ist ein hebräisches Pluralwort) bezeichnet eine in unterschiedlichen Handschriften und Drucken überlieferte jüdische Sagensammlung teilweise ungeklärter Herkunft und umstrittenen Datums über das Leben Jesu. Die Sammlung enthält teilweise außerordentlich polemischen Spitzen gegen Jesus, die keinen Bezug zum historischen Jesus von Nazareth haben. Für die heutige Forschung sind diese Texte aber kulturhistorisch und mentalitätsgeschichtlich von Interesse, da sie den jüdisch-christlichen Gegensatz seit der Spätantike und im

Mittelalter reflektieren. Obwohl die Toledot Jeschu unzweifelhaft jüdischer Herkunft sind, verdankt sich ihre Überlieferung im spätmittelalterlichen und frühneuzeitlichen Europa in hohem Ausmaß christlichen Autoren, die in judenfeindlicher Absicht von ihr berichten und auf sie reagieren. Nach fragmentarischen Spuren von *Toledot Jeschu*-Motiven in der Spätantike (bei Justin dem Märtyrer, bei den Kirchenvätern Tertullian, →Hieronymus und Johannes Chrysostomos sowie in der Kirchengeschichte des Eusebius) tauchen erste größere und zusammenhängende Textkomplexe bei Bischof Agobard von Lyon (769–840) und danach im Umfeld der »Religionsgespräche« (Zwangsdisputationen) von Paris (1240), Barcelona (1263) und Tortosa (1413/14) auf. →Raymund Martin veröffentlichte 1278 die lateinische Übersetzung einer *Toledot Jeschu*-Version, die →Purchetus de Salvagus 1315 in seiner Schrift *Victoria Porcheti adversus impios Hebreos* übernahm.

In der von Michael Meerson und Peter Schäfer zusammengestellten Datenbank (www.toledot-yeshu.net) sind über einhundert Handschriften verzeichnet, die von den Forschern in drei Großgruppen (I, II und III) aufgeteilt wurden. Die erste Gruppe (mit unterhaltsamen Volkserzählungen über Jeschu) versammelt in erster Linie orientalische und jemenitische, die zweite Gruppe vor allem aschkenasische und italienische Handschriften, während die dritte Gruppe im Wesentlichen einen Texttyp der *Toledot Jeschu* repräsentiert, wie er von Johannes Christoph Wagenseil, Professor für semitische Sprachen in Altdorf, 1681 in seiner Schrift *Tela ignea Satanae* (»Feuerpfeile des Satans«) veröffentlicht wurde. In den Textgruppen II und III sind *Toledot Jeschu*-Versionen vertreten, die eine polemische und teilweise äußerst aggressive antichristliche Gegenerzählung zu den Evangelien bieten. Die von Luther übersetzte Version ist eine Sonderform des Ashkenazi A-Typus innerhalb von Gruppe II. Während die Texttradition, mit der sich Luther in seiner Schrift *Vom Schem Hamephorasch* beschäftigt, (noch?) keinen Bericht von der Zeugung und Geburt Jesu kennt, ist ein solcher Abschnitt in einem anderen *Toledot Jeschu*-Text enthalten, den der Wiener Theologe Thomas Ebendorfer 1420 in seiner Schrift *Falsitates Judeorum* (»Die Lügen der Juden«) veröffentlichte.

Literatur: Krauss, Leben Jesu; Meerson/Schäfer, The Life Story of Jesus, 18; Schlichting, Ein jüdisches Leben Jesu, 53–77 (»Jeschus schmachvolle Herkunft«) und 97–123; Klauck, Apokryphe Evangelien, 270; Horbury, The Strasbourg Text of the *Toledot*, 49–59.

Türken

Im Herbst 1529 belagerten osmanische Truppen unter Sultan Suleyman I. dem Prächtigen im Zuge ihrer Balkanoffensive Wien, die damalige Hauptstadt des Habsburger Reiches, und lösten in ganz Westeuropa Panik aus. Luther verstand die türkische Invasion als strafende Reaktion Gottes auf den Glaubensabfall und die Korruption der Papstkirche. Die Türken waren für ihn zugleich Agenten des Teufels, die gemeinsam mit dem Papst, dem Antichristen im Herzen der katholischen Christenheit, zu den Vorzeichen der Apokalypse und der baldigen Wiederkunft Christi gehörten.

Literatur: Thomas Kaufmann, »Türckenbüchlein«; Ehmann, Luther, Türken und Islam.

Verführer, Verführung

Der Vorwurf, ein Verführer (מסית/mesit) zu sein, ist die härteste Beschuldigung, die gegen Jesus im Talmud (Traktat Sanhedrin 43a) erhobenen wird. Diese bereits im Neuen Testament erwähnte Anklage (Matthäus 27,63–64; Lukas 23,2; Johannes 7,47) nimmt Bezug auf ein in der schriftlichen Tora (Deuteronomium 13) beschriebenes Verfahren, dem sich falsche Propheten und Verführer zum Götzendienst (→Abgötterei) zu stellen haben und das mit dem Tod des Verführer endet. Die inhaltlichen Bestimmungen des Straftatbestandes und die prozessualen Verfahrensregeln werden im Talmud näher definiert und differenziert: Ein »mesit« ist demnach eine Person, die einzelne zur Abgötterei verleitet, während der »maddiach« (מדיח) öffentlich viele Menschen zum Götzendienst verführt. Wo die →*Toledot Jeschu* von Jeschu als »Verführer« sprechen, setzen sie diese Bestimmungen voraus. Luther kehrt hingegen den Spieß um und wirft den Verfassern der *Toledot Jeschu* und den Juden insgesamt Abfall vom reinen Gottesglauben und somit Götzendienst vor. Mit seinen gegen die Juden gerichteten Vernichtungsphantasien lässt er sich von den Strafbestimmungen des Deuteronomiums leiten, was insofern inkonsequent ist, als er an anderer Stelle behauptet, die Gesetzes des Alten Testaments seien außer Kraft gesetzt.

Literatur: Schäfer, Jesus im Talmud, 129–152.

Vernunft

Luthers Judenschriften zeichnen sich wie seine schriftlichen Äußerungen zu den →Türken und zum →Koran durch einen doppelten Vernunftbegriff aus. In religiöser Hinsicht warnte der Reformator vor einer Überschätzung der Vernunft – sie ist für ihn die »höchste Hure, die der Teufel hat« (WA 51,126) – und setzte den Glauben an deren Stelle. Andererseits spricht Luther von der Vernunft im Sinne des gottgegebenen natürlichen Urteilsvermögens, des *common sense*. Da er mit dem gesunden Menschenverstand seiner Leser rechnete, befürwortete er im Basler Koranstreit (1543) die Publikation einer Übersetzung des Heiligen Buches der Muslime und verdeutschte in seiner Schrift *Vom Schem Hamephorasch* selbst die ihm vorliegende →*Toledot Jeschu*-Version: die Ungereimtheiten und die grundsätzliche Unsinnigkeit dieser Texte (»narrenteiding«) würden nach ihrer Publikation offen zutage liegen und jeder Gutwillige würde Luthers Urteil zustimmen.

Literatur: Ehmann, Luther, Türken und Islam, 71, 420 und 429.

Volksbuch, Volksliteratur, Volksüberlieferung

Entgegen der Annahme Luthers enthält die →*Toledot Jeschu*-Literatur keine Dogmen und keinen »Katechismus« oder jüdische

Glaubenssätze (»Artikel«). Aufgrund der uneinheitlichen Überlieferungssituation der zunächst nur fragmentarisch tradierten Erzählmotive und des teilweise widersprüchlichen Inhaltes der in unterschiedlichen Sprachen überlieferten Handschriften, die offenbar erst im Laufe des Mittelalters zu einer zusammenhängenden Erzählung zusammenwuchsen, wäre dies schon formal nicht möglich. Es handelt sich vielmehr um legendenhafte, erbauliche oder erheiternde Erzählungen, die offenbar weitgehend mündlich weitergegeben wurden. Im Anschluss an einen terminologischen Vorschlag Günter Schlichtings (»Volksbuch«) hat Eli Yassif die Bezeichnung »Folk Narrative« vorgeschlagen und als ursprünglichen Sitz im Leben das Milieu der babylonischen Talmudschulen im 9. Jahrhundert vermutet. Im Kreise der dort studierenden Jugend, die von sexuellen Fantasien geplagt worden sei, seien diese Erzählungen erstmals vorgetragen worden. Dazu passe der groteske Stil, die inhaltlich komische Spannung zwischen der Andeutung von »heiligen« Themen und der ausführlichen Beschäftigung mit männlichen Genitalien mitsamt ihren Ausflüssen und anderen Motiven »unter der Gürtellinie«.

Literatur: Yassif, Toledot Yeshu, 102–113; Ehmann, Luther, Türken und Juden, 112.

Weltende, Weltgericht

Luther erwartete wie viele seiner Zeitgenossen das baldige Weltende, wobei die Hoffnung auf das endzeitliche Eingreifen Gottes ihn nicht etwa ängstigte, sondern vielmehr tröstete und stärkte. Obwohl er es vermied, sich im Hinblick auf konkrete Jahreszahlen festzulegen, finden sich in seinen Texten doch spekulative Berechnungen des Weltendes, die er biblischen Angaben entnehmen wollte. Die in *Vom Schem Hamephorasch* mehrfach anzutreffende Nennung von 1500 Jahren des →Exils der Juden hängt offenbar damit zusammen, dass Luther das Jahr 1540 für das Jahr 5500 nach Erschaffung der Welt hielt und für die Mitte des sechsten Jahrtausends mit dem Ende der Zeit rechnete. In seiner tabellarischen Zusammenstellung der Weltgeschichte (Supputatio annorum mundi) schreibt Luther für das Jahr 1540 (WA 53,171): »Hoc anno numerus annorum Mundi precise est 5500. Quare sperandus est finis mundi. Nam sextus Millenarius non complebitur.« (»In diesem Jahr beläuft sich die Zahl der Weltjahre genau auf 5500. Infolgedessen ist auf das Ende der Welt zu hoffen. Denn das sechste Jahrtausend wird nicht vollendet werden.«) Diese Rechnung beruht auf einer Parallelsetzung der »drei Tage« des Verweilens Christi im Grab (zwischen Karfreitag und dem Ostermorgen) mit jeweils zweitausend Jahren der Weltära: Das heilsgeschichtliche Geschehen um Christus umfasst so den gesamten Kosmos. Der »Welten-Freitag« endete demnach mit Ablauf des Jahres 2000 nach Erschaffung der Welt, der »Welten-Karsamstag« (mit den beiden folgenden Jahrtausenden nach Erschaffung der Welt bis zum Ende des vierten Jahrtausends, endend – nach christlicher Zeitrechnung – etwa mit der Zeitenwende) entsprach der Zeit Christi im Grab, während am Sonntag in der Frühe schon mit dem Licht der Auferstehung (der Wiederkunft des Herrn) zu rechnen sei. Da der »dritte Tag« im Grab nicht vollständig gewesen sei, könnte vor Ablauf des sechstens Jahrtausend mit der Wiederkunft Christi gerechnet werden. Die Berechnung der Exilsjahre ist hier eingeordnet in ein apokalyptisches Schema von »Welttagen«, das nicht nur auf die Bibel (vgl. Psalm 90,4: »Tausend Jahre sind vor dir wie ein Tag«), sondern auch auf rabbinische Quellen zurückgeht (Babylonischer Talmud, Traktat Sanhedrin 97a: »Sechstausend Jahre wird die Welt bestehen«). Luther war sich offenbar nicht bewusst, inwieweit er sich mit solchen Berechnungen der Überlieferung des nachbiblischen Judentums angenähert hatte.

Literatur: Oberman, Luther. Mensch zwischen Gott und Teufel; Korsch, Martin Luther. Eine Einführung, 147–159; Ehmann, Luther, Türken und Islam, 435–436; Kaufmann, Geschichte der Reformation, 633 f.

Wucher

Hintergrund des bei Luther immer wieder gegen die Juden erhobenen Vorwurfes des Wuchers ist die Tatsache, dass Juden, die in Mitteleuropa traditionell keine Bauern waren und keinen Zugang zu den Handwerkerzünften hatten, im Spätmittelalter vielfach in den Geld- und Warenhandel auswichen. Damit füllten sie Funktionen aus, die für die gesellschaftliche Entwicklung in Europa unentbehrlich waren. Diese Form des Lebensunterhalts war für sie auch deshalb möglich und attraktiv, weil die Kirche nach dem vierten Laterankonzil (1215) für Christen das Zinsnehmen verboten hatte. Die entsprechenden biblischen Bestimmungen (Exodus 22,24–25; Levitikus 25,35–37; Deuteronomium 23,19–21; vgl. auch Psalm 14,4–5; Ezechiel 22,10–12) wurden in der christlichen Theologie wörtlich ausgelegt. Die Rabbinen wiesen demgegenüber darauf hin, dass das Zinsnehmen nach Deuteronomium 23,21 von »Fremdlingen« erlaubt sei; zum andern schufen sie im Talmud mit dem Institut des »Prosbul«, einer Eigentumsverschreibung, die Gläubiger und Schuldner in einer Zugewinngemeinschaft verband, eine Möglichkeit, das mosaische Zinsverbot im innerjüdischen Rechtsverkehr zu umgehen. In seiner Auslegung des Deuteronomiums (1525) legte Luther dar, dass die »Juden stärker und vorzüglicher das Recht nicht nur zum Zurückverlangen von Ausgeliehenem, sondern auch […] zum Ausleihen gegen Zinsen an die Leute und zum Einholen von Zinsen« hätten (WA 14,655,35–656,7). Im 19. Jahrhundert hielt der Berliner Talmudgelehrte David Hoffmann den Vorwurf, die Juden würden durch ihre Zinspraxis andere bewusst ausrauben, für so gravierend, dass er in einer Verteidigungsschrift ausführlich dazu Stellung nahm. Hoffmann zitierte den halachischen Kodex Schulchan Aruch aus der zweiten Hälfte des 16. Jahrhunderts (Choschen Mischpat 26,2): »Wenn ein Jude einen Nichtjuden beraubt hat und dem Befehl des jüdischen Gerichts, den Raub zurückzuerstatten, keine Folge leisten will, so gehen die jüdischen Richter vor das nichtjüdische Gericht und bezeugen, dass jener Räuber schuldig sei, dem

Nichtjuden sein Gut zu ersetzen. Doch muss jenes nichtjüdische Gericht ein unbestechliches sein, bei dem auch das Zeugnis von Juden Glauben findet«.

Literatur: Weymann, Luthers Schriften, 5; Hoffmann, Der Schulchan Aruch, 33–34; 76–77 und 86.

Zahlbuchstaben

Die hebräischen Konsonanten (Vokale bleiben unberücksichtigt) haben in der →Gematrie folgende Zahlenwerte:

Alef	א	1	Lamed	ל	30
Bet	ב	2	Mem	מ	40
Gimel	ג	3	Nun	נ	50
Dalet	ד	4	Samech	ס	60
He	ה	5	Ajin	ע	70
Waw	ו	6	Pe	פ	80
Zajin	ז	7	Zade	צ	90
Chet	ח	8	Quf	ק	100
Tet	ט	9	Resch	ר	200
Jod	י	10	Sin/Schin	ש	300
Kaf	כ	20	Taw	ת	400

Weitere Zahlen ergeben sich durch die Kombination mehrerer Buchstaben: יא = 11, יב = 12, טו = 15 (die Buchstabenkombination יה, »Jah« [= 15] gesprochen, wird vermieden, weil sie an den →Gottesnamen erinnert), 500 = תק usw. Diese Auslegungsmethode hängt mit Spekulationen über den Gebrauch von Zahlen in der hebräischen Bibel zusammen: die Notiz in Genesis 14,14, Abraham habe 318 Knechte ausgeschickt, um seinen in Gefangenschaft geratenen Neffen Lot zu befreien, wird beispielsweise mit dem gematrisch ermittelten Zahlenwert des Namens von

Abrahams Diener Elieser (אליעזר – wörtlich »mein Gott ist Hilfe«) in Verbindung gebracht, der 318 ergibt. Luther war über die Methode der →Gematria informiert, die aber seinem Bibelverständnis widersprach und die er für abergläubisch hielt. Dies galt für ihn vor allem dann, wenn die gematrisch gewonnenen Erkenntnisse als Wahrsagungen verstanden oder im Sinne von Beschwörungen eingesetzt wurden (Arithmomantie). In *Vom Schem Hamephorasch* verstand er die entsprechende Hermeneutik als magisch und brachte sie mit dämonischen Praktiken (→Zauberei) in Verbindung.

Literatur: Langer, Midrasch, 47–48; Grözinger, Wundermann, Helfer und Fürsprecher, 180–181.

Zauber, Zauberei, Zauberer, Zauberinnen, Zaubermittel
Die rabbinischen Gegenerzählungen zu den Berichten der neutestamentlichen Evangelien im Talmud und in einigen →*Toledot Jeschu*-Traditionen berichten, dass Jesus nach seiner Flucht nach Ägypten (vgl. Matthäus 2,13–27) als Zauberer (hebräisch מכשף/ mekhaschschef) zurückkam. Hintergrund dieser Vorstellung ist wohl die Tatsache, dass Ägypten in der Bibel (vgl. Exodus 7,11–12 und 22; 9,11) und auch sonst in der Antike als klassisches Land der Magie gilt. Nach dem Babylonischen Talmud (Traktat Sanhedrin 43a) wurde Jesus hingerichtet, weil er mit Hilfe des →*Schem Hamephorasch* Zauberei praktiziert, Israel aufgewiegelt und zur →Abgötterei verführt habe (vgl. auch Traktat Sanhedrin 107b; Sota 47a und Schabbat 104b sowie im Neuen Testament Matthäus 9,33–34 und Johannes 8,48 und 10,20). Diese Beschuldigung fand auch Eingang in die *Toledot Jeschu*-Literatur. Wie Mose in Ägypten Wunder vollbrachte, um die ägyptischen Zauberer zu übertrumpfen, so leugnen die *Toledot Jeschu* nicht, dass der nunmehrige Gegner der Juden (Jeschu) tatsächlich Wunder tun konnte; sie führen seine übernatürlichen Kräfte auch nicht direkt auf den Satan zurück, sondern schildern eine (freilich missbräuchliche und verwerfliche!) Manipulation mit

dem heiligen Namen des Gottes *Israels* (!). In diesem Zusammenhang kommt es ihnen darauf an zu zeigen, ob und wie der Zauberer Jeschu durch einen wirksamen Gegenzauber überwunden werden konnte. Dabei greift →Judas Scharioth aber auf kein anderes Mittel zurück als auf die Magie mit dem →Schem Hamephorasch. Luther machte den rabbinischen Juden umgekehrt zum Vorwurf, sie missbrauchten den vierbuchstabigen →Gottesnamen (das Tetragramm) zu abergläubischen Zwecken, mit Hilfe von →Gematrie und benutzten ihn für ihre Zauberei. Im zeitgenössischen Strafrecht, d. h. in der *Constitutio Criminalis Carolina* (CCC, Art. 109) Kaiser Karls V. von 1532, war Zauberei im »Erfolgsfall« (d. h. wenn ein Schadenszauber »gewirkt« hatte) mit dem Feuertod bedroht. Auch ohne Erfolgseintritt sollte der Zauberer (in diesem Fall allerdings nicht mit der Todesstrafe) bestraft werden. Den Straftatbestand der »Zauberey« kannten auch die kursächsischen Konstitutionen des Jahres 1572.

Literatur: Schäfer, Jesus im Talmud, 69–82; Osten-Sacken, Luther und die Juden, 158; Klauck, Apokryphe Evangelien, 272; Blau, Zauberwesen, 124; Theobald, Blasphemie, 256; Yassif, Folk-Narrative, 121, Dorn-Haag, Hexerei und Magie im Strafrecht, 12, 54 f.

Zerstörung der Welt

Die kosmologischen Gefahren, die bei einer missbräuchlichen Verwendung des →Gottesnamens vom →Grundstein des Jerusalemer Tempels ausgehen, erläutert eine Erzählung im Babylonischen Talmud (Traktat Sukka 53b): Als König David Vorbereitungen für den bevorstehenden Bau des Tempels traf (den, wie die Bibel erzählt, ja erst sein Sohn Salomo errichten sollte), grub er Abflusskanäle, die das dereinst vom Altar von den Opfertieren fließende Blut ableiten sollten. Bei dieser Gelegenheit, so heißt es, »stieg der Abgrund hoch und wollte die Welt überschwemmen«: der schöpfungsmäßig als Pfropfen über den Chaoswassern, die man sich als unter der Erde ruhend vorstellte, verstandene Grundstein konnte seine Funktion nicht mehr erfüllen. Da erbat David den Rat eines Weisen, der den →Schem Hamephorasch aufschreiben konnte. Diesen Namen schrieb er auf eine Scherbe und warf diese in den Abgrund, um die Chaosfluten zu beruhigen und so die Welt zu retten.

Literatur: Schäfer, The Life Story of Jesus, 65–66.

Zeugung und Geburt des »Antimessias«
Der Babylonischen Talmud (Traktat Schabbat 146a) kennt die Vorstellung einer sexuellen Vereinigung von Menschen mit dämonischen Mächten, die als Folge der »Teufelsbuhlschaft« Evas mit der Schlange im Paradies zu denken ist. Während die Israeliten, welche am Berg Sinai standen, die mit diesem Ereignis verbundene Lüsternheit verloren, blieb die sündhafte Neigung bei den Nichtjuden erhalten. Im *Sefer Serubbabel*, genannt auch *Apokalypse des Serubbabel*, einem frühmittelalterlichen jüdischen Text mit in biblischem Stil mitgeteilten Visionen über die endzeitliche Wiederherstellung Israels und das Ende aller Dinge, führt das Verhängnis zum Beischlaf einer Frau mit dem Teufel, die als eine Art jüdischer Gegenfigur zur Jungfrau →Maria gilt (Himmelfarb, 68 f.). Diese Frau, die Frau des Belial, die sich durch besondere Schönheit auszeichnet, bringt in der Folge eine Art »Antimessias« (oder »jüdischen Antichristus«) zur Welt, der hier Armilos (Armilus) heißt und der endzeitliche König Edoms, des Zwillingsbruders (und Gegners) Jakobs (→Israels) ist. Das Gegenbild der Mutter des Anti-Messias ist in diesem Buch Hefziba, die Mutter des zukünftigen (wahren, jüdischen) Messias.

Literatur: Himmelfarb, Sefer Zerubbabel; Greisiger, Die Geburt des Armilos; Stemberger, Einleitung in Talmud und Midrasch 320 f.

Literatur

Alexander, Philip: The Toledot Yeshu in the Context of Jewish-Muslim Debate, in: Meerson, Michael/ Schäfer, Peter (Hg.): Toledot Yeshu: The Life Story of Jesus. Band I (Texte und Studien zum Antiken Judentum 159), Tübingen 2014, 137–158.

Alfonsi, Petrus: Dialogi contra Iudaeos. Dialogue against the Jews, translated by Irven M. Resnick, Washington 2006.

Angenendt, Arnold: Ehe, Liebe und Sexualität im Christentum. Von den Anfängen bis heute, Münster 2015.

Augustijn, Cornelis: Erasmus der Humanist als Theologe und Kirchenreformer, Leiden/New York/Köln 1996.

Avemarie, Friedrich: Esaus Hände, Jakobs Stimme. Edom als Sinnbild Roms in der frühen rabbinischen Literatur, in: Feldmeier, Reinhard/Heckel, Ulrich (Hg.), Die Heiden, Juden, Christen und das Problem des Fremden, Tübingen 1994, 177–210.

Bacher, Wilhelm: Eine neue Erklärung für שם המפורש, Monatsschrift für die Geschichte und Wissenschaft des Judentums 20 (1871), 382–384.

Bamberger, Selig: Raschis Kommentar zum Pentateuch, Basel ³1975.

Bauckham, Richard: Jude and the Relatives of Jesus in the Early Church, Edinburgh 1990.

Ders.: Jesus and the Eyewitnesses, Cambridge, 2006.

Barr, James: Luther and Biblical Chronology, in: Bulletin of the John Rylands Library 72 (1990), 51–68.

Bedouelle, Guy: Le Quincuplex Psalterium de Lefèvre d'Etaples. Un guide de lecture, Genf 1979.

Bergmann, Jan: Laterensis – Ein Kurzporträt des Hebraisten, Theologen und fast vergessenen Reformators Bernhard Ziegler (1496–1552), in: Archiv für Familiengeschichtsforschung, H. 2 (2011), 61–66.

Betz, Otto: Licht vom unerschaffnen Lichte. Die kabbalistische Lehrtafel der Prinzessin Antonia in Bad Teinach, Metzingen 1996.

Biale, David: Counter-History and Jewish Polemics Against Christianity. The Sefer Toledot Yeshu and Sefer Zerubbavel, in: Jewish Social Studies, N.S. 6 (1999), 130–145.

Bienert, Walther: Martin Luther und die Juden, Frankfurt am Main 1982.

Blau, Ludwig: Das altjüdische Zauberwesen, Straßburg 1898.

Brandau, Robert: Innerbiblischer Dialog und dialogische Mission. Die Judenmission als theologisches Problem, Neukirchen-Vluyn 2006.

Brecht, Martin: Martin Luther. Sein zur Weg Reformation 1483–1521, Stuttgart 1981.

Breuer, Mordechai/Graetz, Michael: Deutsch-jüdische Geschichte der Neuzeit, Band 1. 1600–1780, München 1996.

Buber, Martin (gemeinsam mit Franz Rosenzweig): Die Schrift. Die Schriftwerke, Heidelberg ^{6}1986.

Bunte, Wolfgang: Rabbinische Traditionen bei Nikolaus von Lyra. Ein Beispiel zur Schriftauslegung des Mittelalters, Frankfurt am Main 1994.

Callsen, Brigitta u. a. (Hg.): Das jüdische Leben Jesu *Toldot Jeschu*. Die älteste lateinische Übersetzung in den *Falsitates Judaeorum* von Thomas Ebendorfer, kritisch herausgegeben, eingeleitet, übersetzt und mit Anmerkungen versehen, Wien/München 2003.

Carlebach, Elisheva: Divided Souls. Converts from Judaism in Germany. 1500–1750, New Haven 2001.

Cassel, David: Noch etwas über שם המפורש, in: Monatsschrift für die Geschichte und Wissenschaft des Judentums 19 (1870), 73–75.

Christ-von Wedel, Christine: Die Nachwirkungen des Neuen Testamentes in den reformatorischen Kirchen, in: Wallraff, Martin/Seidel Menchi, Silvana/von Greyerz, Kaspar (Hg.), Basel 1516: Erasmus' Edition of the New Testament (Spätmittelalter, Humanismus, Reformation 91), Tübingen 2016, 291–310.

Cohen, Jeremy: The Friars and the Jews. The Evolution of Medieval Anti-Judaism, Ithaca/London 1982.

Cullmann, Oscar: Kindheitsevangelien, in: Schneemelcher, Wilhelm (Hg.), Neutestamentliche Apokryphen in deutscher Übersetzung, Tübingen 1990, 330–372.

Dächsel, August: Das Alte Testament mit in den Text eingeschalteter Auslegung, ausführlichen Inhaltsangaben und erläuternden Bemerkungen, Band IV. Zweite Hälfte: Lehr- und prophetische Bücher. Zweite Abtheilung: Die prophetischen Bücher, Leipzig 1867.

Delmas, Sophie: Nicolas de Lyre franciscain, in: Dahan, Gilbert (éd.), Nicolas de Lyre. Franciscain du XIVe siècle. Exégète et Théologien, 2011, 17–28.

Deutsch, Yaacov: The Second Life of Jesus. Christian Reception of Toledot Yeshu, in: Schäfer, Peter/ Meerson, Michael/ Deutsch, Yaacov (Hg.), Toledot Yeshu (»The Life Story of Jesus«) Revisited Tübingen 2011, 283–295.

Diemling, Maria: Antonius Margaritha on the »Whole Jewish Faith«. A Sixteenth-Century Convert from Judaism and his Depiction of the Jewish Religion, in: Bell, Dean Phillip/Burnett, Stephen G. (Hg.) Jews, Judaism, and the Reformation in Sixteenth-Century Germany, Leiden/Boston 2006, 303–333.

Di Segni, Riccardo: Il vangelo del ghetto, Roma 1985.

Dietz, Thorsten: Der Begriff der Furcht bei Luther (Beiträge zur historischen Theologie 147), Tübingen 2009.

Dillinger, Johannes: Hexen und Magie. Eine historische Einführung, Frankfurt/New York 2007.

Dorn-Haag, Verena J.: Hexerei und Magie im Strafrecht. Historische und dogmatische Aspekte (Studien und Beiträge zum Strafrecht 4), Tübingen 2016.

Ehmann, Johannes: Ricoldus de Montecrucis. Confutatio Alcorani (1300). Martin Luther. Verlegung des Alcoran (1542), Würzburg 1999.

Ders.: Luther, Türken und Islam, Gütersloh 2008.

Endreß, Gerhard: Der Islam. Eine Einführung in seine Geschichte, München ^{2}1991.

Ego, Beate: Targum Scheni zu Ester. Übersetzung, Kommentar und theologische Deutung, Tübingen 1996.

Erasmus von Rotterdam: Opera Omnia Desiderii Erasmu Roterodami, Band V/3, Amsterdam/New York/Oxford/Tokyo 1986.

Falk, Gerhard: The Jew in Christian Theology. Martin Luther's Anti-Jewish *Vom Schem Hamphoras*, Previously Unpublished in English, and Other Milestones in Church Doctrine Concerning Judaism, Jefferson (North Carolina)/London 1992.

Fiedler, Peter: Das Matthäusevangelium, Stuttgart 2006.

Fishbane, Michael A.: Biblical Myth and Rabbinic Mythmaking, New York 2003.

Flusser, David: Jesus, Hamburg 1999.

Freimann, Jakob: Artikel »Alscheich, Mose ben Chajim«, in: Jüdisches Lexikon, Band I, Berlin 1927, Sp. 247.

Gélis, Jacques: Die Geburt. Volksglaube, Rituale und Praktiken. Von 1500–1900, München 1989.

Gesenius, Wilhelm/Kautzsch, Emil: Hebräische Grammatik, Leipzig [27]1902.

Goodman-Thau, Eveline/Schulte, Christoph (Hg.): Das Buch Jezira. ספר יצירה in der Übersetzung von Johann Friedrich Meyer (Jüdische Quellen/מקורות ישראל, Band 1), Berlin 1993.

Greisiger, Lutz: Die Geburt des Armilos und die Geburt des »Sohnes des Verderbens«. Zeugnisse jüdisch-christlicher Auseinandersetzung um die Identifikation des Antichristen im 7. Jahrhundert, in: Brandes, Wolfram / Schmieder, Felicitas (Hg.): Antichrist. Konstruktion von Feindbildern, Berlin 2010, 15–37.

Grözinger, Karl Erich: Wundermann, Helfer und Fürsprecher. Eine Typologie des Ba'al Schem in aschkenasisch-jüdischen Volkserzählungen, in: Idel, Moshe/Grafton, Antony (Hg.): Der Magus – Seine Ursprünge und seine Geschichte in verschiedenen Kulturen, Berlin 2001, 167–192.

Grossfeld, Bernard: The Targum Onqelos to Genesis. Translated with a Critical Introduction, Apparatus, and Notes (The Aramaic Bible Band 6), Edinburgh 1988.

Goldschmidt, Lazarus: Der babylonische Talmud. Nach der ersten zensurfreien Ausgabe unter Berücksichtigung der neueren Ausgaben und handschriftlichen Materials neu übertragen, Berlin 1929–1936.

Grypeou, Emmanouela/Spurling, Helen: The Book of Genesis in Late Antiquity. Encounters between Jewish and Christian Exegesis, Leiden/Boston 2013.

Hailperin, Herman: Nicolas de Lyra, in: The Universal Jewish Encyclopedia, Band 7, New York 1948, 257.

Hailperin, Herman: Rashi and the Christian Scholars, Pittsburgh 1963.

Harl, Marguerite: La Bible d'Alexandrie. Band I: La Genèse, Paris 1986.

Hasan-Rokem, Galit: Polymorphic Helena, in: Meerson, Michael/Schäfer, Peter (Hg.): Toledot Yeshu: The Life Story of Jesus. Band I–II (Texte und Studien zum Antiken Judentum 159), Tübingen 2014.

Hengel, Martin: Jakobus der Herrenbruder – der erste »Papst«, in: ders., Paulus und Jakobus. Kleine Schriften III (Wissenschaftliche Untersuchungen zum Neuen Testament 141), Tübingen 2002, 549–582.

Herzig, Arno: Artikel »Brunnenvergiftung«, in: Benz, Wolfgang (Hg.): Handbuch des Antisemitismus, Band 3: Begriffe, Theorien, Ideologien, Berlin/New York 2010, 49–50.

Hesemann, Michael: Die Jesus-Tafel. Die Entdeckung der Kreuzinschrift, Freiburg 1999.

Himmelfarb, Martha: Sefer Zerubbabel, in: Stern, David/Mirsky, Mark Jay (Hg.): Rabbinic Fantasies. Imaginative Narratives from Classical Hebrew Literature, Philadelphia/New York 1990, 67–90.

Hirsch, Emanuel: Hilfsbuch zum Studium der Dogmatik. Die Dogmatik der Reformatoren und der altevangelischen Lehrer quellenmäßig belegt und verdeutscht, Berlin/Leipzig 1937.

Hoffmann, David: Der Schulchan Aruch und die Rabbinen über das Verhältniß der Juden zu Andersgläubigen, Berlin 1885.

Hoppe, Jens: Die Greifwalder Lehrsynagoge und die Anfänge der Museologie des Jüdischen in Deutschland, in: Böttrich, Christfried/Kuhn, Thomas K./Stein-Kokin, Daniel (Hg.), Die Greifswalder Lehrsynagoge Johann Friedrich mayers. Ein Beispiel christlicher Rezeption des Judentums im 18. Jahrhundert (Greifswalder Theologische Forschungen 26), Leipzig 2016, 577–604.

Horbury, Wiliam: The Strasbourg Text of the Toledot, Schäfer, Peter/ Meerson Michael/Deutsch, Yaacov (Hg.): Toledot Yeshu (»The Life Story of Jesus«) Revisited, Tübingen 2011 (Texte und Studien zum antiken Judentum 143).

Hotopp-Riecke, Mieste: Der stigmatisierte ›Andere‹ in Sekundärstereotypen – ›Tatarennachricht‹ und ›Hackfleisch Tatar‹ als deutsche Erinnerungsorte in: Theilig, Stephan (Hg.): Historische Konzeptionen von Körperlichkeit. Interdisziplinäre Zugänge zu Transformationsprozessen in der Geschichte, Berlin 2011, 107–136.

Jacob, Benno: Das Buch Genesis übersetzt und erklärt, Berlin 1934 (Nachdruck Stuttgart 2000).

Jordan, Hermann: Reformation und gelehrte Bildung in der Markgrafschaft Ansbach-Bayreuth. Eine Vorgeschichte der Universität Erlangen, Teil 1: bis gegen 1560 (Quellen und Forschungen zur bayerischen Kirchengeschichte, Band 1.1), Leipzig 1917.

Julien (Empereur): Contre les Galiléens. Introduction, Traduction et Commentaire par Christopher Gérard, Bruxelles 1995.

Kattan Gribetz, Sarit: Hanged and Crucified: The Book of Esther and Toledot Yeshu, in: Meerson, Michael/Schäfer, Peter (Hg.), Toledot Yeshu: The Life Story of Jesus, Band I (Texte und Studien zum Antiken Judentum 159), Tübingen 2014, 159–180.

Kaiser, Ursula Ulrike/Tropper, Josef: Die Kindheitserzählung des Thomas, in: Markschies, Christoph/Schröter, Jens (Hg.): Antike christliche Apokryphen in deutscher Übersetzung, Band I: Evangelien und Verwandtes, Teilband 2, Tübingen 2012, 930–945.

Kaufmann, Thomas: »Türckenbüchlein«. Zur christlichen Wahrnehmung »türkischer Religion« in Spätmittelalter und Reformation (Forschungen zur Kirchen- und Dogmengeschichte 97), Göttingen 2008.

Kaufmann, Thomas: Geschichte der Reformation in Deutschland, Berlin 2009.

Kaufmann, Thomas: Luthers »Judenschriften«, Tübingen 2013.

Kaufmann, Thomas: Luthers Juden, Stuttgart 2014.

Kilcher, Andreas B.: Figuren des Endes. Historie und Aktualität der Kabbala bei Gershom Scholem, in: Mosès, Stéphane/Weigel, Sigrid (Hg.): Gershom Scholem. Literatur und Rhetorik, Köln/Weimar/Wien 2000, 153–199.

Kirn, Hans-Martin: Luther und die Juden, in: Beutel, Albrecht (Hg.), Luther Handbuch, Tübingen [2]2010, 217–224.

Kisch, Guido: Erasmus' Stellung zu Juden und Judentum, Tübingen 1969.

Klauck, Hans-Josef: Apokryphe Evangelien. Eine Einführung, Stuttgart 2002.

Klepper, Deeana Copeland: The Insight of Unbelievers. Nicholas of Lyra and Christian Reading of Jewish Text in the Later Middle Ages, Philadelphia 2007.

Klopprogge, Axel: Ursprung und Ausprägung des abendländischen Mongolenbildes im 13. Jahrhundert. Ein Versuch zur Ideengeschichte des Mittelalters, Wiesbaden 1993.

Korsch, Dietrich: Martin Luther: Eine Einführung, Hamburg 1997.

Kraus, Hans-Joachim: Psalmen. 2. Teilband (Biblischer Kommentar Altes Testament XV/2), 5. grundlegend überarbeitete und veränderte Auflage, Neukirchen 1978.

Krauss, Samuel: Das Leben Jesu nach jüdischen Quellen, Berlin 1902.

Krupp, Michael: Deutsch-Hebräische Ausgabe: Der Midrasch Bereschit Rabba. Das ist die haggadische Auslegung der Genesis. Zum ersten Male ins Deutsche übertragen von Lic. Dr. August Wünsche, Jerusalem 2010, 2 Bände (Nachdruck der Ausgabe Leipzig 1881).

Labouvie, Eva, Andere Umstände. Eine Kulturgeschichte der Geburt, Köln/Weimar/Berlin 1998.

Langer, Gerhard: Midrasch (Jüdische Studien 1), Tübingen 2016.

Langer, Ruth: Wallich's Polemical Discussion of *Aleynu* and its Context, in: Böttrich, Christfried/Kuhn, Thomas K./Stein-Kokin, Daniel (Hg.): Die Greifswalder Lehrsynagoge Johann Friedrich Mayers. Ein Beispiel christlicher Rezeption des Judentums im 18. Jahrhundert (Greifswalder Theologische Forschungen 26), Leipzig 2016, 485–500.

Lauster, Jörg: Die Verzauberung der Welt. Eine Kulturgeschichte des Christentums, München ^{3}2015.

Lau, Israel Meir: Wie Juden leben. Glaube. Alltag. Feste, Gütersloh 1988.

Le Boulluec, Alain/Sandevoir, Pierre: La Bible d'Alexandrie. L'Exode. Traduction du texte grec de la Septante, Introduction et Notes, Paris 1989.

Lefèvre d'Étaples, Jaques: Quincuplex Psalterium. Fac-similé de l'édition de 1513, Genf 1979.

Lévi, Israël: L'apocalypse de Zorobabel et le roi de Perse Siroès, in: Revue des Études Juives 67 (1914), 129–160; 69 (1919), 108–121; 71 (1920), 57–65.

Lewin, Reinhold: Luthers Stellung zu den Juden. Ein Beitrag zur Geschichte der Juden in Deutschland während des Reformationszeitalters, Aalen 1973 (Neudruck der Ausgabe Berlin 1911).

Liebes, Yehuda: Torat ha-Yetsirah shel Sefer Yetsirah, Jerusalem 2000.

Limor, Ora/Yuval, Israel Jacob: Judas Iscariot: Revealer of the Hidden Truth, in: Schäfer, Peter/Meerson, Michael/Deutsch, Yaacov (Hg.): Toledot Yeshu (»The Life Story of Jesus«) Revisited (Texts and Studies in Ancient Judaism 143), Tübingen 2011, 197–220.

Lisner, Margrit: Holzkruzifixe in Florenz und in der Toskana, München 1970.

Löw, Leopold: Die Aussprache des vierbuchstabigen Gottesnamens, in: ders., Gesammelte Schriften I, Hildesheim 1979, 187–212.

Lohse, Bernhard: Luthers Theologie in ihrer historischen Entwicklung und in ihrem systematischen Zusammenhang, Göttingen 1995.

Lorenz, Maren: ›… als ob ihr ein Stein aus dem Leibe kollerte‹. Schwangerschaftswahrnehmungen und Geburtserfahrungen von Frauen im 18. Jahrhundert, in: von Dülmen, Richard (Hg.), Körper-Geschichten (Studien zur Kulturforschung 5), Frankfurt am Main 1996, 99–121.

Luz, Ulrich: Das Evangelium nach Matthäus, Band 1, Neukirchen-Vluyn [1]1985; [5]2002.

Maier, Johann: Die Kabbalah, München 1995.

McNamara, Martin: Targum Neofiti 1: Genesis. Translated, with Apparatus and Notes (The Aramaic Bible Band 1A), Edinburgh 1992.

Meerson, Michael/Schäfer, Peter (Hg.): Toledot Yeshu: The Life Story of Jesus. Band I–II (Texte und Studien zum Antiken Judentum 159), Tübingen 2014.

Meerson, Michael: Meaningful Nonsense: A Study of Details in Toledot Yeshu, in: Schäfer, Peter/Meerson, Michael/Deutsch, Yaacov (Hg.): Toledot Yeshu (»The Life Story of Jesus«) Revisited (Texts and Studies in Ancient Judaism 143), Tübingen 2011, 181–195.

Mendels, Doron/Edrei, Arye: Zweierlei Diaspora. Zur Spaltung der antiken jüdischen Welt (תולדות/toldot – Essays zur jüdischen Geschichte und Kultur 8), Göttingen 2010.

Michel, Otto/Bauernfeind, Otto: De Bello Judaica. Der Jüdische Krieg. Griechisch und Deutsch, Band I, Darmstadt 1959.

Morgenstern, Matthias: Beobachtungen zur Neukonfiguration der Erzvätergeschichte im rabbinischen Midrasch – Die gebärmutterlose Geburt Rebekkas – oder: Warum Jakob Abraham rettete. In: Judaica. Beiträge zum Verstehen des Judentums. Band 64 (2008), Heft 1, 37–53.

Ders.: Die rabbinische Anthropologie und die bioethischen und wissenschaftskritischen Debatten der Gegenwart, in: Roth, Michael/Schmidt, Jochen (Hg.): Gesundheit. Humanwissenschaftliche, historische und theologische Aspekte, Leipzig 2008, 79–98.

Ders.: Nidda. Die Menstruierende (Übersetzung des Talmud Yerushalmi VI/1), Tübingen 2006.

Ders.: Ketubbot. Eheverträge (Übersetzung des Talmud Yerushalmi III/3) Tübingen 2009.

Müllenhoff, K./Scherer, W.: Denkmäler deutscher Poesie und Prosa aus dem VIII.–XII. Jahrhundert, Band 1–2, Berlin 1892.

Mulligan, R.W.: Portio Superior and Portio Inferior Rationis in the Writings of St. Bonaventure, in: Franciscan Studies 15 (1955), 332–349.

Neidhardt, Ludwig: Die »Brüder Jesu«: Hatte Maria mehrere Kinder oder blieb sie stets jungfräulich? In: Theologisches 37 (2007), Nr. 11/12, 393–404.

Nestle, Eberhard/Aland, Kurt: Novum Testamentum Graece, Stuttgart [26]1979.

Neusner, Jacob: Judaism and the Interpretation of Scripture. Introduction to the Rabbinic Midrash, Peabody 2004.

Noblesse-Rocher, Annie: »Ce bon Nicolas de Lyre« … : quelques postures de Martin Luther à l'égard du Postillator, in : Dahan, Gilbert (Hg.): Nicolas de Lyre. Franciscain du XIVe siècle. Exégète et Théologien, 2011, 335–358.

Nulman, Macy: The Encyclopedia of Jewish Prayer. Ashkenazic and Sephardic Rites, Northvale 1996.

Oberman, Heiko A.: Wurzeln des Antisemitismus. Christenangst und Judenplage im Zeitalter von Humanismus und Reformation, Berlin 1981.

Oppenheim, D.: Ueber die Bedeutung des Wortes שם המפורש, in: Monatsschrift für die Geschichte und Wissenschaft des Judentums 18 (1869), 545–548.

Regato, Maria Luisa: Il titolo della Croce di Gesù confronto tra i

Vangeli e la Tavoletta-reliquia della Basilica Eleniana di Roma (Tesi Gregoriana, Serie Teologica 100), Roma 2005.

Reichardt, Walther: Die Briefe des Sextus Julius Africanus an Aristides und Origenes, Leipzig 1909.

Reinhardt, Volker: Luther der Ketzer. Rom und die Reformation, München 2016.

Reuchlin, Johannes: Sämtliche Werke. Band II,1. De arte cabalistica libri tres. Die Kabbalistik, hg. von Ehlers, Widu-Wolfgang/Felgentreu, Fritz, Stuttgart-Bad Cannstatt 2010.

Riesner, Rainer: Die Rückkehr der Augenzeugen. Eine neue Entwicklung in der Evangelienforschung, in Theologische Beiträge 38 (2007), 337–352.

Ronart, Stephan und Nandy: Lexikon der arabischen Welt, Zürich/München 1972.

Rose, Eugen: Die manichäische Christologie, Wiesbaden 1979.

Rotter, Ekkehard: Abendland und Sarazenen. Das okzidentale Araberbild und seine Entstehung im Frühmittelalter, Berlin 1986.

Ruben, Jeffrey L.: From Mythic Motifs to Sustained Myth. The Revision of Rabbinic Traditions in Medieval Midrashim, in: Harvard Theological Review 89 (1996), 131–159.

Sacks, Steven Daniel: Midrash and Multiplicity: Pirke de-rabbi Eliezer and the Renewal of Rabbinic Interpretative Culture, Berlin 2009.

Samely, Alexander: Forms of Rabbinic Literature and Thought. An Introduction, Oxford 2007.

Savy, Pierre: Introduction et notes, in: Martin Luther, Des Juifs et de leurs mensonges (1543), Edition critique, Paris 2015, 7–40.

Schäfer, Peter: The Bar Kokhba War Reconsidered. New Perspectives on the Second Jewish Revolt against Rome (Texte und Studien zum Antiken Judentum 100), Tübingen 2003.

Ders.: Jesus im Talmud, Tübingen 2007.

Ders./Meerson, Michael/Deutsch, Yaacov (Hg.): Toledot Yeshu (»The Life Story of Jesus«) Revisited (Texte und Studien zum antiken Juden 143), Tübingen 2011.

Ders.: Introduction, in: ders./Meerson, Michael/Deutsch, Yaacov (Hg.): Toledot Yeshu (»The Life Story of Jesus«) Revisited (Texts and Studies in Ancient Judaism 143), Tübingen 2011, 1–11.

Ders.: Agobard's and Amulo's Toledot Yeshu, in: ders./Meerson, Michael/Deutsch, Yaacov (Hg.): Toledot Yeshu (»The Life Story of Jesus«) Revisited (Texts and Studies in Ancient Judaism 143), Tübingen 2011, 27–48.

Ders.: Die Ursprünge der jüdischen Mystik, Berlin 2011.

Schatz, Andrea: Sprache in der Zerstreuung. Die Säkularisierung des Hebräischen im 18. Jahrhundert, Göttingen 2009.

Schlichting, Günter: Ein jüdisches Leben Jesu. Die verschollene Toledot-Jeschu-Fassung Tam ū-mū'ād. Einleitung, Text, Übersetzung, Kommentar, Motivsynopse, Bibliographie, Tübingen 1982.

Schmidt-Biggemann, Wilhelm: Geschichte der christlichen Kabbala. Band 1: 15. und 16. Jahrhundert, Stuttgart/Bad Canstatt 2012.

Ders.: Das Buch Jezira in der christlichen Tradition, in: Goodman-Thau, Eveline/Schulte, Christoph (Hg.): Das Buch Jezira, Berlin 1993, 45–64.

Schöttler, Heinz-Günther: Re-Visionen christlicher Theologie aus der Begegnung mit dem Judentum (Interreligiöse Studien 13), Würzburg 2016.

Scholem, Gershom: Das Buch Bahir, Berlin 1933.

Ders.: Jewish Gnosticism, Merkabah Mysticism, and Talmudic Tradition, New York 1960.

Ders.: Artikel »Kabbalah«, in: Encyclopaedia Judaica, Jerusalem 1971, 489–653.

Ders.: Zur Kabbala und ihrer Symbolik, Frankfurt am Main 1973.

Ders.: Von der mystischen Gestalt der Gottheit. Studien zu Grundbegriffen der Kabbala, Frankfurt 1977.

Ders.: Die jüdische Mystik in ihren Hauptströmungen, Frankfurt am Main 1980.

Schreiner, Stefan: Was Luther vom Judentum wissen konnte, in: Kremers, Heinz (Hg.): Die Juden und Martin Luther – Martin Luther und die Juden. Geschichte, Wirkungsgeschichte, Herausforderungen, Neukirchen-Vluyn [2]1987, 58–71.

Schweizer, Eduard: Das Evangelium nach Matthäus übersetzt und erklärt, Göttingen/Zürich [16]1986.

Secret, François: Les Kabbalistes chrétiens de la Renaissance, Paris 1964.

Seebass, Gottfried: Ein Luther ohne Goldgrund – Stand und Aufgaben der Lutherforschung am Ende eines Jubiläumsjahres, in: Pesch, Otto Hermann (Hg.): Lehren aus dem Luther-Jahr. Sein Ertrag für die Ökumene, 1984, 49–85.

Shachar, Isaiah: The Judensau – A Medieval Anti-Jewish Motif and Its History, London 1974.

Shenan, Avigdor (Hg.): Jesus through Jewish Eyes (hebräisch), Tel Aviv 1999.

Stemberger, Günter: Einleitung in Talmud und Midrasch, München [8]1992.

Tänzer, Arnold: Artikel »Regensburg«,in: Jüdisches Lexikon IV/1, Berlin 1927, 1295–1299.

Talabardon, Susanne: Chassidismus (Jüdische Studien 2), Tübingen 2016.

Tartakoff, Paola: The Toledot Yeshu and Jewish-Christian Conflict in the Medieval Crown of Aragon, in: Schäfer, Peter/Meerson, Michael/Deutsch, Yaacov (Hg.): Toledot Yeshu (»The Life Story of Jesus«) Revisited (Texte und Studien zum antiken Judentum 143), Tübingen 2011, 297–309.

Teugels, Lieve M.: Bible and Midrash. The Story of the Wooing of Rebekah (Gen. 24), Leuven – Paris 2004.

Theilhaber, Felix Aron: Artikel »Mediziner, jüdische«, in: Jüdisches Lexikon. Ein enzyklopädisches Handbuch des jüdischen Wissens in vier Bänden, Berlin 1927, Band IV/1, Sp. 25–42.

Theobald, Michael: »Ihr habt die Blasphemie gehört!« (Mk 14:64). Warum der Hohe Rat in Jerusalem auf den Tod Jesu hinwirkte, in: Novum Testamentum 58 (2016), 233–258.

Tilly, Michael: Martin Luther und die Juden, in: Blätter für pfälzische Kirchengeschichte und religiöse Volkskunde 69 (2002), 395–404.

Töllner, Axel: Artikel »Judensau«, in: Benz, Wolfgang (Hg.): Handbuch des Antisemitismus, Band 3: Begriffe, Theorien, Ideologie, Berlin/New York 2010, 159–160.

Trachtenberg, Joshua: The Devil and the Jews. The Medieval Conception of the Jews and its Relation to Modern Antisemitism, Philadelphia 1961.

Ders.: Jewish Magic and Superstition: A Study in Folk Religion, New York 1970.

Urbach, Ephraim: The Sages. Their Concepts and Beliefs, Jerusalem 1975.

Van Voorst, Robert E., Jesus Outside the New Testament: An Introduction to the Ancient Evidence, Grand Rapids, Cambridge, 2000.

Veltri, Giuseppe: Eine Tora für den König Talmai (Texte und Studien zum Antiken Judentum 41), Tübingen 1994.

Vermès, Géza: Jesus in his Jewish context, Minneapolis 2003.

Von der Osten-Sacken, Peter: Luther und die Juden. Neu untersucht anhand von Anton Margarithas »Der gantz Jüdisch glaub« (1530/31), Stuttgart 2002.

Wander, Karl Friedrich Wilhelm (Hg.), Deutsches Sprichwörter Lexikon. Ein Hausschatz für das deutsche Volk, Band 2, Kettwig 1987.

Weil, Gotthold: Artikel »Nicolas de Lyra«, in: The Jewish Encyclopedia, Band VIII, New York – London 1904, 231–232.

Weymann, Volker: Luthers Schriften über die Juden. Theologische und politische Herausforderungen, Texte aus der VELKD 168 (Dezember 2013).

Wirszubski, Chaim: Pic de la Mirandole et la cabale, Paris/Tel Aviv 2007.

Wünsche, August: Aus Israels Lehrhallen I–III, Hildesheim 1967 (Nachdruck der Ausgaben Leipzig 1907–1909).

Yassif, Eli: *Toledot Yeshu*: Folk-Narrative as Polemics and Self-Criticism, in: Meerson, Michael/ Schäfer Peter (Hg.): Toledot Yeshu: The Life Story of Jesus. Band I (Texte und Studien zum Antiken Judentum 159), Tübingen 2014, 101–135.

Yerushalmi, Yosef Hayim: The Inquisition and the Jews of France in the Time of Bernard Gui, in: Harvard Theological Review 63 (1970), Nr. 3, 317–376.

Yuval, Israel: Zwei Völker in deinem Leib. Gegenseitige Wahrnehmung von Juden und Christen, Göttingen 2007.

Zschoch, Hellmut: Streitschriften, in: Beutel, Albrecht (Hg.), Luther Handbuch, Tübingen, [2]2010, 277–294.

Zwickel, Wolfgang: Artikel »Basilisk«, in: Calwer Bibellexikon Stuttgart 2003, Band I, 159.

Personenregister

Bibelstellenregister

Altes Testament

Neues Testament

Rabbinische Literatur

Midraschim

Mischna

Tosefta

Jerusalemer Talmud

Babylonischer Talmud

Bibliografische Information der Deutschen Nationalbibliothek
Die Deutsche Nationalbibliothek verzeichnet diese Publikation in der Deutschen Nationalbibliografie; detaillierte bibliografische Daten sind im Internet über http://dnb.d-nb.de abrufbar.

Lektorat: Dr. Timo Gimbel
Covergestaltung: Kerstin Göhlich, Wiesbaden
Bildnachweis: Einblattdruck mit Darstellung der Wittenberger Judensau
(Wittenberg: Wolfgang Meissner 1546) –
Quelle: Schöner, Judenbilder, 2002, 200 Abb. 58
Satz und Bearbeitung: SATZstudio Josef Pieper, Bedburg-Hau
Der Titel wurde aus der Joanna MT Pro gesetzt.
Gesamtherstellung: CPI books GmbH, Leck – Germany

ISBN: 978-3-7374-1327-5

www.verlagshaus-roemerweg.de